KB206152

세상을 바꾼 기독교 혁명가, 존 웨슬리

이호 지음

아무도 가지 않으려고 하는 곳에 그는 갔습니다.
살을 에는 추위, 영혼을 집어 삼키는 더위를 견디고
비바람 폭풍우를 몸으로 받으며
지구를 일곱 바퀴 반에서 열 바퀴 도는 거리
때로는 말을 타고 때로는 걸어서
구타하고 강물에 집어던지며 저주하는 사람들에게로
참혹하게 당하면서도 꺾이지 않았던 불굴(不屈)의 세월이 쌓여
하늘에서 불이 내리고 세상이 바뀌었습니다.

복음을 재발견하여 교회를 새롭게 하고
버림받은 이들과 과부, 고아를 위한 집을 지으며
날카로운 붓을 들어 논쟁하고 타오르는 열정으로 설교하며
민중의 벗이요 노예해방을 위해서 투쟁했던 그는
삶에 대한 낭만적인 애호가였습니다.

설교할 때는 설교를 좋아하고 말을 탈 때는 말 타기를 좋아하고
사람들과 어울릴 때는 사람들을 좋아했습니다.
하나님을 사랑하고 사람을 사랑하며 세상을 사랑하여 빚어낸
웨슬리안 랩소디를 따라
부흥과 개혁의 불길이 번져갔습니다.

시대를 바꾼 기독교 혁명가
민족의 영혼을 회복한 구도자
대영제국을 파멸에서 구한 인물
우리들의 시대는 한국의 존 웨슬리를 기다립니다.

2022년, 웨슬리 회심 284주년을 맞이하여
다시, 웨슬리 혁명을 꿈꾸며

목차

두 도시 이야기

찰스 디킨즈(Charles Dickens, 1812-1870)의 걸작 『두 도시 이야기』
는 인상적인 문장으로 시작한다.[1] "최고의 시간이면서 최악의 시간이었
다. 지혜의 시대였지만 어리석음의 시대이기도 했다. 믿음의 신기원이
도래함과 동시에 불신의 신기원이 열렸다. 빛의 계절이면서 어둠의 계
절이었다. 희망의 봄이었지만 절망의 겨울이기도 했다. 우리는 모든 것
을 다 가진 것 같다가도 모든 것을 다 잃은 것 같았다. 다 함께 천국으로
향하다가도 지옥으로 떨어지는 것만 같았다."

천국으로 향하다가 지옥으로 떨어지는 것 같았던, 소설의 시간적 배경
은 프랑스 대혁명이다. 공간적 배경은 두 도시, 즉 런던과 파리이다. 두
도시를 수도로 삼고 있는 두 나라 모두 왕이 다스리고 있었다. 디킨즈는
왕과 왕비, 그리고 귀족을 묘사한다. "당시 영국에는 턱이 큰 왕과 얼굴
이 밋밋한 왕비가 있고, 프랑스에는 턱이 큰 왕과 얼굴이 아름다운 왕비

가 있었다. 그리고 빵과 생선을 쟁여 놓고 사는 두 나라의 귀족들은 모두 당시의 전반적 상황이 영원하리라 믿었다."

영국과 프랑스의 차이라고는 왕비 밖에 없다. 영국의 왕비는 밋밋했고 프랑스의 왕비는 아름다웠다. 왕들은 모두 턱이 컸고 귀족들은 사치를 즐기며, 그들의 부귀영화가 영원하리라고 믿는 안일에 빠져있었다.

『두 도시 이야기』는 포도주를 실어 나르던 수레에서 통이 굴러 떨어져 깨진, 파리의 에피소드를 전한다. 붉은 포도주가 길바닥에 쏟아졌다. 그러자 사람들이 몰려들어 땅바닥에 흐르는 포도주를 온갖 방식으로 거두어서 마신다. 무릎을 꿇고 앉아 두 손을 오므려서 포도주를 떠서 홀짝거리는 남자, 깨진 사금파리로 길바닥에 고인 포도주를 떠서 마시는 행인, 머릿수건을 풀어 포도주에 담갔다가 아기의 입 안에 짜주는 엄마, 가난한 사람들의 비참한 풍경이다.

프랑스에 포도주가 있었다면, 영국에는 뼈가 있었다. 프랑스에서 대혁명이 일어나기 16년 전인 1773년에 쓰여진 "식량 부족에 대한 고찰(Thoughts on the Present Scarcity of Provisions)"에는 개의 먹이를 빼앗는 사람이 등장한다. 집안에 먹을 것이 하나도 없는데, 강아지가 밖에 나가서 뼈다귀를 물어오자, 그것을 빼앗아서 저녁을 만들어먹었다. 심지어 개들이 먹다가 버린 뼈를 주워가는 사람들도 있었다. 길바닥에 흘려진 포도주를 빨아먹는 프랑스와 개들의 뼈를 빼앗아먹는 영국, 두 나라의 빈민들은 비슷했고 비참했다.

『두 도시 이야기』는 붉은 포도주가 쏟아진 거리에서 다가올 폭풍을 예

　세상을 바꾼 기독교 혁명가, 존 웨슬리

고한다. "긴 자루 같은 나이트캡을 더러운 자루 밖으로 머리가 쑥 튀어 나온 듯 뒤집어쓴 멀대 같이 키가 큰 익살꾼은 포도주가 스며든 진흙을 손가락에 묻혀 벽에 낙서를 했다. 피. 때가 오고 있었다. 또다시 포도주가 거리의 자갈 틈으로 쏟아지고, 그 흔적이 그곳의 많은 사람을 붉게 물들일 때가 오고 있었다."

굶주리고 억압받던 빈민들은 더 이상 견디지 못했다. 포도주가 스며든 진흙으로 새겨진 붉은 글씨는 "피"였다. 포도주로 물들었던 파리의 거리는 같은 색깔의 피로 물들일 혁명을 기다리고 있었다.

영국도 사정은 마찬가지였다. 가난한 자들의 분노는 축적되어갔고 지배층은 그들을 끊임없이 탄압했다. 사소한 죄목으로 감옥에 처넣었고 종신형과 사형(死刑)을 선고했다. 특히 살아남기 위해서 어쩔 수 없이 지게 된 빚 때문에 하층민들은 가혹한 처벌을 받았다. 『두 도시 이야기』는 영국의 은행을 언급한다.

"사실 당시에는 처형이 모든 직종이나 분야에서 유행했고, 텔슨 은행에서는 만병통치약이라고 해도 과언이 아니었다... 위조화폐범도 사형, 위조지폐를 사용하는 자도 사형, 편지를 불법으로 개봉해도 사형, 사십 실링 육 펜스를 훔쳐도 사형에 처해졌다. 텔슨 은행 정문에 매어둔 말을 훔쳐서 달아난 마부도 사형, 실링 은화 위조자도 사형, 범죄에 사용된 돈의 사 분의 삼을 유용한 사람도 사형감이었다."

"피"라는 낙서가 새겨지는 프랑스, 사형을 만병통치약으로 사용하는 영국, 파국은 두 나라 모두에게 다가오고 있었다. 먼저, 프랑스에서 혁명이 터졌다. 사회의 모순과 민중의 분노가 한꺼번에 폭발한 혁명의 아수라장에는 폭력이 춤을 추었다. 『두 도시 이야기』는 생생한 필치로 현장을 중계한다.

"쓰러지고, 다시 일어나고, 건물 계단을 머리로 구르고, 이제는 무릎으로 기었다가, 이제는 다시 두 발로, 그 다음엔 등으로, 끌려갔다가, 맞았다가, 얼굴에 풀과 지푸라기를 쑤셔 넣는 수백 개의 손에 숨이 막혔다가, 찢어지고 멍들고, 숨을 헐떡이고, 피 흘리고, 그러면서도 자비를 빌고 애원하고, 사람들이 구경하기 위해 조금씩 뒤로 물러나면서 생긴 작은 공간에서 그가 드러내는 격렬한 고통, 그리고 그는 다리로 이루어진 숲 사이로 통나무처럼 끌려 나가 가장 가까이에 있는 길모퉁이로 운반되었다. 죽음의 가로등 중 하나가 매달려 있는 곳이었다."

폭력의 끝에는 기요틴(단두대)이 있었다. "기요틴이 얼마나 많은 머리를 벴는지, 그 아래 땅은 오염되고 부패하여 붉은 색을 띠었다. 기요틴은 어린아이들의 장난감처럼 분해했다가 원하는 때 다시 맞출 수 있었다. 기요틴은 달변가를 침묵시켰고, 권력자를 때려눕혔으며 아름답고 선량한 사람들을 제거시켜 버렸다. 어느 날 아침에는 산 사람 스물한 명과 죽은 사람 한 명을 포함해 스물두 명의 고관대작이 일 분에 한 명꼴로 목이 베었다."

프랑스가 기요틴으로 갔던 길을 영국도 걷고 있었다. 웨슬리 브레디 (J. Wesley Bready)는 영국에서 "18세기 대부분에 걸쳐 행해졌던 엄청난 만행"을 고발한다. 그의 목록은 꽤 길다. 동물싸움을 구경하기 위해 제멋대로 동물들을 고문하고, 대중이 짐승처럼 곤드레만드레 취했으며, 아프리카인들을 비인간적으로 매매하고, 동포들을 노예로 수출하고 팔기 위해 유괴했으며, 어린이들은 높은 사망률을 기록하며 죽어나갔다. 도박이 널리 퍼져서 중독자가 속출했고, 음란한 문화와 매춘(賣春)이 성행했다. 상류층은 하층민들을 닥치는 대로 감옥에 처넣었고 정치인들은 부패했다. 교회는 가진 자의 편에 섰고 생명력을 잃은 채 교만하고 타락했다. 브레디는 결론을 내린다. "영국민이 당시 다른 어떤 기독교국 사람들 못지않게 심하게 타락했고 사나웠다."[2]

영국과 프랑스의 길은 겹쳐서 보인다. 파리에 기요틴이 세워졌으니 이제는 런던의 차례이다. 런던에 기요틴을 세운다면 동부의 슬럼지역이 안성맞춤이다. 그곳은 영국의 추한 모습을 모두 갖춘, 악으로 물들고 악취가 풍기는 지역이었다. 그런데 반전(反轉)이 일어났다. 런던의 한 치안판사가 놀라운 반전을 증언했다. "이곳은 저주받은 지옥과 같은 곳이요, 세상의 쓰레기와 그 냄새로 뒤덮인 땅이었습니다. 그러나 이제는 타락 이전의 에덴동산과 같이 변하였습니다. 가정을 파괴하고 자식을 버리던 잔인한 아버지들이 가정으로 돌아오고, 알코올중독자들이 기적적으로 술을 끊고, 어려서부터 타락한 아이들은 아브라함의 자녀들로 거듭났습니다."

파리에는 기요틴이 있었고 지방에는 학살이 있었다. 혁명은 민중의 이름으로 일어나서 민중을 도살한다. 혁명기에 정권을 잡았던 국민공회는 방데지역 농민의 반란을 잔인하게 진압했다. 진압군 사령관은 다음과 같이 보고했다. "국민공회의 명령에 따라 방데의 아이들은 우리 군의 말발굽에 짓밟혔고 여자들은 남김없이 죽여 버렸다. 따라서 더 이상 반란은 일어날 수 없다. 나를 비난할 단 한명의 포로도 없다. 나는 그들을 완전히 전멸시켰다. 길에는 시체가 널려있다. 도적떼들은 항복을 애걸했지만 우리는 주저 없이 그들에게 사격을 퍼부었다. 자비는 혁명의 정서가 아니다."

이미 파리에서 수만 명이 희생당했다. 방데에서는 파리보다 열 배 많은 사람들이 죽은 것으로 추정된다. 18세기 프랑스의 색깔은 강렬한 핏빛이었다. 그런데 같은 길을 걸었던 영국은 다른 색깔에 대한 기록을 남겼다. 프랑스에서 유혈혁명이 일어나기 7년 전인 1782년 9월 10일에 쓰여진 글이다. "콜퍼드에 있는 단순한 마음을 가진 광부들에게 갔다. 그들 중 많은 이들이 저녁 6시에 푸른 목초지에서 모였다. 목초지는 석양으로 아름다운 금빛으로 물들었다."

영국의 광부들도 처절하게 짓밟혔다. 12살도 안된 아이들이 노동력을 착취당했고 석탄을 캐다가 갱도에서 아이를 낳는 임산부도 있었다. 작은 방 하나에 열 명이 살았고 침대 하나에서 다섯 명이 잤다. 혁명이 일어났다면 광산촌이 본거지일 텐데, 그곳의 색깔은 핏빛이 아니었다. 목초지의 푸른 빛이요 석양으로 물든 아름다운 금빛이었다.

퀘이커 신학자 러프스 존스(R. Jones)는 금빛의 정체를 설명했다. "물이 포도주로 변하고 탕자들이 집으로 돌아오고 많은 사람들이 죽음에서 생명으로, 지옥에서 천국으로 옮겨졌다. 거룩한 변화의 기적을 일으켰고 특별히 사회를 변혁시켰다. 사람들의 마음과 생활이 성결해지고 감옥이 개혁되고 노예무역이 중지되고 노예해방이 이뤄지고 사회생활은 개선되고 무지가 정복되고 곳곳에서 생명의 샘물이 터져 나왔다."

도대체 무슨 일이 있었을까? 같은 길을 걸었던 두 나라는 어떤 이유로 다른 목적지에 도착했을까? 역사가들은 이 문제를 질문했고 답을 찾고자 씨름했다. 엘리 할레비(Elie Halevy)는 영국 사회에도 혁명의 가능성이 잠재해있었다고 지적한다. 그런데 끝내 폭력적 혁명이 일어나지 않았던 이유는 혁명을 막는 예방과 치료제가 있었다고 말한다. 그의 연구는 영국의 노동자 계급과 중산층에게 성서적 성결의 실천을 통한 복음주의적인 세계관과 비폭력적 개혁 수단을 가르쳐 주어서, 폭력적 혁명을 피하게 했던 인물과 세력이 있었다는 발견이다.

웨슬리 브레디는 "새로운 사회적 양심"이 원인이라고 설명한다. "그것은 새로운 사회적 양심으로부터 유래되었다. 그 사회적 양심은... 생동감 있고 실제적인 기독교의 복음주의 부흥에서 태어나고 자랐다. 그 부흥운동은 신약 윤리의 중심적 근본 원리들을 조명하고, 하나님이 진정 아버지이시며 사람들은 진정한 형제라는 것을 생생하게 느끼게 해주었으며, 재산보다 인간이 먼저임을 지적하고, 마음과 영과 생명이 모두 이 땅에 의의 나라가 확립되는 일을 향하도록 하였다."

엘리 할레비가 말한 폭력혁명의 예방과 치료, 브래디가 지적한 사회적 양심의 회복은 한 사람과 한 세력을 지목한다. 바로 존 웨슬리와 메소디스트 부흥운동이다. 누적된 모순이 폭발하여 프랑스에서는 피의 혁명이 일어났다. 100만 여명이 죽어서, 시체가 산처럼 쌓이고 피가 강물처럼 흘렀다. 프랑스 못지않게 모순을 축적했던 영국에서는 피의 혁명을 대신한 기독교 혁명이 일어났다. 유혈혁명을 대신해서 성령의 혁명을 체험한 영국은 자유와 번영을 누렸다.

존 웨슬리와 그의 형제 찰스, 그리고 메소디스트 운동에 대하여 수많은 찬사가 있었다. 필자의 소견으로, 두 사람의 찬사가 가장 적절하다. 1988년 웨슬리 회심 250주년 기념대회에서 엘리자베스 여왕이 말했다. "웨슬리 형제가 일으킨 부흥운동은 영국을 파멸의 위기에서 구원했다." 그리고 웨슬리 브래디가 『웨슬리 이전과 이후의 영국(England Before and After Wesley)』에서 말했다. "웨슬리는 민족에게 영혼을 회복시켜 준 사람이었다." 존 웨슬리는 개인과 사회의 양심을 회복하여 대영제국을 파멸에서 구하고, 위대한 부흥운동으로 세상을 바꾼, 하나님 나라의 혁명가였다.

Chapter 1

▲ 존 웨슬리의 부모, 사무엘 웨슬리와 수잔나

사무엘 웨슬리는 아들 존 웨슬리에게 유언을 남겼다. "아들아. 굳세어라. 기
독교 신앙은 이 나라에서 확실히 부흥할 것이다. 나는 보지 못할 것이지만 너
는 그 부흥을 눈으로 볼 것이다."
수잔나 웨슬리는 가고 오는 세대에서 기독교 교육의 모범이요, 신앙적인 어
머니의 표상으로 추앙받았다.

웨슬리 가(家), 유년과 청년시절

부계(父系)와 모계(母系)의 조상들

뿌리 깊은 나무는 가뭄에도 마르지 않기에, 꽃이 아름답고 열매가 풍
성하다. 실로 웨슬리 가문의 뿌리는 깊었고, 그들이 피워낸 꽃은 아름다
웠다. 중세기 수백 년 동안 웨슬리 가(家)는 수많은 기사들을 배출해 낸
"기사도의 가문(Chivalry race)"[3]이었다.

기사(騎士; Chivalry)의 역할은 세 가지로 요약될 수 있다. 첫째로 나
라를 수호하고 백성들을 보호하기 위하여 싸우는 전사(戰士)이다. 유럽
의 역사는 영웅적인 기사들의 무용담으로 가득 차 있다. 아이들은 어려

서부터 가슴을 뛰게 하는 사나이들의 이야기를 들으면서 자라났다. 둘째로 지배층과 민중을 연결하는 다리이다. 위에 있던 왕과 귀족들은 아래에 있던 백성들과 직접 접촉하기를 꺼려했고 두려워했다. 신분의 차별이 엄격했던 시절, 위와 아래의 간격은 말이 통하지 않는 다른 나라 사이만큼 넓고 깊었다. 지배층에게는 그들을 대신하여 아랫사람들과 접촉하고 소통해줄 대리인이 필요했다. 기사가 그 역할을 담당했다.

셋째로 교회와 신앙의 수호자이다. 기사에게는 엄격한 윤리, 철저한 신앙이 요구되었다. 기사로 임명받을 때, 순결을 상징하는 흰 가운을 입고, 그 위에 피와 희생을 의미하는 붉은 겉옷을 입었다. 이것은 하나님 앞에서 순결하게 살며 사명을 감당하기 위해서 피를 흘리겠다는 서약이었다.

기사의 신성한 의무를 실천하기 위해서는 끊임없이 배우고 훈련해야 했다. 기사는 매주일 미사에 참여하여 설교를 들었다. 주기적으로 금식하고 교회에서 밤을 새워서 기도했다. 성만찬을 받을 때는 목에 칼을 걸었다. 이는 목에 칼이 들어오는 순간에도 신앙을 지키고 교회를 수호하겠다는 맹세의 표시였다.

존 웨슬리의 고조부 허버트 웨스틀레이(Sir Herbert Westleigh)는 당대에 명성을 떨친 기사였다. 그는 용감한 전사인 동시에 깊은 신앙과 학문으로도 유명했으며, 특별히 시(詩)문학의 애호가이기도 했다. 허버트 웨스틀레이는 아들들에게, 웨슬리 가문이 수백 년 동안 신앙과 용기와 도덕으로 영국을 지켜온 기사들이었다는 자부심을 전했다.

세월이 흐르고 시대가 바뀌어, 기사들은 역사의 뒤편으로 사라졌다. 그러나 기사도의 정신은 후손들에게 이어졌다. 웨슬리 가문의 후예들은 성직자, 학자, 의사들로 활약했다. 존 웨슬리의 생애에서, 세 가지 기사들의 특징은 그대로 발견된다. 그는 하나님 나라의 전사였으며, 지배층과 백성들을 연결하는 다리였고, 교회와 신앙의 수호자였다. 그는 순결한 목자요, 목에 칼을 걸고 피를 흘리기까지 싸웠던 투사였다.

　존 웨슬리의 부계(父系)는 기사도에 뿌리를 둔 목회자 가문이었고, 모계(母系) 역시 명망 있는 신학과 영성의 가문이었다. 그의 외조부 사무엘 아네슬리(Samuel Annesley, 1620-1696)는 17세기 영국의 대표적인 청교도요, 영성의 대가였다. 그의 학문적인 수준, 성품과 목회에 대하여 다양한 인물들이 기록을 남겼다. 그 중에서는 무인도에 표류한 '로빈슨 크루소'의 이야기로 유명한, 소설가 대니얼 디포(D. DeFoe)도 있다. 그는 아네슬리 목사가 담임한 런던 성 가일 교구의 충성된 교인이었다.

　디포는 아네슬리 박사에게 최고의 찬사를 보냈다. "하나님의 말씀의 원칙을 실행하는 신앙과 용기와 신실성, 그리고 소명에 대한 헌신과 자신의 신앙 양심을 지키는 확고부동한 의지의 사람이며, 목사와 설교자로서는 그보다 더 좋은 표본이 없을 것이다."

　가정생활에서 있어서, 사무엘 아네슬리는 동료이자 친구였던 리차드 박스터(Richard Baxter, 1615-1691)의 주장을 그대로 실천했다. 청교도 영성의 한 페이지를 장식한 거장이었던 박스터는 이렇게 역설했다 [4] : 목사들은 먼저 자신의 가족에 대한 신앙훈련에 집중해야 하고, 교인들 한 가족 한 가족의 신앙 훈련에 집중해야 한다. 기독교는 가정생활에서 먼저 건실하게 건축되지 아니하면 결코 안전하게 세워지지 않으며, 신앙의 복, 그리고 교회와 국가의 복지와 영광은 전적으로 가정이라는 정부와 의무를 얼마만큼 잘 수행하느냐에 달려 있다. 더 나아가서 인류가 바라는 세상의 개혁(general reformation)은 가정의 개혁(family reformation)을 통해서만 가능하다.

사무엘 아네슬리가 실행한 기독교적 가정교육은 존 웨슬리의 어머니 수잔나에게 깊고도 심대한 영향을 끼쳤다. 그녀는 신실한 가정에서 자라고 배우면서 깊어진 영성을 자녀들에게 계승했다. 자녀교육에 관하여 수잔나는 세계적인 모범이 되었다.

사무엘의 외손자요 수잔나의 아들이었던 존 웨슬리는 "가정 종교(기독교) 관하여"라는 설교에서, 다음과 같이 말했다. "우리의 가족생활에 뿌리를 내린 종교(기독교)만이 진정한 부흥을 이루게 될 것이다." 말은 삶이 되었고, 주장은 사실이 되었다. 아버지와 어머니에게서 아들로 이어진 신앙은 진정한 부흥을 일으켰다.

존 웨슬리의 부친, 사무엘

사무엘 웨슬리(Samuel Wesley, 1662-1735)는 부지런한 학자요 성실한 목회자였다. 그는 성경과 신학 연구에 헌신했고 시골 마을의 목사로 평생을 바쳤다. 뛰어나지만 가난한 목회자였고, 세속에 물들지 않은 경건을 고집했던 까닭에, 돈 관리에는 아주 서툴렀다. 결국 빚을 갚지 못해서 허덕이다가 감옥에 갇히는 수난을 겪기도 했다. 사무엘은 돈이 없어서 감옥에 갈 정도로 가난했으면서도, 일찍 홀로 되신 어머니를 재정적으로 지원하며 평생 봉양한 효자였다.

신앙을 수호하기 위해서 싸워온 가문의 전통은 사무엘 웨슬리에게도 계승되었다. 18세기는 '이성(理性)의 시대'로 불리웠다. 인간의 이성을 가장 중시하고, 이성으로 모든 것을 알 수 있다는 식의 낙관론이 팽배했다. 이러한 이성중심주의가 신학에 침투하여 이신론(理神論)을 낳았다.

이신론은 인간의 이성이 하나님의 존재와 역사(役事)를 믿고 이해하는 완전하고도 유일한 도구라고 주장하여, 이성을 초월한 일체의 계시를 부인한다. 동시에 기독교 신앙의 신비적인 요소도 인정하지 않는다. 처녀가 아들을 낳고, 사람이 물 위를 걸어가며, 죽은 예수가 부활했다는 이야기는 기적이요 신비이기에, 이신론의 이름으로 부정 당했다. 2천 년 전에 죽은 예수가 나의 죄를 대신했으며, 그 예수가 다시 오셔서 심판하신다는 주장 역시 부인 당했다. 사람의 생각으로 하나님의 계시를 뜯어고쳐서, 성경을 다시 쓰려는 사상이 이신론이다.

사무엘은 이신론의 정체를 꿰뚫어보았다. 그는 이신론이 하나님의 존재와 섭리와 역사를 부인하고 이성을 신격화함으로써, 사실상 무신론(無神論)과 다름없다고 통찰했다. 그는 다음과 같이 주장했다.

"나는 이성적 체계의 완전성과 자연세계의 영원성을 주장하는 어리석은 이신론사상을 경솔하게 옹호하고 선전하는 무신론자들을 반박한다. 이신론은 이 나라에서 정통 신앙을 파괴하고 민족의 도덕성을 부패시키고 결국에는 기독교 자체를 죽이려고 한다. 이신론의 핵심은 인간이 하나님을 이 세계에서 몰아내고 일체의 간섭을 허락지 않으려는 반신론(反神論)으로서 마치 건축예술에 대하여 무지한 사람이 건축예술가 옆에 서서 그를 마음대로 조종하려는 것과 똑같다. 이신론이란 인간들이 하나님의 심판이나 지옥에 대한 일체의 생각조차 폐기시켜 버리고 세상을 방황하면서 그런대로 행복하게 살다가 허무 속으로 가라앉게 만드는, 기독교의 이름으로 가장한 허무주의이다."[5]

아버지의 발자취는 아들에게 이어졌다. 존 웨슬리는 신앙을 수호하고 이신론에 맞섰던 아버지의 신학에 깊은 감동을 받았다. 그리고 당대의 이신론자들과 투쟁하며 그들의 주장을 비판했다. 투사였던 아버지는 마지막은 예언자였다. 임종이 가까워올 때, 사무엘이 존 웨슬리에게 말했다. "아들아. 굳세어라. 기독교 신앙은 이 나라에서 확실히 부흥할 것이다. 나는 보지 못할 것이지만 너는 그 부흥을 눈으로 볼 것이다."

아들이 아버지의 유언을 잊을 수는 없다. 존 웨슬리는 아버지가 마지막 숨을 내쉬면서 예언했던 부흥이 일어나기를 일평생 추구했다. 아버지는 아들에게 불씨를 남겼고 아들은 그 불씨로 세상을 불태웠다.

존 웨슬리의 모친, 수잔나

수잔나 웨슬리(Susanna Wesley, 1669-1742)의 어머니는 24명의 자녀를 낳았다. 다산(多産)의 유전자는 딸에게 이어져, 수잔나는 19명을 낳았다. 두 여자가 43명을 낳다니! 출산율 저하로 고민하는 대한민국의, 대단하면서도 부담스러운 모델이다.

남녀의 차별이 심했던 당시에, 여자는 대학에 갈 수 없었다. 그럼에도, 책을 사랑하고 지식을 탐구했던 수잔나의 경건과 지식, 표현력과 문장력은 탁월했고 유명했다. 하지만 뛰어나봐야 여자였으니, 그녀의 능력을 발휘할 무대가 없는 것처럼 보였다. 여성의 사회 진출이 자유로운 오늘날과 비교하면, 당시에 사회에서의 기회는 없는 것이나 마찬가지였다.

그러나 기회가 사회에만 있는 것은 아니다. 수잔나에게는 가정이 기회였다. 그녀의 영성은 가정에서 빛을 발했다. 많은 자녀들을 낳았다는 점에서 특별했던 수잔나 웨슬리는 그들을 뛰어난 인물로 길러냈다는 점에서는 더욱 특별했다. 가고 오는 세대에 수잔나는 기독교 교육의 모범이요, 신앙적인 어머니의 표상으로 추앙받았다.

1712년에 수잔나는 어린이를 위한 작은 책자를 집필하면서, 자녀 교육의 심장과 같은 고백을 토로했다. "나는 너희들 안에 그리스도의 형상이 온전히 이루어지기까지 너희들을 다시 한 번 더 낳는 해산의 고통을 겪는 심정으로 이 글을 쓴다."

어머니는 몸으로 자식을 낳는다. 말로 형용할 수 없는 고통을 겪어야 하는 출산이다. 마찬가지로 어머니는 영으로도 자식을 낳아야 한다고, 수잔나는 말한다. 역시, 말로 표현할 수 없는 고통을 감수해야 하는 두 번째 출산이다. 신앙의 어머니는 두 번 해산하는 수고를 겪어서, 자녀들을 몸으로 낳고 영으로도 낳아야 하는 존재이다.

수잔나 웨슬리는 열 아홉을 낳았고 그중에서 아홉이 어려서 죽었다. 남은 열을 또 다시 영으로 낳고 키워낸 어머니는 "잔인한 부모"를 고발하고 "어리석은 사랑"(foolish fondness)을 경고한다. "많은 부모들이 세상적인 풍습대로 자녀들을 사랑과 친절로 대해야 한다는 뜻에서 자녀들이 악한 버릇에 물들고 탐닉하도록 내버려 두는데, 나는 이런 부모들을 오히려 잔인하고 악한 부모라고 부르고 싶다. 왜냐하면 악한 버릇은 발견되는 대로 즉시 버리도록 하여야 하며, 그렇지 않을 경우 그 버릇이 자녀들을 멸망으로 끌고 가기 때문이다.

어떤 부모들은 자녀들이 잘못하는 것을 보고도 그냥 내버려 두었다가 나중에 아주 많이 잘못되었을 때에 심하게 때리는 경우가 있는데 이것은 결국 아이들을 더욱 더 고통스럽게 체벌하는 결과를 낳는다."

자녀를 망치는 잔인한 부모가 되지 않으려면, 어리석은 사랑을 멈추어야 한다. 그것은 "의지의 정복"에서 시작된다. 존 웨슬리의 어머니는 말한다. "아이가 잘못한 행동에 대하여 교정을 받을 때에는 그 잘못하는 의지가 완전히 정복되도록 해야 한다. 이것은 너무 오래되어서 아주 고집불통이 되지 않는 한, 그렇게 어려운 일이 아니다. 아이들의 악한 의지가 전적으로 굴복되고 부모를 존경하게 되면 아이들은 더 이상 어리석은 잘못과 태만한 실수를 저지르지 않을 것이다.

어떤 잘못은 그냥 지나갈 수도 있고, 보고되지 않을 수도 있다. 그러나 고의로 저지르는 잘못은 절대로 그냥 용서되거나 적절한 벌을 받지 않고 지나가서는 안 된다. 나는 아이들의 악한 의지가 굳어지기 전에 일찍 정복되어야 한다고 주장한다. 왜냐하면 이렇게 하는 것만이 기독교 교육을 위한 강하고 올바른 기초가 되기 때문이다.

이러한 기초가 일찍 형성되지 않는다면 아무리 많은 교훈과 본보기를 보아도 효과를 거둘 수 없기 때문이다. 그러나 일단 이러한 기초가 잘 놓이면 아이는 부모의 경건과 이성적 가르침에 의해서 잘 다스려지는 것이다. 그래서 아이 스스로 하나님 앞에서 자신의 의무와 행복이 무엇인지 이해하기까지 성숙하게 되고, 신앙의 원칙이 마음속에 뿌리를 내리게 된다."

영어에서 가장 아름다운 말로 'Mother'가 선정된 바 있다. 영어뿐만 아니라 어떤 언어에서도, 아름답고 숭고한 단어이다. 하지만 한국에서는 이 아름다운 단어에도 벌레가 붙었다. 맘충(Mom+蟲)이라는, 망측한 말이다. 어느 인터넷 사이트는 다음과 같이 설명한다 : 아이를 빌미로 민폐를 끼친다던가, 주로 주부인 엄마들이 많은, 결집력 강한 부모 커뮤니티에서 단체로 여론을 조성한다든가 하는 깡패짓을 하는 막장 경우를 맘충이라고 한다.

아이는 너무나 예쁘지만, 절대로 천사가 아니다. 아이가 하는 짓은 결코 사랑스럽지만은 않고 그럴 수도 없다. 사람은 태어날 때부터 죄인이다. 천사처럼 보이는 아이에게도 악을 행하려는 의지가 있다. 그 의지가 정복되지 않을 때, 어머니는 벌레가 되고 자식은 민폐가 된다. 그야말로 처참한 인생을 만들어내는 잔인한 사랑이다. 훗날 존 웨슬리는 어머니의 교훈을 떠올리게 하는 〈저널〉을 기록했다.[6]

1742년 8월 1일 일요일

자녀들을 멋대로 두는 부모야말로 종교를 무용지물로 만들고, 구원을 못 얻게 하려는 악마의 일을 하는 것이고, 그 자녀의 영혼과 육체를 영원히 저주하는 모든 일을 하는 것이다.

수잔나가 자녀들을 길러낸 방법은 "철저한 규칙"이었다. 잠자리에 들기와 일어나기, 식사, 기도, 독서, 공부, 놀기, 일하기 등 하루의 모든 생활을 정해진 규칙에 따라서 하도록 훈련했다. 그녀가 지키게 했던 규칙들은 다음과 같다.

- [ ] 주일성수
- [ ] 부모에게 순종하기
- [ ] 거짓말 안하기
- [ ] 서로의 이름을 부를 때 brother와 sister 붙이기
- [ ] 남의 소유권 침해 안 하기
- [ ] 시간과 약속은 정확히 지키기
- [ ] 회초리를 두려워하기
- [ ] 잘못하여 매 맞고 울 때는 소리 내지 않고 울기
- [ ] 아플 때는 무슨 약이든 잘 먹기
- [ ] 집안에서 큰소리 내지 않기
- [ ] 경박한 말이나 장난 안 하기
- [ ] 남에게 무엇을 요구할 때에 겸양의 예의 지키기
- [ ] 간식 안 먹기
- [ ] 식사시간에 제멋대로 부엌에 들어가서 음식 요구 안 하기
- [ ] 남에게 무엇을 요구할 때에는 조용히 말하기
- [ ] 가족 기도회에 철저히 참여하기
- [ ] 음식을 버리거나 남기지 않기
- [ ] 침대보와 이부자리 교체, 옷 입고 벗기 등은 스스로 하기

규칙을 잘 지킬 때에는 칭찬과 상이 주어졌으며, 지키지 않을 때에는 벌을 받았다. 훗날, 그녀의 아들 존 웨슬리도 어머니를 따라 신앙의 규칙을 강조하여, '규칙벌레(Methodist)'라는 조롱을 받았다. 조롱이 영광이 되고 비웃음이 찬탄이 되어, '규칙벌레'는 오늘날 기독교의 교단이 되고 하나님의 교회가 되었다. 실로, 수잔나 웨슬리는 메소디스트의 원조요 어머니이다.

규칙을 지키면서 자라나는 아이들은 '가정학교'의 학생이 되었다. 지

금처럼 초등학교 교육이 보편화되지 않았던 시절에, 어머니는 스스로 학교가 되고 교사가 되었다. 일곱 명의 딸과 세 명의 아들은 다섯 살이 되면 알파벳을 배웠고, 그 즉시 창세기 1장을 읽기 시작했다. 가정학교의 과목은 문법, 역사, 수학, 지리학, 신학 등이었다. 아버지 사무엘이 가끔 아내를 도와서 고전을 가르치기도 했다.

수업은 아침 9시에 시작해 정오에 마치고, 오후 2시에 다시 시작해 5시에 마쳤다. 파란만장한 삶에서 온갖 일을 겪으면서도, 수잔나는 하루에 6시간의 수업을 무려 20년 동안 계속했다. 그녀는 매일 신생아에게 젖을 먹이고, 가계부를 쓰며, 편지를 쓰고, 바느질을 하면서 자녀들을 가르쳤다. 다양한 과목을 열 명에게 한 번씩 가르쳤다고 해도 대단한데, 모두가 알다시피, 한번 가르쳐서 되는 교육은 없다. 수잔나는 같은 교육을 반복하고 또 반복해야 했다.

어느 날, 아내가 가르치는 모습을 지켜보던 남편이, 감탄해서 말했다. "아이에게 같은 이야기를 20번이나 말하다니! 당신의 인내심에 경의를 표할 따름이요." 수잔나는 미소를 지으며 대답했다. "단지 19번만 말한 사실로 제가 만족했으면, 저는 저의 모든 수고를 잃어버렸을 거예요. 제 수고를 아름답게 완성시켜 준 것은 20번째였어요."

열 아홉을 낳고 열을 키우며, 때로는 같은 내용을 20번 반복했던 수잔나는 일주일에 한 번은 꼭 자녀들과 일대 일로 만나는 시간을 만들었다. 참으로 위대한 모성(母性)이요 불가사의한 헌신이다. 아이들은 어머니의 사랑을 받으며 일주일 동안 있었던 일을 충분히 이야기했다. 기쁘고 슬프며, 즐겁고 괴로웠으며, 잘하고 잘못했던 아이들의 사연을 어머니는 귀담아 들어주었다. 그리고 당부하고 용서하고 격려하며, 축복하고 기도해주었다.

존 웨슬리는 어린 시절을 떠올릴 때마다 목요일 저녁을 추억했다. 그 시간이 자신의 인생에서 가장 커다란 유익이었다며 그리워했다. 목요일 저녁은 그와 어머니가 둘이서 만나는 시간이었다.

웨슬리의 모든 활동은 반드시 일정한 계획과 순서에 의하여 진행되었다. 웨슬리는 다음과 같이 말하였다. "나는 언제나 분망하게 지내지만 조급하게 굴지 않는다. 무슨 일이나 일정한 시간에 침착한 태도로 완수할 만한 일이 아니면 애당초 착수도 하지 않기 때문이다." 이 말은 어머니로부터 받은 교육이 체질화되었음을 보여주는 아들의 고백이다. 실로, 위대한 어머니는 자녀를 빚어낸다.

영국의 런던에 남아있는 존 웨슬리의 서재에는 특이한 점이 있다. 창문을 통해서 밖을 내다보면, 번힐 필드(Bunhilll Field)가 눈에 들어온다. 그곳은 수잔나가 묻힌 공동묘지였다. 기도하다가, 설교를 준비하다가, 여러 가지 일을 하다가 고개를 들면, 어머니의 무덤이 바로 보였다. 웨슬리는 어머니의 숨결을 평생 느끼면서 살았다.[7]

영성 신학자 리처드 포스터(Richard Foster)는 기독교 영성에 있어서 "성육신의 전통"을 소개한다. 이는 사람의 몸으로 오셔서 목수로 일하신 예수님의 성육신적 영성을 강조하는 전통이다. 특별하고 신비한 것만 영성이 아니다. 세속을 떠나 은둔해야만 수련이 아니다. 평범한 일상, 누구에게나 있는 사건, 작고 사소해 보이는 바로 그 일을 통해서 하나님을 깊이 알아가는 영성이 성육신적 전통이다.

리처드 포스터는 성육신의 전통을 대표하는 인물로 수잔나 웨슬리를 추천한다[8] : 내가 수잔나를 선택한 이유는 일상생활의 세세한 일들 속에서 하나님을 찾고, 그러한 세세한 일들을 통해 하나님을 섬기는 일에 그녀가 완전히 몰두했기 때문이다. 수잔나는 평범한 일을 할 때 그 일의 막대한 가치를 인식하고 행동한 수많은 이들을 대표한다.

리처드 포스터는 다음과 같은 수잔나의 기도에서, 성육신적 영성 전통의 가장 훌륭한 표현을 발견한다. "주님, 종교(기독교)는 교회나 골방에 한정된 것이 아니고, 기도와 묵상을 통해서만 행하는 것이 아니고, 당신이 임재하시는 모든 곳에 있는 것임을 기억하도록 도와주십시오. 그러므로 저의 모든 말과 행동이 도덕적인 내용을 담도록 해 주십시오. 제 삶에서 일어나는 모든 일들이 제게 쓸모 있고 유익하도록 해 주십시오. 모든 일들을 통해 제가 배우게 하시고, 덕을 행하고 당신을 닮은 모습으로 성장할 기회를 제게 주십시오. 아멘."

수잔나는 파란만장한 생애를 겪었다. 가난한 목회자의 아내로 평생 쪼들리며 살았다. 빚 때문에 투옥당한 남편의 옥바라지를 했고, 남편이 세상을 떠난 뒤에 남겨놓은 빚 때문에 본인도 감옥에 가야 했다.

너무나 훌륭한 남편과 아내였지만, 동시에 너무나 평범한 부부이기도 했다. 사무엘과 수잔나는 정반대라고 할 수 있을 정도로, 성격이 달랐다. 그래서 작은 일에도 서로의 생각이 달라서 다투었으며, 목사관에서 큰 소리가 나기도 했다. 수잔나는 특히 남편의 성급한 혈기를 힘들어했다. 그녀는 큰아들에게 보낸 편지에 "가난이 집 문으로 들어오면 사랑은 창문으로 날아가고, 너희 아버지가 목소리를 크게 내면 불행이 집안으로 들어온다"라고 쓰기도 했다.

수잔나는 어머니로서 열 아홉을 낳는 산고를 겪었고, 그중에서 아홉을 잃는 고통을 당했다. 말년에는 제일 믿고 의지했던 장남이 먼저 세상을 떠나는 비극을 겪기도 했다. 존과 찰스가 메소디스트의 조상이 되는 위대한 족적을 남겼지만, 그것도 어디까지나 후세의 평가였다. 수잔나가 살아 생전에, 역사를 바꾼 두 아들들은 역사가 기억하는 비난과 박해를 온 몸으로 받아냈다. 여성이 차별 당했던 시대, 총명했던 딸들은 능력을 펼칠 기회를 얻지 못했고, 대부분 불행하게 살았다.

이 모든 일들을 견뎌낼 수 있었던 비결은, 바로 그 모든 일들을 통하여 선을 이루시는 하나님을 향한 믿음이었다. 비극적인 사건을 겪을 때마다 오히려 그것들을 성숙의 근거로 만들고자, 수잔나는 기도했다. "주님, 이 인생의 모든 실망과 불행을 진정으로 유익한 것으로 만들 수 있도록 도와주십시오. 제 마음이 더욱 당신과 가까이 연합될 수 있는 도구가 되게 해주십시오."

존 웨슬리는 신앙적인 가문에 대한 자부심을 간직했다. 그는 동생 찰스에게 보낸 편지에서 이렇게 말했다. "할아버지-아버지-아들-손자로 대를 이어가며 천년 동안이나 순전한 복음을 설교하는 것은 내가 아는 한 아주 드문 일이다." 샘이 깊은 물은 가뭄에도 마르지 않기에, 흐르고 흘러 강이 되고 바다에 이른다.

엡워스 시절, "불 속에서 꺼낸 타다 남은 막대기"

사람들은 중심을 좋아한다. 중앙을 차지하고 권세를 부리려고 한다. 중심은 부(富)해지고 강(強)해져서 기득권이 되지만, 성자필멸(盛者必

滅)의 섭리를 거스르지는 못한다. 시간이 모이고 세월이 쌓이면, 중심은 고여서 썩은 물이 된다. 새로운 물줄기가 흘러 썩은 물을 밀어내면 살아 나고, 그대로 고여 있으면 죽는다. 세상을 살리는 새로운 물줄기는 변방 에서 시작된다.

존 웨슬리는 1703년 6월 17일, 영국의 엡워스(Epworth)에서 태어났 다. 엡워스는 웨슬리의 고향이 아니었다면 세상에 알려질 아무런 이유 도 없는, 초라한 농촌이었다. 그곳은 웨슬리의 아버지 사무엘의 두 번째 목회지였다. 그는 사우스옴스비에서 5년간의 목회를 마치고 1697년 엡 워스 교구로 이동하여 1735년에 소천할 때까지 39년간 목회했다.

북잉글랜드 링컨 주에 위치한 엡워스는 인구 1500명의, 시골장이 서 는 작은 마을이었다. 거의 산이 보이지 않는 평지로, 주민들은 주로 밀 과 감자와 옥수수를 재배하고 양을 키웠다. 외지고 척박한 엡워스의 사 람들은 거칠었고 분노에 차 있었다. 분노의 주된 원인은 토지 문제였다. 엡워스의 토지는 영국 왕실에서 회사를 고용하여 개간한 것이었다. 따 라서 토지에서 거둔 수입의 1/3은 왕궁에서, 1/3은 개간 회사에서 차지 했다. 주민들의 몫은 나머지 1/3에 불과했으니, 가난하지 않을 수 없었 다.

엡워스의 지역민들은 반왕파(反王派)였다. 그런데 사무엘 웨슬리는 국 왕에게 충성하는 토리당(Tories)에 속해 있었다. 그가 교구 목사로 부임 할 수 있었던 이유도 왕당파여서 왕의 호의를 입었기 때문이었다. 정치 적으로 반대 노선의 담임 목회자를, 주민이자 교인들은 싫어했다.

난폭하고 야만적이었던 그들은 목사에게도 그대로 행동했다. 사무엘 과 가족들이 경작한 농작물을 불태우고, 젖소를 찔러 죽이거나 가축을 불구로 만드는, 일종의 테러를 자행했다. 목사가 키우는 개가 짖어댄다며 개의 다리를 부러뜨리고, 목사관의 문틀을 부수기도 하였다. 1705년에 실시된 주(州)의 선거 때에는 노골적으로 사무엘 가족을 위협하였다. 일부 엡워스 사람들은 폭동에 동참하여, 욕설을 퍼부으며 총을 쏘아댔다.

엡워스의 목사관은 세 번이나 불길에 휩싸였다. 지금처럼 과학기술을 동원한 수사를 할 수 없었던 시절이라, 누가 범인이고 어떻게 불이 났는지는 밝혀지지 않았다. 그러나 평소에 반복되었던 사건들로 비추어 볼 때, 목사에 대한 분노가 원인이라고 짐작한 사람들이 많았다.

사무엘처럼 학식 있고 경건한 인물에게도 힘겨웠으니, 예나 지금이나, 목회는 참 어렵다. 어렵고 어려운 가운데, 하나님의 뜻이 펼쳐지니, 목회란 참으로 신비하다. 엡워스라는 지역이 오늘날까지 알려진 데에는 목사관에 불을 지른 것으로 추정되는 이름 모를 범인의 공로가 혁혁했다. 동시에 깊은 신앙심과 강렬한 개성으로 자주 다투었던 사무엘과 수잔나의 부부관계도 중요하게 기여했다.

세상을 바꾸어놓은 사건의 시작은 사소했다. 어느 날 저녁 기도 시간에 사무엘 목사는 영국의 왕이었던 오렌지공 윌리엄을 위해서 기도했다. 그런데, 남편의 기도에 아내가 '아멘'으로 응답하지 않았다. 왜냐하면 그녀는 윌리엄이 아니라, 폐위당한 제임스 2세를 지지하는 사람들에게 동정적이었기 때문이다. 지금과는 비교할 수 없을 정도로 남편의 권위가 강하던 시절, 사무엘은 아내에게 '아멘'이 없는 이유를 따졌다. 똑똑한 아내는 소신을 굽히지 않았고, 성난 남편은 런던으로 떠나버렸다.

부부의 별거는 6개월 동안 계속되었다. 교인이 목사의 젖소를 찔러죽이고, 경건한 부부가 별거하게 만들었으니, 예나 지금이나 정치의 힘은 막강하다.

사무엘이 엡워스로 돌아오게 만든 것은 바로 불이었다. 목사관의 2/3을 태운 불길에 놀라, 두 사람은 허겁지겁 화해했다. 화해와 재결합의 결과로 1703년 6월 17일 열다섯 번째 아이가 태어났으니, 바로 존 웨슬리이다.

불길의 결과로 태어난 웨슬리에게 불길의 추억은 계속된다. 1709년 2월 9일 수요일 밤 11시에서 12시 사이에, 또 다시 불이 났다. 가족들이 잠든 사이에 집은 온통 불길에 휩싸였고, 불붙은 천장이 여덟째 아이 헤티의 침대에 떨어졌다. 헤티는 놀라서 "불이야!" 하고 소리쳤으며, 사무엘도 동시에 거리에서 "불이야" 하고 외치는 소리를 들었다. 사무엘은 식구들을 깨우며 빨리 불을 피해 나가라고 소리쳤다. 그는 공포에 질려서 당황하는 아이들을 데리고 불길을 뚫고 정원으로 나가는 문을 간신히 열어서 빠져나왔다.

수잔나는 뒷문으로 나가려고 세 번 시도했으나, 불길이 너무 강해서 실패했다. 네 번째 시도에서 간신히 나왔는데, 얼굴과 다리에 작은 화상을 입었다. 그때 비명소리가 들렸다. "도와주세요!" 2층에서 공포에 질린 소리로 울고 있던 아이는 여섯 살 난 존이었다.

사무엘은 여러 번 2층으로 올라가려고 시도했지만, 불가능했다. 집 전체가 불타고 있었고, 층계로 가는 통로도 불길에 휩싸여 있었다. 가족과 교인들이 발을 동동 구르며 지켜보는 가운데, 비명 소리만 들리고 있었다. 더 이상 아무것도 할 수 없다고 생각한 사무엘은 무릎을 꿇었다. 하나님께 아이의 영혼을 받아주시기를 부탁하는 기도를 드렸다. 불에 타 죽을 아들을 의탁하는 아버지의 기도라니!

존이 있던 방의 침대와 벽과 천장에 불이 붙어 타고 있었다. 하지만 창문에는 아직 불이 옮겨 붙지 않았다. 아이는 옷상자를 딛고 창문으로 기어 올라가 마당에 있는 사람들에게 도와달라고 소리쳤다. 몇 사람이 창문으로 올라가 아이를 구하려고 했지만 번번이 실패하였다.

그때, 용감한 청년 하나가 벽에 바짝 붙어서 섰다. 몸무게가 가벼운 청년이 그의 어깨 위를 밟고 올라갔다. 그리고 손을 뻗쳐서 아이를 창문 밖으로 꺼냈다. 아이가 빠져 나오자마자, 지붕 전체가 한꺼번에 무너졌다. 그야말로 기적이었다! 어머니 수잔나는 불길에서 건져낸 아들을 껴안고 눈물을 흘렸다.

사무엘은 모여든 교구민들을 향해서 말했다. "자, 무릎을 꿇읍시다. 우리 모두를 지켜주신 하나님께 감사합시다. 하나님은 내게 사랑스런 아내와 귀여운 아이들을 주셨습니다. 집은 없어져버리라고 합시다! 나는 아직도 부자입니다!"

아버지마저 포기했는데 살아났으니, 존은 부모에게 특별한 아들이 되었다. 수잔나는 열다섯 째 아이가 기적적으로 구출된 것은, 그 아이를 향한 하나님의 특별한 섭리가 있었기 때문이라고 믿었다. 그녀는 이때부터 존을 "불 속에서 꺼낸 타다 남은 막대기(a brand plucked from the burning – 스가랴 3:2)"라고 불렀다. 그리고 불타는 지붕이 무너지기 직전에 살아난 아들에게 특별한 관심을 가지고 가르치기로 결심하였다.

불이 꺼지고 2년 3개월이 지난 다음에도, 그녀는 여전히 존에 대한 특별한 마음을 간직하고 있었다. 1711년 5월 17일, 수잔나의 저녁 명상록에는 다음과 같은 서원 기도가 기록되어 있다. "당신이 특별한 자비로서 지켜주신 이 아이의 영혼을 위해, 지금까지 기울여 온 것보다 더욱 더 세심한 정성을 다하기로 굳게 마음을 정합니다. 이 아이의 마음속에 하나님에 대한 신앙과 미덕의 규율을 심어주기 위해 나의 노력을 다하겠습니다. 주님, 제가 이것을 성실하게 실천할 수 있는 은혜를 주시고, 나의 이러한 의도가 반드시 결실하도록 복을 내려주옵소서."

어머니는 사나운 불길과, 그 속에서 살아난 기적과, 살려주신 특별한 섭리에 대해서, 아들에게 자주 말해주었다. 아들도 뜨거운 불길과 어머니의 간증을 기억했다. 34세가 되던 1737년, 존 웨슬리는 자신을 "불 속에서 꺼낸 타다 남은 막대기"라고 표현하면서, 그 기적적인 구출이 하나님의 특별한 섭리였다는 믿음을 고백했다. 불길의 결과로 화해한 부부에게서 태어나, 불 속에서 기적적으로 구출 받은 존 웨슬리에 의해, 시대를 바꾼 성령의 불이 타올랐으니, 참으로 특별한 하나님의 섭리가 있었다.

차터하우스와 옥스퍼드

당시에는 가정학교(Home School)가 곧 초등학교였다. 부모가 집에서 직접 가르치든지, 아니면 개인교사를 두어서 가르치게 했다. 존 웨슬리는 열 살을 넘기고 6개월쯤 지났을 때, 어머니로부터 초등학교 과정을 수료했다. 그리고 1714년 1월 28일, 버킹검 공작의 추천을 받아 런던에 있는 명문사립 기숙학교(boarding school)인 차터하우스 학교 (Charterhous School)에 입학했다. 차터하우스 학교는 1611년에 카투시안 수도회(Carthusian Order)에 의하여 세워진 유서 깊은 명문이었다. 이 학교는 설립된 이래 현재까지 영국에서 가장 우수한 사립학교 중의 하나로 알려져 있다.

중세 수도회의 전통을 계승한 학교에서 존 웨슬리는 엄격한 교육을 받았다. 유럽의 오래된 수도원 학교나 대성당 학교에서는 일반 학과목 외에 성경, 기독교 고전, 교리와 신학을 필수로 가르쳤으며, 어학을 강조하는 전통을 이어오고 있었다. 웨슬리도 차터하우스에서 신학의 기초과정을 충실히 배웠으며, 라틴어와 성서 히브리어와 성서 그리스어를 철저히 배웠다.

아버지는 존이 어려서부터 어학에 탁월한 재능을 가지고 있다고 자랑했다. 형 사무엘과 동생 찰스도, 존이 히브리어와 그리스어를 너무나 빨리 배워서 원어 성서를 줄줄 읽는다고 칭찬했다. 불과 열 살 때부터 쌓아올린 성경 원어 실력은 평생의 자산이 되었다. 웨슬리는 원어로 성경을 읽고 가르치며, 성서적인 교회를 세우고 성서적인 개혁을 추구했다.

가난한 시골 출신으로, 런던에서 공부하고 부자 친구들과 어울리며, 청소년기의 웨슬리는 고생을 많이 했다. 그래도 줄곧 우등의 자리를 놓치지 않았다. 명문학교였던 차터하우스에는 역시 명문대학교인 옥스퍼드와 케임브리지에 장학생을 추천할 특권이 있었다. 존 웨슬리는 졸업과 함께 실력을 인정받아, 옥스퍼드에서도 가장 좋은 크라이스트처치 대학(Christ Church College)에 장학생으로 입학했다. 우수한 졸업생 존 웨슬리로 말미암아, 모교인 차터 하우스의 명예가 더욱 빛나게 된 것이다.

존 웨슬리는 허약한 체질이었다. 옥스퍼드의 과중한 공부를 감당하기
에는 힘이 벅찼다. 그런데 건강 문제보다 더 고통스러웠던 것은 가난이
었다. 시골 목사였던 아버지는 아들을 도울 수 없었다. 옥스퍼드 시절,
존 웨슬리는 자주 남에게 돈을 빌렸으며, 빌린 돈을 갚느라 더 쪼들리는
악순환에 시달렸다. 청년 웨슬리는 이발비를 절약하려고 머리를 길게
길렀다. 누이들에게, 우표를 살 돈이 없어서 편지를 못 쓰니, 대신 자주
편지를 보내달라고 부탁하기도 했다.

가난한 수재에게 대학의 동료들은 호의적이었다. 대부분 부잣집 출신
이었던 친구들은 친절했고 돈도 잘 꾸어주었다. 지도 교수들은 존 웨슬
리의 사정을 고려하여 학교에 납부해야 하는 여러 가지 비용을 가능한
한 적게 내도록 배려해주었다. 큰형 사무엘이 교사와 교장으로 일하면
서 동생의 생활비를 지원하기도 했다.

병약하고 가난한 가운데, 웨슬리는 학업과 독서에 몰두했다. 정규 과
목을 이수하는 동시에, 다양한 분야의 책을 읽었다. 웨슬리 연구가 그린
(Green)의 『젊은 웨슬리(Young Mr. Wesley)』에는, 웨슬리가 1725년부
터 1734년 사이에 읽었던 총 580여권의 도서목록이 기록되어 있다.

존 웨슬리의 독서 영역은 크게 세 부류로 나눌 수 있다. 첫째는 고전
(classics)으로, 기독교 교부들의 고전에 심취하였고, 일반적인 고전 문
학, 철학, 역사 서적들도 즐겨 읽었다. 둘째는 기독교 신학(religion)으
로, 시대를 초월한 신학의 대표작들을 읽었다. 특히 중세기 신비주의 영
성과 당대의 경건 문학에 빠져 들어가면서 읽었다. 셋째는 그 외의 모든
분야(general)이다. '한 책의 사람' 또는 '성경 좀벌레'라는 별명을 얻을

만큼 성경을 탐독하는 동시에 철학, 문학, 역사, 정치, 경제, 사회, 지리, 의학, 예술, 자연과학에 관한 책들을 다독(多讀)했다.

훗날 웨슬리는 메소디스트 설교자들에게 성경만이 아니라 다방면으로 폭넓은 독서를 하라고 가르쳤다. 그리고 모든 인문학과 자연과학이 하나님의 계시를 더 밝게 비춰주고 하나님의 말씀을 더 효과적으로 전하기에 매우 유익하다고 강조했다.

어머니로부터 규칙을 지키도록 훈련받은 아들답게, 웨슬리는 독서 계획표를 만들어서 체계적으로 읽었다. 그는 모든 책을 두 번씩 읽는 습관을 가지고 있었다. 처음에는 책을 재빨리 훑어 내려가 대략적 의미를 파악하고, 두 번째 읽을 때는 요점정리를 하면서 중요한 문장은 따로 적어놓았다.

평생에 걸쳐 탐독한 성경과 다독한 책들은 사역에 효과적으로 활용되었다. 그는 책을 통해서 탐구한 지식들을 저술과 설교에 자주 인용하였다. 다양한 연구와 독서를 통한 학식은 위대한 신학자, 영성가, 설교가, 개혁가 웨슬리를 배출한 비옥한 토양이 되었다.

1725년, 일생을 바치겠다는 서약

책 속에 길이 있다. 진부하게 들리는 이 말은, 진부할 정도로 오랫동안 사실로 입증되어 왔다. 독서광 웨슬리를 헌신으로 이끈 길도 책에 있었다. 1725년, 옥스퍼드의 웨슬리는 책에서 영적인 스승들을 만났다. 그들은 중세기의 신비주의 수도 성자인 토마스 A. 켐피스(T. A.

Kempis), 영국 국교회의 주교이며 신비주의 영성가인 제레미 테일러(J. Taylor), 그리고 옥스퍼드 대학 교수요 웨슬리의 스승이었던 윌리엄 로우(W. Law)이다.

웨슬리는 토마스 켐피스의 『그리스도를 본받아』를 읽고 내면의 신앙이 중요함을 깨달았다. 참된 신앙은 먼저 마음속에 뿌리내리고 자라서 모든 생각과 말과 행동에 영향을 끼치게 된다는 사실을 확신하게 되었다. 그는 마음의 신앙(religion of heart)에 대한 확신을 다음과 같이 기록했다.

"비록 나의 삶을 전부 드린다 해도 나의 마음 전체를 드리지 않는다면 아무 유익이 없다는 사실을 깨달았다. 나는 의도의 단순성(simplicity of intention)과 감정의 순수성(purity of affection)이야말로 하나님의 산에 오르는 영혼의 두 날개인데, 이것은 우리의 모든 말과 행동에서 오직 한 가지 의도를 품으며 우리의 성품을 다스리는 오직 한 가지 소원을 가지는 것임을 발견했다."

『그리스도를 본받아』의 독서는 그리스도를 본받는 삶으로 이어졌다. 이때부터 존 웨슬리는 매일 1-2시간씩 기도했고, 특히 내적인 성결(inward holiness)을 얻기 위해서 기도했다. 매주일 성만찬을 받으며, 말과 행동에서 죄를 짓지 않으려고 노력했다. 그리고 하나님께 자신의 마음 전체를 드리려고 했다.

제레미 테일러의 『거룩한 삶과 거룩한 죽음(Rules and Exercise for Holy Living and Holy Dying)』은, 의도의 순수성에 대하여 웨슬리에게 깊은 감동을 주었다. 그는 이 책을 읽으면서 일어난 자신의 변화를 고백했다.

"즉시로 나는 나의 모든 삶을 하나님께 드리기로 결심하였다. 즉 나의 모든 생각과 말과 행동을 드리기로 결심하였다. 내 삶의 모든 것은 하나님께 제물로 바쳐야 하며, 만일 내 삶의 어느 부분이라도 하나님께 바치지 않은 것이 있다면, 그것은 곧 마귀에게 바친 것이 된다. 나는 내 삶에서 하나님 섬기기와 마귀 섬기기의 중간은 없다는 사실을 확실히 깨달았다. 진실한 믿음을 가진 사람이라면 누가 하나님 섬기기와 마귀 섬기기의 중간에 설 수 있겠는가?"

홋날의 웨슬리는 완전한 성화를 주장하며 마음의 의도를 강조하게 된다. 이는 옥스퍼드 시절의 깨달음이 연장된 것임을 확인할 수 있다.

윌리엄 로우의 『그리스도인의 완전(Christian Perfection)』과 『경건한 삶에로의 중대한 부르심(Serious Call to A Pious Life)』은 청년 웨슬리를 생애 전체를 바쳐서 완전한 그리스도인으로 살겠다는 결심으로 이끌었다. 그는 다음과 같이 고백했다.

"나는 어느 때보다도 절반의 그리스도인(half a Christian)이란 결코 있을 수 없다는 것을 확실히 알았다. 나는 주님의 은혜에 의지하여 나의 영혼과 몸, 그리고 존재 전체와 소유 전체를 하나님께 드리기로 결단하였다. 진지한 신앙을 가진 사람이라면 그 누가 이와 같은 완전한 헌신이 너무나도 지나친 것이라고 말할 수 있겠는가? 우리에게 생명과 구원을 주신 하나님께 우리 자신과 우리가 가진 모든 것과 모든 존재를 드리는 것보다 덜 드리는 것이 합당하다고 말할 수 있겠는가?"

존 웨슬리는 끊임없이 읽으면서 익어가는 생애였다. 책을 읽었고 사람을 읽었다. 정말 많은 책을 깊이 있게 읽었고, 정말 많은 사람들을 깊이 있게 만났다. 청년 시절, 그에게 깊은 감명을 준 사람 중에는, 초라한 일

꾼도 있었다.

어느 날 저녁, 옥스퍼드 크라이스트처치 대학의 짐꾼 한 사람이 웨슬리의 방 앞에서 일하다가, 우연히 그를 만나게 되었다. 존 웨슬리가 간단한 인사를 하면서 보니, 짐꾼의 코트가 너무나 낡고 더러웠다. 그래서 지금 입고 있는 코트가 너무 더러우니, 어서 집에 가서 새 코트로 갈아입으라고 하자, 짐꾼이 대답했다. "나의 코트는 세상에서 이것 하나밖에 없습니다. 그러나 나는 이 코트를 주신 하나님께 감사합니다."

존 웨슬리가 그러면 집에 가서 쉬면서 저녁이나 먹으라고 하자, 짐꾼이 또 대답했다. "나에게는 먹을 것이 아무것도 없고 마실 물만 있습니다. 그러나 나는 마실 물을 주신 하나님께 감사합니다." 계속해서 존 웨슬리가 "벌써 늦은 저녁인데, 문 닫히기 전에 방에 들어가 편히 자고, 그다음에 하나님께 감사하든지 하시오."라고 말했다. 그러자 짐꾼은 "나는 집에 들어가 자지 못해도 하나님께 감사할 것입니다. 왜냐하면 나에게 깔고 잘 수 있는 판판한 돌은 있거든요."라고 대답하였다.

존 웨슬리는 그에게 말했다. "당신은 입을 것이 없어도 감사하고, 먹을 것이 없어도 감사하고, 누워 잘 침대가 없어도 감사한다고 하니, 그밖에 또 감사할 것이 있습니까?" 가난한 짐꾼은 이렇게 대답했다. "예, 나는 나에게 생명을 주시고 이렇게 아름다운 세상에서 살게 해 주신 하나님께 늘 감사하지요. 그리고 하나님을 사랑하는 마음과 섬기는 열심을 주셔서 또 감사합니다(I thank Him that He has given me life and being, and a heart to love Him, and a desire to serve Him)."

그날 존 웨슬리는 이름 없는 짐꾼에게 깊은 감동을 받았다. 가난해서 빚에 쪼들리며 사는 자신보다 더 가난함에도 불구하고, 훨씬 행복하게 사는 그의 신앙과 삶을 꼭 배워야 한다고 생각했다. 그리고 기독교 신앙에는 아직까지 자신이 상상도 하지 못하는 위대하고 신비한 세계가 있음을 깨달았다. 가난을 이기고 고난 속에서도 행복하게 하는 신앙의 세계에, 젊은 웨슬리가 매혹 당했다. 옥스퍼드의 수재 웨슬리는 보잘 것 없는 짐꾼과의 대화를 일기에 기록하고, 일평생 기억했다.

역사는 웨슬리와 메소디스트 부흥운동의 위대함을 기억한다. 그러나 위대함의 뒤편에 이름모를 사람들의 헌신이 있었다. 엡워스의 불길에서 어린 웨슬리를 구출하기 위하여 불타는 목사관의 벽에 섰던 두 젊은이의 이름을 우리는 모른다. 옥스퍼드의 청년 웨슬리에게 신앙의 신비를 느끼게 했던 가난한 일꾼의 이름도 기억하지 못한다. 무명(無名)의 그들은 그 유명한 웨슬리의 생명을 건졌고 그에게 깊은 감동을 주었다. 하나님은 작은 사람들을 사용하셔서 큰 인물을 키우셨고 큰 일을 이루셨다. 작은 것도 소중하고 작은 사람들도 아름답다.

어려서부터 몸에 익힌 경건의 훈련, 영적인 독서, 영감을 주는 사람들과의 만남은 웨슬리를 전적인 헌신의 길로 이끌었다. 1725년 스물셋의 웨슬리는 자신의 생애 전체를 하나님께 드리겠다고 서약했다. 이때 일생의 목표가 확고히 정해졌다. 그것은 완전한 헌신, 완전한 성화, 완전한 사랑, 완전한 그리스도인이다. 존 웨슬리는 오직 이 목표를 향하여 일평생 전진하였다. 웨슬리는 서약을 지키기 위해 1725년 9월 19일 성공회의 준회원 사제로 안수 받았다. 그리고 1728년 9월 28일 정회원 사제로 안수 받음으로써, 국교회의 성직자가 되었다.

훗날의 역사는 1725년을 기록하고 기억한다. 한 젊은이가 생애를 바치겠다고 맹세하고 서약했다. 그 맹세가 이루어지고 서약이 실행되면서, 시대가 달라졌다. 거대한 세상을 바꾸는 한 사람의 가슴은 얼마나 깊은 것인가.

메소디스트의 시작, 홀리클럽

존 웨슬리는 1724년 가을에 옥스퍼드 대학을 졸업하고 문학사 학위(BA)를 받았다. 그리고 계속해서 문학석사(MA) 학위 과정을 밟았다. 그는 펠로우(fellow)가 되기를 희망했다. 펠로우는 일종의 연구교수직으로, 대학에 머무르면서 강의를 하고 학생들의 개인 지도를 맡는 전임교수였다. 펠로우 자리에는 학자나 정교수가 되기를 희망하는 학생들 중에서 최고로 우수한 학도들이 임명되었다. 펠로우는 반드시 미혼이어야 했으며, 임명되었다가도 결혼하면 즉시 임명이 취소되었다.

웨슬리의 희망은 이루어졌다. 그는 1726년 3월 17일에 옥스퍼드 링컨 대학의 펠로우로 임명되었다. 온 가족이 크게 기뻐했다. 아버지 사무엘은 자랑스럽게 말했다. "나는 비록 시골 목사지만 내 아들은 링컨 대학의 펠로우다!"

지성의 전당이었던 옥스퍼드에는 신앙심 깊은 청년들도 있었다. 그들은 학문 연구와 경건의 훈련, 기도와 성만찬을 나누기 위한 목적으로 모임을 결성했다. 그 유명한 '홀리클럽'(Holy Club)의 탄생이었다. 존 웨슬리는 다음과 같이 회상했다.

"1729년 11월에 옥스퍼드의 네 청년이 매주 3-4회 저녁에 함께 모여 그리스어 신약성경을 읽기 시작하였다. 그들은 링컨 대학의 펠로우 존 웨슬리, 크라이스트처치 대학의 찰스 웨슬리와 윌리엄 몰간, 그리고 머톤 대학의 로버트 커크햄이었다."

홀리클럽은 마음과 생활의 성결을 추구했다. 리더였던 존 웨슬리는 어머니에게 배운 그대로, '규칙'을 강조했다. 경건의 증진과 성결의 실천을 위해서는 규칙을 정하고 규칙대로 생활하는 것이 가장 중요하다고 역설했다. 규칙이 없이는 좋은 그리스도인이 될 수 없다고, 기회가 될 때마다 반복해서 말했다.

홀리클럽의 회원들은 학문 연구를 비롯한 모든 생활에서 약속된 규칙을 엄격히 지키고 정해진 시간표를 정확히 지켰다. 이러한 그들의 생활 방식은 다른 이들에게 독특하고 이상하게 보였다. 한창 자유분방할 나이에, 지나칠 정도로 규칙적이고 너무나 열성적으로 규칙을 지키는 그들을 이질적인 존재로 보았으며, 불쾌하게 여기기도 했다. 옥스퍼드 대학인들은 비아냥거렸다. "새로운 종류의 메소디스트(Methodist)들이 생겨났다!"

메소드(method)라는 단어의 뜻은 '방법, 방식, 일을 하는 순서, 생각이나 행동의 조리, 질서 정연함, 규율에 따름, 규칙' 등이다. 따라서 메소디스트는 '규칙주의자, 규칙쟁이, 방법주의자, 방식주의자'라고 번역되어 왔다. 까다롭고 깐깐하며 별나게 군다는 느낌이 묻어있는 말이다. 메소디스트라는 이름은 홀리클럽의 회원들을 조롱하는 별명으로, 곧 옥스퍼드 대학 전체로 퍼져나갔다.

그러나 존 웨슬리는 이 별명을 긍정적으로 해석했다. 홀리클럽의 회원들이 어떤 경우에도 영국 국교회의 교리와 경건의 규칙을 철저히 지키고, 옥스퍼드 대학의 모든 규정을 열성적으로 지키기에, 메소디스트라는 이름에 어울린다고 했다. 이후로 홀리클럽에 가입하여 활동하는 사람들은 모두 메소디스트라고 불리웠다. 훗날 메소디스트 부흥운동이 일어난 뒤에, 존 웨슬리의 추종자가 되거나 감리교 신도회에 들어오는 사람들도 같은 이름을 얻게 되었다. 처음에는 조소하고 모욕하는 이름이었지만, 나중에는 거룩하고 명예로운 이름이 되었다.

홀리클럽은 '성경 좀벌레들(bible moths)'이라고 불리기도 했다. 성경을 얼마나 열심히 읽는지, 마치 좀벌레가 종이를 갉아먹는 것과 같다고 해서 붙여진 별명이다. 비슷한 의미로 '성경 고집쟁이들(bible bigots)'이라는 별명도 있었다.

1730년 8월, 홀리클럽은 새로운 사역을 시작했다. 윌리엄 몰간이 옥스퍼드 인근에 있는 교도소의 죄수들을 방문하면서, 감옥 사역을 제안했다. 당시의 형벌제도는 매우 가혹했다. 어린 나무를 자르거나 다리를 파손한 것 같은 작은 범죄에 대해서도 무기징역이나 교수형을 선고했다. 특히 빚을 못 갚으면 무조건 감옥에 가야만 했다. 당시의 감옥은 형편없었고 끔찍했다. 죄수의 인권은 보장되지 않았고, 위생 상태는 엉망이었으며, 필요한 음식조차 공급되지 않았다. 감옥에서 정신적, 육체적고통에 시달리다가 병에 걸리고, 정신이상 증세를 겪고, 결국 죽어서 나가는 사람들이 많았다.

홀리클럽의 회원들은 팔을 걷어 부치고, 죄수들을 돕는 일에 뛰어들었다. 정기적으로 감옥을 방문하여 전도하고, 필요한 것들을 가져다주고, 도울 수 있는 한 힘껏 도왔다. 죄수들을 위한 사역은 홀리클럽의 중요한 활동이 되었다.

1732년에 이르러, 홀리클럽의 구제 사역은 더욱 확장되었다. 존 클레이튼의 제안에 따라서 구빈원(救貧院)을 방문했다. 구빈원은 빈민들에게 거처를 제공하고 일자리를 마련하도록 돕기 위하여 잉글랜드와 웨일즈에 세워졌다. 가난한 사람들을 구제하기 위한 시설이었지만, 그곳에서 산다는 것도 끔찍하기는 마찬가지였다. 한번 구빈원에 들어가면 영원히 그곳에서 고생하다가 죽는 절망적인 신세가 되는 경우도 많았다.

홀리클럽의 회원들은 구빈원을 찾아가서 빈민들을 도우면서, 가난한 집 자녀들의 교육을 시작했다. 구빈원에서 자란 밑바닥 계층의 자녀들을 모아서 옥스퍼드 대학 내에 간이 학교를 설립했다. 이것은 영국 교회 역사상 처음 있는 일이었다.

최고의 엘리트들이 사회의 바닥에 내려가 죄수와 빈민의 친구가 되었으니, 칭찬을 받아 마땅하다. 그러나 체면과 품위를 중시하던 옥스퍼드의 동료들에게, 홀리클럽은 이해할 수 없는 집단이었다. 신분의 차별이 엄연히 남아있던 시대, 계층의 벽을 깨는 행위는 위험하고 이상하게 보였다. 신사이자 지성인들이 밑바닥 인생이나 상대하고 있으니, 조롱받기에 알맞았다.

비판자들에게, 존 웨슬리는 답변하지 않을 수 없었다. 그는 메소디스트들의 구제활동은 그리스도를 본받고 초대교회의 모본을 따르는 것이라고 역설했다. 낮은 곳으로, 더 낮은 곳으로 내려가서 그리스도의 길을 따르다가, 비판받고 핍박당하는 경험은 웨슬리의 일생을 두고 반복되었다. 옥스퍼드에서 시작된 홀리클럽이 계속해서 성장하여 다른 대학으로 확산되면서, 메소디스트는 영국 국교회(성공회) 안에 있는 단체로 자리 잡기 시작했다. [9]

젊은 웨슬리의 사랑

청춘에게 설렘과 사랑은 어김없이 찾아왔다. 웨슬리는 홀리클럽의 창립 멤버였던 로버트 커크햄의 집을 자주 방문하다가, 그의 누이 샐리 커크햄(Sally Kirkham)을 연모하게 되었다. 샐리는 웨슬리보다 네 살 연상으로, 그녀 역시 웨슬리에게 사랑을 느끼고 있었다. 웨슬리는 샐리가 신앙과 지성과 미모를 겸비한 여성으로, 자신과 어울리는 이상적인 배필이 될 수 있다고 생각했다.

존 웨슬리는 진지하게 샐리 커크햄과의 혼인을 고려했고, 결혼을 꿈꾸며 행복해하기도 했다. 하지만 그것은 어디까지나 마음의 작용일 뿐, 결혼하자는 말은 끝내 입 안에서 맴돌았다. 샐리는 내심 기대했지만, 당시로서는 결혼 적령기를 넘긴 스물 여섯의 처녀가, 마냥 기다리고 있을 수는 없었다. 웨슬리의 청혼을 고대하다가 지친 샐리는 결국 1725년 말, 학교 교사인 잭 차폰 목사와 결혼했다. 사랑에 실패한 존 웨슬리는 마음이 상하고 실망하여 괴로워했다.

그는 왜 사랑했던 여인에게 청혼하지 않았을까? 우선 현실적인 이유를 들 수 있다. 나이가 찼던 샐리가 언제까지 기다릴 수는 없었던 것처럼, 가난했던 존이 곧 결혼할 수도 없었다. 웨슬리는 결혼에 필요한 돈을 모으기는커녕, 오히려 빚을 잔뜩 지고 있었다. 또한 링컨 대학의 펠로우직을 희망하고 있었는데, 그것은 결혼하지 않은 학자에게만 주어졌다. 만약 결혼한다면, 펠로우의 자리도 포기해야 했다.

보다 근원적인 이유로, 결혼에 대한 입장이 불분명했다. 옥스퍼드 생활 말년에 웨슬리는 독신주의가 거룩한 생활을 위해서 가장 이상적인 방법이라는 주장에 매료되고 있었다. 그는 여성과 하나님을 동시에 사랑하면서 완전한 헌신(완전한 성결)을 이루는 것이 가능한지에 대해서, 결론을 내리지 못하고 망설였다. 하나님을 완전하게 사랑하는 성결의 삶을 사는데 결혼이 유익이 될지, 방해가 될지에 대해서도 대답을 찾지 못했다. 그는 오랫동안 하나님이냐 여자냐, 결혼이냐 독신이냐의 갈래 길에서 고민했다.

웨슬리의 고민은 철저한 경건과 완전한 성결을 추구했던 메소디스트다운 일면을 보여준다. 동시에 가톨릭과 개신교의 중간 지점에 위치했던 영국 국교회(성공회)의 전통과도 관련이 있다. 다른 개신교파들이 가톨릭을 배격했던 것과 달리, 국교회 안에는 가톨릭의 유산과 행습이 남아있었다. 목회자의 혼인에 대해서 가톨릭은 독신을, 개신교는 결혼을 장려했다. 양쪽의 장점을 모두 가졌다고 자부했던 국교회 소속으로, 가톨릭적 경건의 영향을 받았던 웨슬리는 독신주의에서 풍겨 나오는 영성의 향기를 포기하지 못했다.

1725년 봄, 웨슬리는 일기를 쓰면서 스스로 질문했다. "내가 하나님보다 여자들이나 친구들을 더 사랑하는가?" 머리와 가슴은 따로 작동하고 있었다. 연인을 보고 설레이다가도, 하나님 사랑과 여인 사랑은 양립할 수 없다고 생각했다. 머리와 가슴 사이를 오가는 사이에, 기다림에 지친 사랑은 떠나갔다.

청년 웨슬리는 일생의 단면을 여러 각도에서 보여준다. 성경을 탐독하고 서적들을 다독했던 그대로, 독서가요 지식인으로 살았다. 구빈원과 감옥을 찾아갔던 그대로, 소외되고 고통스러운 인생들의 친구가 되었다. 경건의 규칙을 강조했던 그대로, 메소디스트의 시조가 되었다. 치명적이고 안타깝게도, 사랑에 실패했던 그대로, 머뭇거리다가 상처받으며 이별했다.

▲ 엡워스 목사관의 화재

1709년 2월 9일 엡워스의 목사관에 불이 났다. 여섯 살이 채 안 되었던 웨슬리는 불길에 휩싸인 2층에 고립되었다가 극적으로 구출되었다. 어머니 수잔나는 이때부터 존 웨슬리를 "불속에서 꺼낸 타다 남은 막대기"라고 불렀다. 수잔나와 아들 존 웨슬리는 불길에서 건져주신 하나님의 특별한 섭리가 있음을 기억하고 감사했다.

밑바닥에서 경험한 회심, 조지아 선교와 올더스게이트

선교사 웨슬리 : 아메리카 식민지로!

옥스퍼드의 연구교수(펠로우)이자, 국교회의 사제로 성공적인 경력을 쌓아가던 존 웨슬리에게 운명적인 기회가 찾아왔다. 그의 옥스퍼드 선배이기도 한 오글도프가 기회의 제공자였다. 그는 런던의 귀족 출신으로 막대한 재산을 상속받았던 부자였다. 동시에 아버지의 의원직을 계승하여 30여 년 간 정부에 영향력을 행사하고 육군 장군을 역임했던 유력자였다.

오글도프는 국회에서 죄수들의 상황을 조사하고 해결책을 찾는 위원회의 의장으로 선임되었다. 당시 영국의 형법은 엄혹했다. 가벼운 범죄에도 징역형이 선고되었다. 약속 기일에 빚을 갚지 못하면 무조건 감옥에 들어가야 했다. 채무 불이행으로 투옥되는 사람이 1년에 4,000여명에 달해, 감옥은 포화 상태였다. 정부는 죄수를 처리하는 문제로 곤욕을 치러야 했다.

경건한 신앙과 온화한 성품을 지닌 휴머니스트였던 오글도프는 죄수들에게 자유를 주고 새로운 삶으로 이끌어주는 법안을 제정했다. 하지만 죄수가 넘쳐나고 감옥이 모자라는 문제는 해결할 수 없었다. 감옥에서 나오게 한들, 그 많은 전과자들이 어디에서 무슨 일을 하면서 살게 할 지도 문제였다.

오글도프는 절묘한 해결책을 찾아냈다. 석방된 죄수들을 영국의 식민지인 아메리카의 사우스캐롤라이나, 플로리다, 조지아에 이민시키기로 결정했다. 이 제안은 1732년 국왕의 승인을 받았다. 그 첫 번째 시도로, 조지아 식민지 개척을 감행했다. 휴머니스트이자 이상주의자였던 오글도프는 식민지를 단순히 골칫덩이 죄수들의 처리장으로만 계획하지는 않았다. 그는 조지아에 일종의 기독교적 유토피아를 건설하고 싶어 했다. 이를 위해서는 신뢰할만한 성직자가 필요했다.

오글도프가 주도한 조지아 식민지 창설위원회의 주요 이사인 버튼 박사는 존 웨슬리의 아버지와 친구 사이였다. 그는 존과 찰스 형제를 비롯한, 옥스퍼드 메소디스트들을 잘 알고 있었다. 버튼은 웨슬리 형제에게 조지아 선교를 제안했다.

웨슬리에게는 감옥과 죄수들에 대한, 잊을 수 없는 체험이 있었다. 그의 아버지가 빚을 갚지 못해서 6개월이나 갇혀서, 죄수들을 전도했다.

아들 역시 메소디스트 동료들과 함께 옥스퍼드에 있는 바카도 감옥의 수인(囚人)들을 찾아가 전도하며 도와주기도 했다. 죄수들을 깊이 동정했던 존 웨슬리는 그들에게 새로운 보금자리를 마련해주려는 오글도프의 이민정책에 감동받았다. 그리고 조지아 선교를 떠나기로 결정했다.

웨슬리가 아메리카 식민지에 가기로 결정한 이유는 여러 가지였다. 첫째로, 자신의 영혼을 구원하고자 했다. 존 웨슬리 스스로, 조지아로 가는 가장 큰 동기는 본인의 영혼을 구원하려는 것이며, 그 외에는 다 부수적이라고 말했다.

이 문제는 당시의 시대적, 신학적인 상황을 통해서 이해해야한다. 가톨릭에서는 행위와 공적에 의한 구원을 강조했다. 가톨릭의 충실한 구도자였던 루터는 고행(苦行)을 무릅 쓰며 구원을 이루려고 애썼다. 하지만 자신이 구원받았다는 확신을 어디에서도 얻을 수 없었다. 고뇌하던 루터는 성서를 연구하면서, 오직 믿음으로 구원받는다는 복음의 진리를 깨달았다. 깨달은 구도자는 투사가 되었다. 루터는 지옥에 대한 두려움을 자극하여 면죄부(免罪符)를 판매하는 가톨릭을 참을 수 없어, 종교개혁의 횃불을 들었다.

루터에게서 확인되듯이, 유럽 대륙의 종교개혁은 복음을 회복하려는 신학적, 교리적인 깨달음에서 시작되었다. 하지만 영국의 경우는 달랐다. 영국 교회가 가톨릭과 결별하게 된 이유는 헨리 8세의 이혼 문제였다. 아들을 낳지 못한 왕비와 이혼하고 새로운 부인을 얻으려고 했지만 교황이 허락하지 않자, 1534년 11월 3일 헨리 8세는 수장령(首長令)을 선포했다. 이는 교회의 으뜸이 교황이 아니라 국왕이라는 선언이었다.

이에 따라 국왕이 수장이 된 영국의 교회가 국교회(성공회)이다.

신학이 다르거나 교리에 차이가 있어서 갈라선 것이 아니었기에, 초기의 국교회는 교황을 인정하지 않는 것 이외에는, 가톨릭과 다른 점이 없었다. 사실상 영국의 종교개혁은 가톨릭 교회의 간판을 성공회로 바꿔 달은 정도에 불과했다. 국교회 내에는 가톨릭 신학이 그대로 남아있었다. 이러한 영향으로, 오직 믿음으로 구원받는다는 종교개혁자들의 신학은 국교회에 낯설었다. 국교회의 사제였던 존 웨슬리도 믿음과 공적으로 완전을 이루어야 구원받는다는 신학을 견지하고 있었다. 따라서 조지아에서의 선교 사역을 통해 완전을 달성하여 구원을 받고자 했다.

둘째로, 전적으로 하나님의 영광을 위하여 살고자 했다. 존 웨슬리는 하나님의 영광을 위하여 할 일이 옥스퍼드보다 조지아에 훨씬 더 많다고 판단했다. 문명화된 옥스퍼드보다 개척지인 조지아에서 단순하게 살면, 오로지 하나님의 영광만을 생각하게 되리라고 기대했다. 항해를 시작하는 날, 웨슬리는 배 안에서 다음과 같이 썼다.

"우리가 순수한 땅으로 가는 목적은 무슨 물질적 부족을 채우기 위해서가 아니요(하나님은 우리에게 풍족한 복을 주셨다), 배설물 같은 세상의 부와 명예를 얻기 위함도 아니요, 오로지 우리의 영혼을 구원하고 하나님의 영광만을 위하여 살기 위한 것뿐이다."

셋째로, 아름다운 여자의 유혹이 없는 곳으로 가려고 했다. 독신주의에 끌리다가 사랑을 놓친 웨슬리에게, 미모를 갖춘 매력적인 여인은 계속해서 시험꺼리였다. 웨슬리는 영국과 같은 문명세계가 아닌 조지아에는 자신이 유혹당할 만큼 아름다운 여자가 없으리라고 생각했다.

넷째로, 인디언 부족들을 구원하고자 했다. 존 웨슬리는 조지아에 대한 낭만적인 환상을 품었다. 그곳은 아담이 타락하기 이전의 에덴과 같은 곳이라고 상상했다. 아메리카의 원주민들은 타락 이전의 순수한 상태에 있다고 상상했다. 그는 순수한 이교도들에게 복음을 설교함으로써, 복음의 진정한 의미를 맛보고 싶어 했다. 조지아 선교를 앞두고 그는 말했다.

"그들(인디언들)은 공허한 철학이나 교만하고 더러운 욕망이나 세속적인 생각이나 어떤 파벌도 교파적인 신앙도 없으므로, 복음을 순수하게 받아들이기에 합당합니다. 그들은 어린아이처럼 순진하고 겸손하여 무엇이든지 배우려고 하며, 하나님의 뜻을 행하는 데 열심일 것입니다. 또 내가 설교하는 모든 교리를 잘 받아들일 것입니다. 그러므로 나는 이들을 통하여 옛 선지자들이 가졌던 순수한 신앙을 배우기를 바랍니다."

폭풍 속에서 만난 모라비안

아메리카로 떠나는 항해는 1735년 10월 14일에 시작되었다. 웨슬리 형제는 영국 여객선 시몬즈 호를 타고 그레이브센드 항구를 출발했다. 배에는 총 119명이 타고 있었는데, 존과 찰스 웨슬리 형제, 조지아 식민지 총독 오글도프 장군, 다른 메소디스트인 벤자민 잉함과 찰스 델라모트가 동행이었다.

존 웨슬리는 조지아 지역의 영국인 교구를 담당할 성공회의 사제 자격으로 파견되었다. 잉함과 델라모트는 존 웨슬리의 선교를 돕는 동역자 신분이었다. 찰스 웨슬리는 옥스퍼드에 머물러 있으려고 했다가, 형의 권유를 받고 함께 가게 되었다. 그는 오글도프 총독의 비서 겸 인디언 위원회 서기로 임명되었다. 그 외에 데이비드 니치만이 이끄는 26명의 모라비아 교도들이 타고 있었다. 그들은 화형(火刑)당한 종교개혁의 선구자 얀 후스의 후예들로, 신앙의 자유를 찾아 유럽을 떠돌았던 종파였다. 나머지 인원들은 영국 이민자들이었다.

당시에 대서양을 건너기란, 목숨을 걸어야 할 만큼 위험했다. 항해 도중에 많은 여객선과 무역선이 폭풍에 난파되고 승객들이 생명을 잃었다. 비바람이 불고 파도가 거세어지면, 배 안의 모든 물건이 흠뻑 젖었고 침대와 담요도 다 젖었다. 비에 젖고 바닷물에 절여진 사람들은 잠도 자지 못하고 밤새도록 떨어야 했다. 마실 물이 부족하여 아우성이었고, 잠자리가 젖어서 누울 자리가 마땅치 않아 괴로워했다. 무서운 폭풍이 몰아칠 때마다 다치는 사람들, 심한 두통과 고열을 앓는 사람들이 속출했고, 모두가 죽음의 공포에 질려 버렸다.

웨슬리 일행도 여러 차례 폭풍을 겪었다. 1735년 10월 25일 정오부터 들이닥친 세 번째 폭풍이 가장 무서웠다. 무시무시한 비바람이 무려 12시간 동안이나 시몬즈 호를 폭격했다. 존 웨슬리는 그날의 일기에서 폭풍의 위력을 표현했다. "바다의 파도가 얼마나 세고 무서운지, 마치 하늘에 닿았다가 다시 지옥으로 떨어지는 것 같았고, 당장에 잡아먹으려고 포효하며 달려드는 사자와 같았다. 맹렬한 파도는 10분마다 대포를 쏘듯이 배를 사방에서 때렸다."

천둥이 치고 폭풍이 몰아치는 가운데, 높은 파도가 존 웨슬리를 덮쳐 온몸을 휘감아 쓰러뜨렸다. 웨슬리의 동료들도 바람에 넘어져 쓸려가 버렸다. 그때 바닥에 넘어진 메소디스트들의 귓가에, 어디선가에서 평화로운 찬송이 들려왔다. 소리의 주인공은 독일 출신의 모라비안 교도들이었다. 그들은 비에 젖고 바람에 흔들리면서도 저녁 예배를 드리며 찬송을 부르고 있었다. 그들의 얼굴에는 두려운 기색이 전혀 없었고, 오히려 평화와 기쁨이 가득한 모습이었다.

존 웨슬리는 그들에게 주목했다. 폭풍에 시달리면서 영국인들은 공포에 사로잡혀 비명을 지르고 있었다. 웨슬리조차도 죽음이 두려웠고, 죽음 이후가 불안했다. 자신이 구원받았다는 확신이 없었기에, 심판과 지옥으로 이어지는 죽음이 무서웠다. 하지만 같은 상황에서 평강 가운데 찬양하는 독일인들은, 자신을 포함한 영국인들과 너무나 달랐다.

충격을 받은 존 웨슬리는 예배를 끝낸 그들에게 다가가 한 사람에게 물었다. "당신은 두렵지 않습니까?" 그는 "네, 두렵지 않습니다. 오히려 우리는 하나님께 감사할 뿐입니다." 라고 대답하였다. 다시 "당신들 중에 있는 여자들과 어린아이들도 두려워하지 않습니까?" 라고 묻자 그는 다시 대답했다. "네, 우리들 중에는 여자들이나 어린아이들도 죽는 것을 전혀 두려워하지 않습니다."

모라비아 교인의 대답은 존 웨슬리에게 폭풍보다 더욱 강한 충격을 주었다. 죽음을 무서워하는 웨슬리와 죽음을 두려워하지 않는 모라비안이 뚜렷이 대조되었다. 잔잔한 바다는 감추어진 것을 드러내지 않는다. 순항하는 인생에서 바라보는 풍경은 그럴듯하다. 영혼의 진실은 폭풍과 함께 온다. 삼키고 죽일 듯이 달려드는 폭풍은 감추어진 내면의 진실을 폭로한다.

예수는 과연 나의 구주인가, 스팡겐버그와의 만남

험난했던 항해는 57일 만에 끝났다. 1736년 1월 5일, 시몬즈 호는 조지아의 사반나(Savannah)에 닻을 내렸다. 배에서 내린 존 웨슬리는 이틀 후에 오글도프 장군의 소개로 모라비안 목사인 어거스트 스팡겐버그(August Gottlieb Spangenberg)를 만나게 되었다. 스팡겐버그는 모라비안 교회의 감독인 진첸도르프의 수제자요 동역자였다. 그는 아메리카의 모라비안 선교 책임자였고, 신학과 경건에서 탁월했다. 인물은 인물을 알아본다. 존 웨슬리와 스팡겐버그는 곧 친밀해졌다.

웨슬리는 식민지 생활과 선교에 대하여 여러 가지를 질문했다. 특별히 인디언 선교에 대한 경험을 듣고 싶어서 스팡겐버그에게 문의했다. 그런데 스팡겐버그는 물끄러미 웨슬리를 쳐다보더니, 대답이 아니라 질문을 던졌다. "나의 형제여, 그보다 먼저 내가 당신에게 몇 가지 질문을 하고 싶습니다. 당신은 마음 속에 구원의 증거(witness)를 가지고 있습니까? 하나님의 영이 당신의 영에게 하나님의 자녀라고 증거하고 있습니까?"

존 웨슬리는 직설적인 질문에 놀랐고, 어떻게 대답해야할지 몰라서 당황했다. 국교회의 사제요, 옥스퍼드의 연구교수요, 영성의 실천가였던 웨슬리가 처음 받아보는 질문이었다. 어쩔 줄 모르는 그를 정면으로 바라보며, 스팡겐버그는 계속 질문하였다. "당신은 예수 그리스도를 아십니까?" 이 질문에는 대답하기가 수월했다. 존 웨슬리는 잠시 숨을 돌리면서 대답했다. "나는 그가 온 세상의 구주라고 알고 있습니다."

스팡겐버그의 질문 공세는 멈추지 않았다. "맞습니다. 그러나 그가 당신 자신을 구원하신 것을 아십니까?" 존 웨슬리는 다시 한 번 당황하면서, 자신 없는 대답을 했다. "나는 그가 나를 구원하기 위하여 죽으셨기를 바랍니다." 스팡겐버그는 화살 같은 질문을 하나 더 던졌다. "당신은 당신 자신을 아십니까?" 존 웨슬리는 당황스러운 상태를 애써 감추며 "나는 압니다." 라고 말했다. 그것은 사실이 아니었다. 그날 밤, 웨슬리는 자신의 일기장에 사실을 토로했다. 자신의 대답은 확신이 없는 빈 말이었다고 솔직히 기록했다.

폭풍은 배 안에만 있지 않았다. 풍랑 이는 바다에서 찬양하는 모라비안을 보면서 느꼈던 충격은 육지에서 스팡겐버그를 통해서 반복되었다. 그의 질문은 기독교의 과녁을 정통으로 겨냥하고 있었다. 예수 그리스도가 당신을 구원하신 것을 아느냐는 질문은 곧 "예수님께서 당신을 위해서 피 흘려 죽으셨음을 믿습니까?"라는 뜻이었다. 이때 존 웨슬리는 예수 그리스도가 자신을 위해서 죽으시고 피 흘리셨다는 사실을 믿는 확실한 믿음이, 자신에게 없다는 것을 깨달았다. 그리고 마음속에 구원의 확신이 없음을 발견했다.

그때까지 존 웨슬리는 '메소디스트'라고 불리 울만큼 신앙생활에 철저했다. 경건의 규칙을 지키고, 선을 행하기 위해 힘쓰고 애썼다. 그러나 '나를 위해 죽으신' 예수 그리스도의 속죄의 은총을 마음으로 경험해 본 적은 없었다. 그는 예수가 인류를 구원하기 위해 죽으셨다는 점에만 집중했다. 진정 예수께서 자신을 위해 죽으셨다는 사실에 대해서는 깊이 생각해 본 적이 없다. 옥스퍼드의 지성인은 인류의 구주를 알았지만, '나의 구주'는 알지 못했다.

스팡겐버그의 질문은 중요한 문제의식으로 작용했다. 그가 집요하게 질문한 것처럼, 존 웨슬리도 속죄의 의미와 구원의 확신에 대해서 집요하게 고뇌하며 답을 찾으려고 했다. 지난(至難)한 과정을 거쳐서 체험과 확신을 얻은 후에는 그것들을 메소디스트의 핵심적인 교리로 가르치고 전파했다. 모라비안들과의 만남은 구원에 이르는 믿음(Saving faith), 구원에 이르는 은혜(Saving grace), 체험적 신앙, 그리고 마음의 신앙 등 메소디스트의 특징적인 교리와 신앙을 추구하고 형성하고 발전시키는 중요한 동기가 되었다.

조지아 사역의 명암(明暗)

신실한 존 웨슬리는 식민지에서도 성실했다. 예배를 인도하고 말씀을 증거하며 성례를 집행했다. 다른 목회자들과 달리, 조지아에 거주하는 영국인들의 집을 부지런히 심방하여 개인적인 만남을 가지며, 성도들의 신앙생활을 점검했다. 인디언 부족들을 전도하기 위해서 위험한 여행을 시도하기도 했다. 뜨거운 태양 아래 여러 시간을 걷고, 온 몸으로 비를 맞았다. 길을 잃고 헤매기도 했고 땅바닥에서 누워서 자기도 했다. 정글을 누비다가 늪지에 빠져서 죽을 뻔한 위기를 넘기기도 했다.

조지 휫필드는 웨슬리가 조지아에서 다져 놓은 기반은 어느 누구도 흔들 수 없다고 평가했다. 웨슬리의 편지를 편집한 커녹(Curnock)은 순회

제도, 속회모임, 애찬 및 즉석 설교와 기도 등 모든 감리교회의 제도는 이미 조지아에서 잉태되고 발전되었다고 주장하였다.

그럼에도 불구하고, 웨슬리의 조지아 선교에는 '실패'라는 낙인이 찍혀있다. 흔히들 말하듯이, 끝이 좋으면 모든 것이 좋다. 반대로 끝이 나쁘면 모든 것이 나쁘다. 나름대로 최선을 다했지만, 조지아의 끝은 아주 나빴다. 배에서 시작한 선교는 법정에서 끝나야 했다.

사건의 발단은 여자들이었다. 사바나의 제2행정관이었던 파커의 부인이 아이에게 세례를 베풀어 달라고 웨슬리에게 요청했다. 웨슬리는 특별한 경우를 제외하고는, 물을 뿌리는 방식(세례) 보다 물에 담그는 방식(침례)을 선호했다. 파커의 아이에게도 침례를 베풀려고 했지만, 부인이 분명하게 거부했다. 아이가 어리기 때문에 물 속에 담그는 침례를 원치 않는다고 말했다. 웨슬리도 단호하게 거절했다. 아이가 병약해서 침례를 받기 힘들다는 점을 증명하기 전에는 세례를 줄 수 없다고 했다.

격분한 파커 부인은 웨슬리의 침례를 거부하고 다른 성직자를 찾아갔다. 그리고 본인이 원하는 대로 물을 뿌리는 방식으로 세례를 받게 했다. 교인들에게, 그것도 식민지의 고위 관료의 아내에게, 까탈스럽게 굴었던 웨슬리는 분노와 비난을 샀다. 메소디스트다운 철저함이, 반대파들을 만들어내는 원인이 되었다.

웨슬리를 곤경에 몰아넣은 또 한 명의 여자는 영국인 교회의 교인이었던 소피 홉키(S. Hopkey)였다. 사실, 웨슬리가 조지아에 온 중요한 이유 가운데 하나가 여자로 인한 유혹과 시험을 피하기 위해서였다. 영국과 같은 문명사회가 아닌 미개척의 식민지에는 아름답고 매력적인 여인이 없어서 유혹당할 일도 없으리라고 예측했다. 하지만 그의 예측은 여지없이 빗나갔다. 조지아에도 교양 있고 매력적인 미인이 있었다.

존 웨슬리는 1736년 3월에 처음으로 소피를 만났다. 그녀는 존 웨슬리보다 열여섯 살이나 어린 17세의 처녀였다. 소피는 교회에서 열심히 봉사하면서 웨슬리의 목회에 많은 도움을 주었다. 웨슬리는 그녀에게 신앙서적들을 추천하여 빌려주었다. 소피가 책을 읽고 나면, 책의 내용에 대해서 대화를 나누었다. 교회 일로 만나고 책으로 만나면서 두 사람의 관계는 깊어졌다. 신앙적인 관심사를 나누던 대화에는 애정이 함께 담겨갔다. 둘은 해지는 저녁에 바닷가를 거닐며 데이트를 즐기는 연인이 되었다.

웨슬리는 또 한 번 사랑에 빠졌다. 그리고 또 한 번 바보가 되었다! 이번에도, 결혼인지 독신인지, 분명하지 않은 입장이 문제였다. 어떤 날은 존이 소피의 손을 잡고 포옹하고 입을 맞추었다. 다음 날에는 다시는 그녀에게 손을 대지 않기로 했다고 말했다. 내심 청혼을 기대하던 소피는 그 말에 몹시 실망하였다. 그러다가도 웨슬리는 다시 그녀에게 입을 맞추었다. 그러면 소피는 다시 설레였다.

웨슬리는 결혼에 대한 하나님의 뜻을 알고자 했다. 옥스퍼드의 연구교수가 선택한 방법은 놀랍도록 원시적이었다. 그는 조지아에서 배운 모라비안의 관습을 따라 막대기를 땅에 세웠다. 만약 결혼이 하나님의 뜻이면 막대기가 자신의 방향으로 쓰러지고, 아니면 반대방향으로 쓰러지게 해달라고 기도했다. 막대기는 반대편으로 쓰러져서, 웨슬리는 하나님의 뜻이 아니라고 생각했다.

그러다가도 다시 오락가락했다. 하루는 존 웨슬리가 소피에게 다른 사람과 결혼하라고 말했다. 그녀는 놀라고 당황해서, 다른 사람과는 결혼하지 않겠다며 울음을 터뜨렸다. 얼마 후에 존 웨슬리는 다시 그녀에게 청혼을 암시하는 것처럼 말했다. 그러다가 다시 성직자는 결혼하지 않는 것이 좋으며, 자신도 독신으로 살기로 결심했다고 했다.

오락가락하는 남자는 여자를 혼란스럽게 했다. 기다리던 여자는 이번에도 지쳤다. 드디어 끝이 왔다. 소피는 갑자기 윌리엄슨과의 결혼을 통보하며, 교회에서 발표해달라고 요청했다. 다른 남자와는 결혼하지 않겠다던 소피의 말을 철썩 같이 믿고 있던 웨슬리는 지독한 배신감에 빠졌다. 그날의 일기는 비통으로 얼룩져 있다.

"소피가 결혼하다니! 놀라움, 고통, 기도, 묵상… 그녀와 꼭 할 말이 있는데, 너무나 괴롭다. 할 말이 많은데, 혼란스럽다. 그녀를 보내주자… 집에서는 기도가 안 된다. 그래도 기도하자. 나는 졌다. 다 망가졌다. 전부 틀려버렸다… 좀 더 잘… 좀 더 평안히!"

그녀를 보내주자고 썼지만, 이번에도 오락가락했다. 소피는 일방적으로 결혼을 통보하여 웨슬리와의 기이하고 헷갈리는 관계를 끝내고자 했지만, 끝의 뒤에는 뒤끝이 있었다. 존 웨슬리는 배신감, 분노, 슬픔, 상실감이 뒤섞인 채로, 소피와 윌리엄슨의 결혼 발표를 미루었다. 기다리던 소피는 더 이상 참지 못하고 사우스캐롤라이나로 건너가서 결혼식을 치르고 돌아왔다.

웨슬리의 뒤끝은 계속되었다. 그는 소피의 행동이 결혼에 대한 조지아주의 관할권을 무시하는 불법행위라는 이유로 국교회 주교에게 고발했다. 철 지난 유행가의 가사처럼, 님이라는 글자에 점을 하나 찍으면 남이 되지만, 적이 되기도 한다.

상처받은 남자는 일에 몰두했다. 웨슬리는 더욱 열심히 목회했지만, 감정은 쉽게 정리되지 않았다. 특이하게도, 그는 결혼 후에도 소피를 자주 만나서 신앙상담을 하였다. 만나는 웨슬리나 만나주는 소피나, 깔끔하게 정리되지 못한 남녀의 혼란스러움이 엿보인다.

바닥을 기는 웨슬리, 도망치다

1737년 7월, 웨슬리의 뒤끝이 또 다시 작렬했다. 당시 영국 국교회의 규칙에 의하면 성찬을 받을 사람은 한 주 전에 미리 사제에게 알려야 했다. 그런데 소피가 그 규칙을 어겼다. 이에 웨슬리는 소피가 윌리엄슨과의 관계와 자신과의 관계에서 잘못했다고 지적하는 편지를 보내며, 동시에 미리 성찬을 받겠다고 통보하지 않았다는 이유로, 성찬을 받지 못하게 했다. 웨슬리의 조치는 교회법으로는 정당했지만, 배신당한 남자의 복수라는 혐의가 짙었다.

성찬에서 제외되는 것은 신앙적인 정죄이며, 공개적인 모욕이었다. 소피와 윌리엄슨 부부는 격분했다. 그들의 삼촌 코스턴도 함께 격분했는데, 그는 사반나의 최고 행정관이었다. 코스턴은 직접 웨슬리를 찾아가서 경고했다. "나의 조카가 이런 취급을 당하다니요! 나는 칼을 뺐습니다. 만족스러운 결과가 나올 때까지 결코 그 칼을 거두지 않을 것이오."

최고 행정관의 칼은 무서웠다. 존 웨슬리는 무려 열두 가지의 죄목으로 법정에 고소당했다. 국교회의 예전을 마음대로 개정하고, 인정받지 못한 찬송가를 사용하고, 유아세례 시에 아이들을 물에 담그게 하고, 소년들에게 성만찬을 허락하고, 어떤 사람들에게는 통보 없이 성만찬을 거절하고, 남편들의 자존심을 거스를 정도로 아내들에게 금욕생활을 요구하고, 거리낌 없이 개인적인 가정 문제까지 간섭했다는 내용이었다.

공적으로 웨슬리는 식민지 사회를 어지럽히고, 영국 국교회를 이탈한 행위에 대해서 재판받았다. 사적으로는 코스턴의 집요한 중상모략에 시달려야 했다. 사반나의 최고 행정관은 존 웨슬리를 간사한 위선자, 바람둥이, 배신자, 사기꾼, 결혼한 여자들이 남편의 애정을 외면하게 만드는 자, 술주정뱅이, 매춘 장사꾼, 성찬 상에 살인자들과 흡혈귀들을 받아주는 자라는 유언비어를 퍼뜨리며, 수단과 방법을 가리지 않고 웨슬리를 괴롭혔다. 이렇게 근거 없는 비난을 퍼부은 것을 보면, 그의 인격이 의심스럽다. 고위직을 차지한 인물들에게 어렵지 않게 발견할 수 있는 저열한 인간성이다.

웨슬리에게 격분한 여자는 둘이었다. 아이의 세례를 거부당한 파커 부인과 성찬을 금지당한 소피였다. 공교롭게도 파커의 남편은 사반나의 제2행정관이었고, 소피의 삼촌은 최고 행정관이었다. 넘버1와 넘버2를 모두 적으로 몰았으니, 도저히 버틸 수 없었다.

괴로움에 지친 웨슬리는 재판이 끝나기도 전에 도망쳤다. 1737년 12월 2일 밤중에 몰래 도망쳐서 찰스타운 항구에서 배를 타고 조지아를 떠났다. 초라한 야반도주였지만, 그 와중에서도 성경의 가르침에 따랐다. 웨슬리는 발에 묻은 먼지를 털었다. 역시, 성경좀벌레이다! 그는 일기에 썼다. "내가 해야 할 일을 다 못하였지만 할 수 있는 한 복음을 전하고 1년 9개월 만에 발에서 먼지를 털어내고 조지아를 떠난다."

선교지의 현실은 환상이 깨지는 현장이었다. 순수하게 복음을 전하면 사람들이 받아들일 것이라는 환상, 여인의 유혹을 받지 않으리라는 환상은 무참하게 깨어졌다. 아메리카의 인디언들을, 아담의 타락 이전의 모습을 지닌 순수한 사람들로 생각했던 낭만적인 환상 역시 여지없이 깨어졌다. 도망치는 날 기록한 웨슬리의 〈저널〉에는 인디언 이야기도 있다.

1737년 12월 2일 금요일

조지아의 인디언들은 일반적으로 부족 혹은 혈족 개념이지, 국가란 개념으로는 적절히 설명하기가 어렵다. 그들은 문자를 가지고 있지 않고 종교, 법, 정부도 가지고 있지 않다. 그들은 우리가 생각하는 적합한 개념의 어떠한 왕이나 왕자도 없으며, 추장들은 명령하거나 벌할 수 있는 어떠한 권한도 없고, 아무도 그들에게 복종하지 않는다. 그래서 모든 사람은 자기의 소견에 좋을 대로 행한다. 만일 누군가 이웃에게 잘못했다면, 괴롭힘을 당한 사람은 몰래 자기를 괴롭힌 사람을 찾아가 머리 가죽을 벗기고, 귀를 잘라 버린다. 그들에게는 두 가지의 간단한 규칙이 있다. ─ 네가 하려는 것을 하고, 네가 할 수 있는 것을 하라.

촉토스족을 제외하고, 그들은 모두 욕심이 많고, 술주정뱅이들이며, 도적들이고, 위선자들이며, 거짓말쟁이들이다. 그들은 고집스러우며 무자비한 자들이다. 아버지와 어머니를 죽이며, 자기 자식들을 죽인다. 아들이 아버지나 어머니를 쏘아 죽이는 일은 흔한 일이다. 왜냐하면 그들의 부모는 이미 늙어 노동에 쓸모가 없어졌기 때문이다.

여자들은 아기를 낙태하던지, 아이를 강에다 내다 버린다. 왜냐하면 여자들도 남자들과 함께 전쟁에 나가야하기 때문이다. 어떤 남자가 쾌락을 찾아 그의 아내를 버리고 떠나면, 그 아내는 복수로 남편이 자신에게서 낳은 자식들의 목을 자르는 일은 흔히 볼 수 있다.

그들은 간음을 범죄로 여기지 않는다. 젊은 인디언 여자가 간음을 거절하는 일은 거의 없다. 그리고 간음에 대한 어떠한 규정화된 처벌도 없다. 단지 남편이 간음한 아내를 간음한 남자와 함께 잡아 왔을 경우, 남편은 간음한 두 사람을 마음대로 할 수 있다. 단, 총 한 자루나 담요 한 장으로 급히 화해할 수 있다.

부모를 죽이고 자식의 목을 자르는 부족들을 타락 이전의 아담이라고 생각했다니! 최고의 지성과 영성도 현장을 떠나서는 쓸모가 없다. 지성이든 신앙이든, 현실과 마주치지 않으면 환상이 될 수 있다.

환상이 깨지는 순간은 자아가 깨지는 순간이었다. 깨져서 부서진 자아는 비로소 가난한 심령이 된다. 그리고 심령이 가난한 자에게 복이 있다. 웨슬리의 조지아 선교는 철저하게 깨지는 기간이었다. 그것은 하나님의 사람들이 걸어야할 필수적인 순례의 길이다.

애굽의 왕궁에서 자란 모세는 광야에서 40년을 보내야 했다. 골리앗을 쓰러뜨린 다윗은 사울왕의 추적을 피하는 망명자가 되어야 했다. 낮아지고 낮아져서 바닥을 기게 될 때, 비로소 하늘이 보인다. 바닥을 치고 솟아올라야 하늘에 닿을 수 있다. 조지아에서 바닥을 기었던 웨슬리는 훗날, 자신의 체험에서 울려나는 권면을 남겼다.

"당신의 눈에서 비늘이 벗겨져서, 하나님이 당신을 아는 대로 당신이 자기 자신을 직면할 수 있도록, 주님 앞에서 우십시오. 당신은 가련하고, 아무런 자격도 없으며, 지옥에 떨어질 수밖에 없는 죄인입니다. 죽은 자를 일으키시는 주님의 음성을 들을 때까지 기도하십시오. 그리고 당신 안에서 사형선고를 받아들이도록 기도하십시오."[10]

땅 끝에서 발견한 진실 : 구원이 없다!

시작은 미약하였으나 끝은 창대하기를, 성경도 축복하고 사람들도 소원한다. 웨슬리의 조지아 선교는 정반대였다. 시작은 창대했지만, 끝은 미약하고 초라하고 망신스러웠다. 창대한 시작과 미약한 끝에는 공통적으로 폭풍이 있었다. 가는 길이나 오는 길이나, 대서양은 거칠고 위험했다. 존 웨슬리는 영국으로 돌아오는 배에서 또 다시 죽음의 공포에 떨었다. 아래의 글은 그때의 심경이 묻어있는 기록이다.

"나는 인디언들을 구원하기 위해서 아메리카로 갔다. 그러나 오! 누가 나를 구원할 것인가? 이 불신앙의 악한 마음에서 나를 건져줄 자가 누구인가? 나는 맑은 여름종교를 갖고 있다. 나는 위험이 없을 때에는 나 자신을 믿는다. 그러나 죽음의 위험이 가까이 올 때, 나의 마음은 공포에 빠진다. 오호라! 누가 나를 이 죽음의 공포에서 구원할 것인가?"

처참한 실패, 죽음의 공포로 얼룩진 조지아 선교는, 그러나 웨슬리의 생애는 물론, 후세인들의 웨슬리 연구에 있어서 중요한 변곡점이 된다. 훗날 웨슬리가 스스로 출판한 〈저널〉이 조지아 선교로부터 시작되기 때문이다. 웨슬리는 일평생 일기를 썼다. 주로 개인적인 관심, 그날의 일정, 읽은 책의 목록과 소감, 사람들과의 대화 내용을 간단한 메모 형식으로 일기에 기록했다. 자신의 영적인 상태를 점검하고 매 순간 하나님 앞에서 경건하게 살고자 하는 다짐을 적기도 했다. 개인적이고 신변잡

기적인 일기를 기초로 하여, 웨슬리는 〈저널〉을 출간했다.

그의 〈저널〉은 조지아 선교를 준비하던 1735년 10월 14일에 시작하여, 죽음을 10개월 앞둔 1790년 10월 24일까지, 55년의 기나긴 세월을 이어간다. 〈저널〉은 웨슬리의 인간적이고 자연스러운 모습과 함께, 복음적인 영성과 사역을 생생하게 중계하는 기록이다. 〈저널〉에는 복음 전도자, 설교자, 신학자, 목회자, 교육자인 웨슬리의 궤적이 담겨 있다. 산업혁명기 영국의 풍경과 메소디스트의 역사를 담고 있는 귀중한 사료(史料)이기도 하다. 웨슬리의 일기가 그의 경건과 영적 성장을 위한 개인적인 기록이라면, 〈저널〉은 복음사역의 여정에 대한 공개적인 기록이라고 할 수 있다.

〈저널〉은 사반나에서 야반도주하여 영국으로 돌아가는 배 위에서, 실패감을 곱씹던 웨슬리가 발견한 자화상을 전한다.

1738년 1월 8일 일요일

교만에 관하여 : 내 과거의 전 생애를 돌이켜 보건대, 내가 가졌다고, 또는 이루었다고 자만한 것이 사실은 교만이었음을 깨달았다.

웨슬리의 고백은 통렬한 반성인 동시에 인간성에 대한 적나라한 폭로이다. 가난한 시골에서 자라나 옥스퍼드의 연구교수가 되는 인생역전, 메소디스트로서의 철저한 영성, 위험천만한 선교지를 향한 도전, 목숨을 건 인디언 전도 여행… 겉으로는 감탄에 감탄을 거듭하게 하는 행보였다. 그러나 감탄을 자아내는 외적인 행동의 이면(裡面)에는 교만이 도사리고 있었음을, 웨슬리는 직면했다. 아무리 뛰어난 업적이라도 교만을 위해서 쌓아올린다면, 자신들의 이름을 내기 위하여 하늘을 찌르려고 했던 바벨탑과 같다. 그리고 바벨탑은 무너진다, 하나님에 의해서. 교만을 직면한 웨슬리는 전적인 부패를 깨닫는다.

1738년 1월 29일 일요일

조지아의 인디언들에게 기독교 복음을 가르치기 위해 잉글랜드를 떠난 지 2년 4개월여 만에 다시 돌아오게 되었다. 그러나 그 시간 동안 나는 무엇을 배웠는가? 다른 사람을 회심시키기 위해 아메리카에 간 내가, 왜 정작 나 자신은 회심시키지 못한 것인가?

내가 땅 끝까지 가서 깨달은 것은, 나는 하나님의 영광에 이르지 못했다는 것이다. 나의 마음 전체는 타락하였고 부패하였다. 결과적으로 내 모든 삶은 하나님의 생명으로부터 소외되어 있다. 나는 진노의 자식이며 지옥의 상속자다. 나 자신의 행위, 고통, 의로움은 진노하신 하나님과 화해하기에는 너무도 거리가 멀다.

지금까지 어떤 행위도 속죄 행위가 될 만한 것이 없다. 나는 머리털보다도 많은 죄가 있다. 이러한 모든 죄는 속죄가 필요하며 하나님의 의로운 심판 앞에서 견뎌 낼 수 없다. 나의 심령 속에 사망의 선고만이 있을 뿐, 하나님을 기쁘시게 할 만한 것이 없다. 나는 소망이 없다.

하나님은 하나님의 방식으로 인간을 만나신다. 자연 현상에 비유하면, 하나님이 즐겨 사용하시는 방법은 지진이다. 인간이 안전하다고 생각한 기반을 마구 흔들어놓으신다. 인간의 전 존재를 밑바닥에서부터 흔들어놓으심으로, 인생이 의지하던 기반을 무너뜨리신다. 무너뜨리심으로 무너지지 않는 세계를 갈망하게 하신다. 터가 무너진 인간에게 응답을 촉구하시는 타자(他者)로서의 하나님이시며, 인간을 초월한 인격적인 하나님이시다.[11]

조지아 선교는 웨슬리에게 하나님의 지진이 되었다. 진동은 극심했다. 영국에 돌아온 존 웨슬리는 2년 4개월 전에 옥스퍼드를 떠난 이후, 자신이 계획했던 모든 일이 실패했다는 좌절감에 사로잡혔다. 달콤했던 소피와의 연애는 치욕적인 배신감과 분노를 남겼다. 자신이 출구 없는 죄인이요, 해답이 없는 영혼이라는 절망감에 짓눌리기도 했다.

마음이 무너진 웨슬리가 몸을 의탁할 곳도 없었다. 웨슬리는 국교회에서 안수 받은 성직자였다. 그러나 자신의 목회지인 조지아에서 도망친 신세였다. 새로운 사역지를 찾지 못한 그는 머리 둘 곳이 없는 가련한 실업자였다. 런던에 왔지만, 돈도 없었고 집도 없었다.

그때 웨슬리를 도와준 인물이 제임스 허튼(James Hutton)이다. 그는 찰스 웨슬리의 학교 동창으로, 존 웨슬리와도 가까운 사이였다. 런던에서 책방과 하숙집을 경영하던 그는 웨슬리에게 숙식(宿食)을 제공했다. 허튼 부인도 따뜻한 친절을 베풀었다. 허튼 가족은 웨슬리에게 도움과 위로가 되었다.

운명의 그날, 올더스게이트에서

웨슬리는 실의와 절망 속에서도, 구원을 향한 구도(求道)를 멈추지 않았다. 그는 죽음 앞에서도 평강을 잃지 않고, 폭풍 속에서도 찬양했던 모라비안들을 찾아가서 대화하며 교제했다. 그들과 함께 기도하고 예배에 참석하기도 했다.

이때 런던에 있는 모라비안 교회의 목회자였던 피터 뵐러(Peter Boehler, 1712-1775)가 웨슬리의 영적인 길잡이 역할을 했다. 그는 이성적이고 논리적이며 철학적인 신앙이 아니라, 어린아이 같이 단순하게, 그리고 전적으로 예수 그리스도를 믿음으로써 구원받는다는 복음의 진리를 설명했다.

피터 뵐러는 1737년 5월 1일 런던의 모라비안들과 함께 페터레인 신도회(Fetter Lane Street Society)를 결성한다. 당시에는 국교회에 소속되어 있으면서 자신들의 신앙생활을 위하여 모임을 만드는 일이 드물지 않았다. 옥스퍼드의 홀리클럽, 모라비안의 페터레인 신도회, 훗날 감리교회로 분리되기 이전의 메소디스트 신도회들이 그러한 사례이다. 그들은 독자적인 교단은 아니며, 국교회에 소속된 신자들의 모임이었다. 웨슬리도 페터레인 신도회의 회원이 되어, 모라비안들이 가지고 있는 구원의 확신을 어떻게 얻을 수 있을지 고심했다.

모색과 구도의 나날을 보내던 1738년 5월 24일, 웨슬리는 새벽 5시에 일어나서 성경을 읽고 기도했다. 정오쯤에 또 다시 성경을 펴서 읽고, 오후에 성 바울 교회당에 가서 성가를 듣고 많은 위로를 얻었다. 그리고 저녁이 되자, 별로 내키지는 않았지만(unwillingly) 올더스게이트 거리(Aldersgate Street)의 네틀톤 코트(Nettleton Court)에서 모이는 모라비안 신도회의 기도회에 참석했다.

그날의 설교자는 종교개혁자 루터가 쓴 『로마서 주석』의 서문을 읽었다. 이름 모를 평신도 설교자가 읽었던 『로마서 주석』의 서문은 다음과 같다.

"믿음은 우리 안에 계신 하나님의 역사다. 하나님의 역사는 우리를 변화시키고 우리를 하나님에게서 새롭게 탄생시킨다. 옛 아담을 죽게 하고 우리를 마음과 성품과 정신, 그리고 모든 힘으로부터 전혀 다른 인간으로 변화시킴과 동시에 성령으로 힘 입혀 주신다. 아! 신앙은 생동적이며 창조적이고 활동적이며 강력한 것이다. 그러므로 끊임없이 선한 일을 행하지 않을 수 없게 된다. 선한 일을 할 것인가 아니 할 것인가를 묻는 것이 아니라 오히려 그런 것을 묻기 이전에 이미 선한 일이 행하여져 있으며 또한 언제나 행하게 된다."

무명(無名)의 설교자가 읽어간 글은, 가장 유명한 회심을 촉발했다. 올더스게이트에서 설교를 듣던 웨슬리에게 놀라운 체험이 일어났다. 그 날의 일기는 그 역사적인 순간을 기록한다.

"나는 내 마음이 이상하게 뜨거워지는 것을 느꼈다. 나는 이제 나 자신이 그리스도를, 오직 그리스도만을 믿음으로 구원받았다는 것을 느꼈다. 그리고 주께서 나의 모든 죄를 영원히 제거하셨고, 나를 죄와 사망의 법에서 구원하셨다는 확신을 얻었다."

(I felt my heart strangely warmed. I felt I did trust in Christ, Christ alone, for salvation; and an assurance was given me that He had taken away my sins, even mine, and saved me from the law of sin and death.)

그토록 갈망하던 구원의 확신이 홀연히 찾아왔다. 웨슬리는 성령의 감동에 의하여 거듭남(重生)의 은혜를 체험하고 회심(回心; conversion)했다. 운명의 그날, 웨슬리는 오직 그리스도를 믿음으로만 얻는, 하나님이 의롭다고 인정해주시는 칭의의 은혜(justifying grace)를 체험했다. 동시에 성령의 증거를 통한 구원의 확신을 얻었다.

수많은 사람들에게 심대한 영향을 끼치게 되는 올더스게이트의 체험의 의미를 두 가지로 정리할 수 있다. 첫째로 국교회적 신앙에서 복음주의 신앙으로의 전환을 의미한다. 당시의 영국 국교회는 가톨릭의 공로주의적 구원론에 경도되어 있었다. 하나님을 믿으면서 동시에, 인간이 도덕적인 노력, 선한 행위를 통해서 공적을 쌓아야 구원을 받을 수 있다고 가르쳤다. 믿음과 선행을 통하여 완전에 이르러야 구원을 받는다는 주장이다.

국교회의 아들이자 사제로서, 존 웨슬리도 그와 같은 신앙을 추구하고 있었다. 그는 어려서부터 신앙과 양심을 따라서 하나님 앞에 성결하고 도덕적으로 흠이 없는 삶을 살고자 온갖 노력을 기울였다. 사람의 노력으로 충분한 선을 행하여 하나님을 만족시킴으로써 구원을 얻어야 한다고 믿었던 것이다. 옥스퍼드 시절이었던 1725년, 하나님께 모든 것을 바치기로 서약한 이후로는 '완전한 성화'라는 한 가지 목표만을 추구하며 살아갔다.

그러나 존재의 기반을 흔드시는 하나님의 은혜로, 웨슬리는 조지아 선교에서 처참하게 깨어지고 부서졌다. 자신의 노력만으로는 결코 구원을 받을 수 없고, 완전한 성화에 이를 수 없다는 사실을 깨달았다. 선교지에서의 실패는 연약함과 무능함을 깨닫는 계기가 되었으며, 더 나아가 자신에 대하여 절망하기에 이르렀다. 그는 자신에게 의롭고 선한 것이 없으며, 오히려 교만과 죄악이 가득 차 있음을 처절하게 깨달았다.

심령이 가난한 자에게 복이 있다. 마음이 가난한 이에게 구원이 임한다. 복과 구원의 통로라고 성경이 말하는 가난은 절대적인 가난, 누군가 도와주지 않으면 죽을 수밖에 없는 가난, 극빈(極貧) 수준의 가난이다. 사람으로는 도저히 안 되어서, 하나님만을 의지하게 하는 가난이다. 이처럼 가난한 심령이 되어야, 오직 하나님만을 신뢰하고 의지하며 자신의 전 존재를 하나님께만 의탁하게 된다. 그 상태가 믿음이다.

웨슬리는 자신의 모든 것이 산산이 부서지는 가운데, 오직 하나님만을 믿음으로 구원의 확신을 얻었다. 그의 회심은 공로주의적인 구원론을 버리고, 복음주의 신앙으로 돌아온 회심이었다. 살인자요 핍박자였던 바울이 다메섹 도상에서 무너지며 경험한 회심이요 방탕자 어거스틴이 쾌락의 끝자리에서 부서지며 돌아섰던 회심이다. 온갖 고행을 거듭하면서도 불안했던 루터가 로마서를 읽으며 경험했던, 오직 은혜(sola gratia)와 오직 믿음(sola fide)의 회심이다. 이로써 웨슬리는 기독교의 정통신앙을 계승하는 복음의 사도가 되었다.

특이하게도, 존과 찰스 웨슬리 형제 모두, 루터의 성경 주석을 들으며 구원의 확신을 가졌다. 찰스는 『갈라디아서 주석』의 서문, 존은 『로마서 주석』의 서문에서 이신득의(以信得義, Justification by faith)의 진리를 깨달았다. 이러한 사실 역시 존과 찰스가 시작한 메소디스트운동이 루터의 종교개혁을 계승한, 정통신앙의 노선에 위치하고 있음을 증명한다.

둘째로 웨슬리의 회심은 율법의 종에서 복음의 아들로의 거듭남을 의미한다. 런던 모라비안의 목회자 피터 뵐러는 모라비안 교회의 최고 지도자 친첸도르프에게 보낸 편지에서 이렇게 말했다. "구주를 믿는 우리들의 방법은 영국 사람들에게는 너무나 용이한 것이어서 그들은 자신을 그것에 일치시키지 못합니다. 그들은 자기 의를 주장합니다. 자기들의 신앙을 그들 자신의 행위에 의해 증명하려고 합니다. 그런 까닭에 자신들을 학대하고 괴롭히게 되는데, 실로 비참한 일입니다."

피터 뵐러의 문장은 웨슬리를 연상하게 한다. 그는 전형적인 영국 국교회 사제로, 국교회적 전통에 따라서 신앙과 선행에 의한 구원을 추구했다. 하나님의 법도를 자기 자신의 힘으로 지킴으로써, 구원을 받으려고 했다. 그 일에 얼마나 철저했던지, 메소디스트(methodist)라는 별명까지 얻었다.

훗날의 웨슬리는 그 시절의 믿음을 가리켜서 종의 신앙이요, 율법적 신앙이라고 회고했다. 그가 최선을 다해서 도달한 상태는 율법의 종이었다. 율법을 지킴으로 구원받으려고 했지만 구원받지 못했던 과정은 피터 뵐러가 지적한 그대로, 자신을 학대하고 괴롭히는 비참한 여정이었다. 종은, 오직 은혜를 받아들이는, 오직 믿음에 의해서, 아들이 되었다. 그야말로 복음적인 회심(evangelical conversion)이다.

회심을 통해서 본 웨슬리 영성의 근원

타고난 건강이 있고, 타고난 성격도 있다. 태어날 때의 상태가 평생에 영향을 끼친다. 영적인 태어남에서도 비슷하다. 회심과 거듭남의 체험이, 그 후에 전개되는 영적인 일생을 좌우하는 특색이 되기도 한다. 웨슬리의 회심은 웨슬리안의 영적인 색깔이 되고 전통이 되었다.

첫째로 웨슬리 영성의 근원은 성경이다. 가톨릭과 성공회의 전통, 사람이 만들어낸 교훈을 따라서 율법을 행했던 웨슬리는 오직 믿음으로 회심을 체험하고 구원의 확신을 얻었다. 이는 성경이 선포하는 복음에 근거한, 복음의 사건을 체험한, 복음적인 회심이다. 성경을 해설한 『로마서 주석』을 듣다가 회심한 장면도 성서의 영향을 보여준다.

존 웨슬리는 1746년에 출간한 『표준설교집』 서문에서, 성경에 대한 진심을 고백한다. "나는 오직 한 가지 - 하늘나라에 가는 길(the Way to the Heaven)을 알기 원합니다. 그 행복의 항구에 안전히 상륙하는 방법을 알기 원합니다. 하나님 자신이 그 길을 가르치기 위해서 내려오셨습니다. 바로 이 목적을 위해서 하늘나라로부터 오셨습니다. 그리고 하나님은 그 방법을 이 한 권의 책에 써놓으셨습니다.

오, 나에게 그 책을 주시오! 어떤 대가를 치르더라도 그 하나님의 책(The Book of God)을 나에게 주시오! 나는 그 책을 가지고 있습니다. 여기에 내게 필요한 모든 지식이 들어 있습니다. 나로 하여금 '한 책의 사람'(homo unius libri)이 되게 하소서! 그리하여 이제 나는 분주한 세상일들로부터 멀리 떨어져 여기 홀로 앉아있으며 하나님만이 여기 함께 계십니다. 그분의 임재 앞에서 하늘나라로 가는 길을 발견하기 위해 나는 그분의 책을 펼쳐 읽습니다.

읽다가 의미를 알 수 없는 부분이 있습니까? 나는 빛들의 아버지를 향하여 내 마음을 엽니다. 나는 내 마음과 열심을 다하여 그것을 묵상합니다. 이렇게 하여 배운 것을 나는 또한 가르칩니다."

하늘 가는 밝은 길이 한 책에 담겨 있다. 한 책의 사람 웨슬리는 성경에서 구원의 길을 찾았고, 열심을 다하여 성경을 묵상하고 연구하여, 성경을 가르치며 생애를 바쳤다. 한 책의 사람만이 한분이신 하나님의 사람이 될 수 있다.

둘째로 웨슬리 영성의 근원은 하나님 경험이다. 올더스게이트 이전에도, 존 웨슬리는 성서에 대한 지식이 풍부했고, 전통적인 신앙 훈련에 열심이었으며, 충분한 이성적 능력을 보유하고 있었다. 그러나 그에게는 구원의 확신이 없었다. 구원을 낳지 못하는 성서적 지식, 전통적 훈련, 이성적 능력에는 생명력이 없었다.

그러던 웨슬리가 올더스게이트에서 마음이 뜨거워지는 체험을 함으로써, 구원의 확신을 얻었다. 생생한 체험은 생명력과 생동감이 되었다. 흙으로 빚은 덩어리에 하나님의 생기가 불어넣어짐으로 말미암아 생령(生靈)이 되듯이, 그가 추구했던 신앙의 방편들은 하나님 체험의 생기를 통해서 살아있는 영성이 되었다.

회심 이후의 웨슬리는 끊임없이 신앙의 경험을 강조했다. 경험에 대한 강조는 메소디스트 신학의 고유한 특징이고 세계교회에 대한 공헌이다. 성경에 계시되고 전통에 의해 조명되고 이성에 의해 확고해진 복음의 진리는 우리 마음의 경험과 실생활의 경험을 통해서 생동해야 한다고, 웨슬리는 주장했다. 그가 말하는 경험은 잡다한 현상계의 감각적 경험이 아니라, 인간이 하나님의 임재를 직접 체험하는 것이다.

경험은 진정한 기독교 신앙의 가장 강력한 증거요 마르지 않는 샘이다. 웨슬리는 경험이 성서의 내용을 확인하는 역할을 한다고 보았다. 하나님이 주시는 경험을 무시하거나 소홀히 하면, 생명의 푸르름을 잃어 버린, 회색의 이론과 추상의 종교로 전락하게 된다. 특별히, 웨슬리의 체험은 마음이 뜨거워지는 것(warm-heartedness)이었다. 이것은 곧 그를 따르는 메소디스트 신앙의 특징이요 전통이며, 능력이요 매력이 며, 맛이요 멋이 되었다.

셋째로 웨슬리 영성의 근원은 이성(理性)이다. 이신론(理神論, deism) 은 이성을 절대시한다. 성경과 기독교를 이성이라는 잣대로만 판단한 다. 결국 기독교 신앙을 이성에만 근거하는 합리주의적 지식의 한계 안 에 가두게 된다. 이신론에 의하면 기독교는 과학적 실증주의나 이성적 합리주의(rationalism)와 동등한 것이 된다. 신앙은 이성의 감옥에 갇힌 죄수가 된다.

사무엘 웨슬리와 존 웨슬리 부자(父子)는 모두 18세기의 유럽에서 성 서적인 기독교를 위협하던 이신론을 반대했다. 웨슬리는 기독교의 영성 이 이성을 초월한다는 점에 주목했다. 기독교는 이성적 합리주의를 초 월하며, 이성의 자연 감관(natural sensation)으로부터 신앙의 영적 감 관(spiritual sensation)으로의 도약을 필요로 하는 영적인 진리체계라 고 주장했다.

그러므로 이성적 지식이 신앙과 같은 것이 될 수는 없다. 이성은 우리 에게 참된 행복을 주지 못한다. 이성이 계시의 원천이 되지도 못한다. 신앙은 영적 감관이라는 통로로 인간에게 다가와 역사하시는 하나님의 능력과 은혜로만 가능한 것이다. 웨슬리는 이신론자를 향하여, "여기에 다른 방법이 없다. 오직 전능자가 오셔서 당신들이 지금까지 무시했던 신앙을 당신들에게 주시는 길밖에는 없다."고 말했다. 그의 폭로에 의하면, 이신론자들은 전능자가 오셔서 주시는 신앙을 받지 못하여, 이성의 감옥에 갇혀버린 죄수가 된다.

인간의 이성을 초월하시는 전능자이신 하나님의 은혜로 말미암아, 인간은 영적인 진리를 깨달아 알게 되고 동의하게 된다. 이처럼 기독교 신앙은 초(超)이성적이지만, 그렇다고 반(反)이성적인 것은 아니다. 신앙은 이성을 몰아내지 않는다. 오히려 한계가 있어 어두운 인간의 이성을 신앙의 빛이 밝게 비추어, 마침내 초월적인 진리를 보게 한다. 기독교는 반(反)이성적, 몰(歿)이성적, 비(非)이성적이지 않고, 진정한 의미로 이성적(reasonable)이다. 이성을 절대시하지 않지만, 그렇다고 이성을 무시하지도 않는다. 웨슬리는 이성이 진리의 여왕이라는 이신론자들과 계시만을 고집하는 신비주의자들의 양극단을 모두 배격했다. 〈저널〉에도 가슴이 아니라 머리가 잘못된 사람이 등장한다.[12]

1747년 9월 2일 수요일

나는 우리 신도회를 온통 소란스럽게 만들었던 T. 프로서(Prosser)와 시간을 보냈다. 나는 그의 잘못이 가슴이 아니라 머리에 있다는 것을 알게 되었다. 그는 정직하고 선한 사람이지만, 그의 본성이나 은혜로 볼 때, 다른 일반적 지식을 이해하기 부족하고, 성서를 강해할 자질은 더욱 부족한 사람이다.

멍하고 신비주의에 빠진 이 사람을 주위의 지각 있는 사람들조차도, 사려 깊은 사람으로 생각하고 있었다. 어떻게 보면 이것은 자연스러운 일이기도 하다. 만약 우리가 어두운 연못을 들여다보면 아주 깊을 것으로 생각하지만 그 어둠이 그렇게 보이게 할 뿐이다. 빛을 비추어 보면 그 연못이 아주 얕다는 것을 알게 된다.

성령의 지도 아래 위치한 이성은 신앙에 기여할 수 있다. 하나님이 주시는 초월적인 신앙을 이해하고 해석하는 도구로 이성은 필요하고 유용하다. 우리는 이성을 활용하여 성서를 해석하고 하나님의 계시를 이해한다. 신앙 안에서 활용되는 이성은 온갖 종류의 광신주의와 불건전한 신비주의로부터 신자를 지켜주는 역할을 할 수 있다. 그러므로 이성은 하나님의 인도 아래서 복음을 이해하게 하는 하나님의 선물이다.

이성을 절대시하는 이신론이 잘못이듯, 이성을 포기하거나 무시하는 신비주의나 광신주의 역시 잘못이다. 이성의 통로를 폐쇄하는 것은 정통신앙의 길이 아니다. 기독교 신앙은 이성의 빛에서 그 진정성이 입증되고, 더욱 명료하게 이해되고 전달되며, 이때 신앙과 이성은 서로 협력한다. 이런 의미에서 참된 기독교는 이성적이어야 한다고 웨슬리는 주장한다.

그는 1768년 3월 28일 토마스 루터포스(Thomas Rutherforth)에게 보낸 편지에 이렇게 썼다. "이성을 포기하는 것은 종교(기독교)를 포기하는 것입니다. 종교와 이성은 손에 손을 잡고 함께 가기에 모든 비이성적인 종교는 거짓 종교입니다."

넷째로 웨슬리 영성의 근원은 고난과 행복의 체험이다. 하나님을 마음 뜨겁게 체험한 회심과 함께, 고난이 시작되었다. 조지아에서 도망쳐서 런던에 도착한 웨슬리에게, 허튼 부부는 동정적이었다. 갈 곳 없고 먹을 것 없는 그에게 숙식을 제공하고 친절하게 대했다. 그런데 막상 존 웨슬리가 회심하여 그 경험을 간증하자, 적대적인 태도로 돌변했다. 허튼은 존 웨슬리를 이상한 사람으로 취급했고, 허튼 부인도 엉터리 같은 열광주의자(wild enthusiast)가 되었다고 비난했다.

그들의 입장도 이해할 수 있다. 최고의 엘리트 코스를 밟은 옥스퍼드 출신의 국교회 사제이자 메소디스트로 불리울 만큼 열심이었던 웨슬리가 이제 와서 회심했다니, 그렇다면 그 이전의 신앙적인 모습은 가짜였다는 말인지, 허튼 부부는 이해할 수 없었다. 회심은 곧바로 가까운 사람에게부터 오해와 비난을 불러왔다. 이후로도 계속, 오해와 비방과 고난은 웨슬리의 고통스럽지만 소중한 동반자가 되었다.

마음이 뜨거워지는 경험을 한 이후, 웨슬리는 끊임없이 마음을 점검했다. 회심의 날인 5월 24일에서 3일이 지난 후, 그리고 40여일이 지난 후에 기록한 〈저널〉을 소개한다.

1738년 5월 27일

내 안에 기쁨이 없는 이유가 기도할 시간이 별로 없기 때문이라고 생각한 나는, 아침에 기도하러 교회에 가서 하나님 앞에 내 마음을 충분히 쏟아 놓기 전까지는 어떤 일도 하지 않기로 작정했다. 그리고 이날 내 영혼은 넉넉해졌다. 그리하여 비록 여전히 많은 유혹에 시달리고는 있지만, 능히 승리하고도 남았다. 나는 나의 구원자이신 하나님을 신뢰하고 그분으로 인해 즐거워할 수 있는 더 큰 능력을 얻게 되었다.

1738년 7월 6일

아침에 혼자 있으면서 나는 내 안에 성령의 역사가 매우 강력하게 일고 있음을 깨달았다. 예전에 나는 '산들아, 바위야, 우리에게 떨어져서 우리를 가리라'고 외쳤는데, 이제는 '주 예수여 오시옵소서, 속히!'라고 말하게 되었다. 그런 후 나는 담대하게, '오 하나님은 나의 보증이시오, 오 죽음아 너는 역병이구나, 오 무덤이여 너는 파멸이로다. 오 뱀이여 너의 머리를 영원히 상하게 할 씨가 있도다! 그리고 나는 내 머리가 물의 원천이로구나' 라고 생각했다.

나는 사랑으로 녹아내렸다. '내 사랑하는 자는 내게 속하였고 나는 그에게 속하였도다.' 그는 모든 매력을 지니고, 나의 마음을 황홀하게 만들었다. 그는 나의 위로자요, 나의 친구요, 나의 모든 것이다. 그는 지금 그의 동산에 있으며 백합 가운데 양 떼를 먹이고 계신다. 오, 나는 사랑앓이를 한다. 그는 많은 사람 가운데 뛰어나고 전체가 사랑스럽다.

하나님께 마음을 쏟아놓으며 웨슬리는 넉넉해졌고 강해졌고 행복해졌다. 하나님과의 깊고 친밀한 교제를 나누며 사랑앓이를 했다. 회심한 이후로 계속해서 느꼈던 행복은 웨슬리의 중요한 교리가 되었다. 그는 신앙이란 행복이며, 그리스도인은 행복할 수밖에 없다고 주장하게 되었다. 고난과 행복은 쌍둥이처럼 붙어서 웨슬리의 평생을 따라다녔다. 참된 그리스도인에게는 세상에서 피할 수 없는 고난이 있고, 세상이 알지 못하는 행복이 있다.

회심에서 우러난 권면과 찬양

온갖 규칙을 지키면서도, 마음으로는 불안했고 구원의 확신이 없었던 웨슬리는 외적인 경건의 한계를 지적한다. "하나님이 규정하신 외적인 법령들은 그것이 내면의 거룩함을 증진시킬 때 많은 유익이 있습니다. 반면에 그것이 내면의 거룩함을 증진시키지 못한다면, 무익하고 헛된 것이 됩니다. 나아가 그것이 내면의 종교를 대체해 버리게 되면, 그것은 하나님께 매우 혐오스러운 것으로 고착됩니다."[13]

내면의 믿음을 통해서 구원에 이르는 길은 십자가에서 죽으시고 부활하신 그리스도에 대한 전적인 신뢰요 믿음이다. 웨슬리는 행위에 근거하여 구원을 얻으려는 시도를 비판하며, 구원의 길을 해설한다. "당신이 행한 모든 일은 그만큼의 쓰레기와 배설물에 지나지 않음을 헤아리면서, 있는 모습 그대로 그리스도의 십자가를 의지해야 합니다. 죽어가던 강도와 일곱 귀신들린 매춘부가 그랬던 것처럼, 오직 예수 그리스도께 전념해야 합니다! '주님, 나를 구원하소서. 그렇지 않으면 내가 죽겠습니다!' 이렇게 전적으로 주님을 의지하는 믿음 위에 서 있지 않으면, 당신은 여전히 모래 위에 집을 짓고 있는 사람입니다."[14]

웨슬리는 강경하다. 그리스도에 대한 전적인 믿음이 없이 행하는 모든 행위는 쓰레기와 배설물에 불과하다고 일갈(一喝)했다. 행위가 크면 쓰레기가 크고, 행위가 높으면 배설물이 높이 쌓인다. 쓰레기가 죄를 없앨 수 없듯이, 사람의 행위로 죄를 없앨 수 없다. 배설물을 쌓아서 의로워질 수 없듯이, 사람의 노력으로 하나님께 의롭다고 인정받을 수 없다.

웨슬리의 표현은 직설적이다. 믿음이란, 십자가에 달려서 죽어가며 예수님께 간청했던 강도의 간절함이다. 일곱 귀신들린 매춘부가 그리스도만을 의지했던 절박함이다. 강도와 매춘부의 마음에 깃들어있는 믿음이 없는 모든 행위는 모래 위에 지은 집과 같다.

존 웨슬리는 자신의 올더스게이트 체험이, 동생인 찰스가 지은 찬송가 "위로부터 오신 주님"(O Thou camest from above)에 잘 나타나 있다고 말했다.

위로부터 오신 주님
순결한 하늘의 불이시여
비천한 나의 마음의 제단에
은밀한 사랑의 불을 붙이소서

당신의 영광 위하여
꺼지지 않는 불길로 타게 하시고
겸손한 기도 뜨거운 친양으로
당신께 드려지게 하소서

예수여 나의 마음에 확신 주시어
당신 위해 말하고 생각하고 일하게 하소서
그 거룩한 불 늘 지키게 하시어
나의 마음에 영원히 타오르게 하소서

목사관을 불태운 화재의 결과로 재결합한 부부에게서 태어나, 천정을 무너뜨린 불길 속에서 구출 받아서, "불 속에서 타다 남은 막대기"로 불리웠던 웨슬리에게, 하늘의 불이 임했다. 마음이 뜨거워진 그는 하나님의 불길이 꺼지지 않고, 영원히 타오르기를 노래했다. 영혼을 불태운 불길은 세상으로 옮겨 붙어서, 하나님의 부흥이 들불처럼 번져갔다.

Chapter 3

▲ 옥스퍼드, 홀리클럽

옥스퍼드에서 결성된 홀리클럽의 회원들은 학문 연구, 신앙과 생활에서 약속된 규칙을 엄격하게 지켰다. 한창 자유분방할 나이에, 지나칠 정도로 규칙적이고 너무나 열성적으로 규칙을 지키는 그들은 이질적인 존재로 보였다. 옥스퍼드 대학인들은 비아냥거렸다. "새로운 종류의 메소디스트(Methodist)들이 생겨났다!" 그것이 메소디스트라는 명칭의 유래였다.

결별과 모색 : 웨슬리안 메소디스트의 탄생

모라비안의 본 고장, 헤른후트 방문

불은 타오르고 번져간다. 하늘에서 내려와 웨슬리의 심령에서 타오른 성령의 불은 세상을 향하여 번져갔다. 회심 후 18일이 지난 1738년 6월 11일, 웨슬리는 옥스퍼드의 세인트 메리교회에서 설교했다. 제목은 "믿음으로 말미암는 구원(Salavation by Faith)", 성경 본문은 "너희가 그 은혜를 인하여 구원을 얻었나니 이것이 너희에게서 난 것이 아니요 하나님의 선물이라"(에베소서 2.8)였다.

사람이 달라졌기에, 설교도 달라졌다. 웨슬리는 회심의 경험을 토대로 설교했다. 탁월한 지성을 지닌 엄격한 규칙주의자였지만 뜨거운 체험과 확신이 없었던 그가, 이제는 회심에서 우러나며 구원의 경험에서 울려나는 복음을 선포했다.

웨슬리는 소심하고 겁이 많은 일면(一面)으로 알려져 있다. 또 다른 일면은 용감하고 진취적인 면모이다. 이질적으로 보이는 양면의 조합은 성격과 훈련의 결합으로 만들어진 것 같다. 소심하여 머뭇거리다가도 반드시 해야 한다는 확신이 들면, 어린 시절에 배운대로 철저하게 의무를 지켜서, 주저하지 않고 뛰어든다.

이러한 양면은 여행에서 드러난다. 166cm의 키에 55kg의 몸무게를 지녔던 작고 마른 사나이가 남긴 여행의 발자취는 과감하고 용감하다. 교통수단이 원시적이고 지리적 정보도 부족했으며, 무엇보다 안전이 확보되지 않았던 당시의 상황에서, 해외여행은 목숨을 걸어야 할 만큼 위험했다.

그러나 웨슬리는 자신의 영혼을 구원하기 위해 아메리카 식민지로 가는 배를 탔다. 이때 풍랑에 휩싸여 죽음의 공포를 여러 번 느꼈다. 조지아에서 인디언들을 전도하기 위해서 여행하다가 늪에 빠져 들어가는 위험천만한 일을 겪었다. 선교지에서 처참하게 실패하고 돌아오면서, 또 다시 죽음이 실감되는 폭풍우에 시달렸다.

회심 이후, 웨슬리는 또 한 번 해외여행을 떠났다. 목적지는 독일의 헤른후트 지역이었다. 그곳은 웨슬리의 회심에 결정적인 영향을 끼친 모라비안의 본거지였다. 웨슬리는 복음적 신앙을 가진 사람들의 공동체와 그들이 살아가는 모습, 그리고 신앙의 행습을 직접 보고 배우고자 했다. 위험을 무릅 쓰고 진리를 탐구하여 앞선 이들에게 배우려고 했던,

구도자의 열정이 빛나는 장면이다.

회심을 체험하고 18일 만에 복음을 설교한 웨슬리는 3주 만에 독일을 향해서 떠났다. 모라비안들은 웨슬리를 환영했다. 박해받는 소수종파로, 유럽을 난민처럼 떠돌면서도 복음전파에 열심이었던 그들은, 영국에 거점을 마련하고자 했다. 그들은 국교회의 사제이자 옥스퍼드의 지성인이었던 웨슬리를 통해서 모라비안의 영향력을 확장해나가고 싶어 했다.

웨슬리는 최대한 많이 배우려고 했고, 모리비안은 가능한 한 많이 보여주고 가르치며 대접하려고 했다. 존 웨슬리는 그들의 예배, 설교, 애찬회, 성경공부, 아침과 저녁의 경건회, 구역회 모임과 반회 모임, 그리고 각종 기도회와 강의와 회의와 장례식에 참석했다. 모라비안의 조직과 공동체 운영방법 등을 부지런히 배우고 경험했다.

모라비안들은 초대교회의 공동체적인 삶과 원초적인 신앙행습을 계승하고 있었다. 웨슬리는 독일여행을 통해서 사도 시대 원시 기독교(Primitive Christianity)의 살아 있는 모습을 볼 수 있었다. 모라비안의 본고장에서 보고 듣고 배웠던 것들은 훗날의 사역에 중요하게 활용되었다. 웨슬리는 1738년 8월 11일에 헤른후트를 떠나서 런던으로 돌아왔다.

복음주의 부흥의 불꽃

회심할 당시의 웨슬리는 피터 뷜러가 주도했던 런던의 페터레인 신도회에 참여하고 있었다. 피터 뵐러는 처음부터 웨슬리를 공동 지도자처럼 대우하며 신도회를 이끌었다. 웨슬리를 통하여 영국에 모라비안의 신앙이 뿌리를 내리고 부흥하기를 기대했다. 웨슬리가 독일에서 돌아온 다음에는 그가 신도회를 인도하도록 했다.

웨슬리는 신도회를 이끌면서 동시에 열정적인 복음 전도자로 헌신했다. 런던과 옥스퍼드 지역을 다니며 하루에 세 번 정도 설교했다. 그의 설교는 성경적이고 복음적이며 신학적으로 탁월했다. 국교회에 속한 교회들과 경건회에서는 존 웨슬리를 초청하여 자주 설교를 듣기 원했다. 그의 인기가 점점 높아지면서 시기와 반대도 거세어졌다. 국교회의 주교들과 교구 목사들이 노골적으로 방해하고 비난하기 시작하였다.

급기야 웨슬리에게 "복음주의자"라는 딱지가 붙었다. "메소디스트"가 그러했듯이, 당시의 "복음주의자" 역시 비난이 담긴 멸칭(蔑稱)이었다. 영국 국교회는 복음주의자들을 광신적인 집단, 열광주의자로 몰아붙이면서 핍박했다. 국교회에 소속된 대부분의 교회들은 복음주의자들에게 강단을 내어주지 않고, 접근을 금지하여 설교할 기회를 박탈했다.

웨슬리 역시 복음주의자로 낙인이 찍혀서, 1738년 말에는 국교회의 강단에서 쫓겨나고 말았다. 당시의 복음주의자들은 칼빈주의자, 침례교회, 퀘이커, 그리고 휫필드와 존 웨슬리 형제를 비롯한 메소디스트 설교자들을 가리켰다.

1730년대 후반은 영국에서 복음주의 부흥의 불꽃이 타오르기 시작한 시기였다. 부흥의 주된 수단은 야외설교(field preaching)였다. 웨일즈에서 부흥운동을 주도했던 하웰 해리스(Howell Harris, 1714-1773)가 시도한 야외 설교는 잉글랜드의 조지 휫필드에게 전수되었다.

횟필드는 웨슬리의 제자이자 동료였다. 그는 빈민가의 여관집 아들로 태어나 막노동을 하다가 옥스퍼드에 입학했던, 입지전적(立志傳的) 인물이었다. 활달한 성격에 머리가 좋고 힘이 센 사나이로, 야심이 컸다. 횟필드는 웨슬리보다 3년 먼저인 1735년, 20세의 나이에 복음적인 회심을 체험했다. 구원의 기쁨을 참을 수 없었던 그는 곧바로 복음을 전파하기 시작했다.

횟필드는 웨일즈의 전도자 하웰 해리스를 만나 그의 야외설교와 전도 방법을 배워 잉글랜드에 적용했다. 국교회에 의해서 열광주의자로 낙인 찍힌 해리스는 가난한 대중과 광부들을 찾아가서 설교했다. 횟필드도 해리스의 방법을 따라서, 브리스톨과 킹스우드의 가난한 노동자들과 광부에게 가서 복음을 전했다.

횟필드는 당대 최고의 설교자였다. 그는 런던과 글로스터, 그리고 주변 지역에서 부흥운동을 전개하여 수많은 회중을 몰고 다녔다. 횟필드 역시 옥스퍼드의 홀리클럽 출신이었고 메소디스트라고 불리웠기에, 그는 메소디스트 부흥운동의 선구자가 되었다.

횟필드는 아메리카에서 사역하려는 계획을 가지고 있었다. 그래서 그가 부흥운동을 일으켰던 브리스톨과 킹스우드의 야외설교 사역을 이어갈 후임자를 세우고자 했다. 횟필드는 자신보다 열한 살 많은 스승이자 홀리클럽의 동료였던 존 웨슬리가 적임자라고 판단하여 여러 번 편지를 보냈다. 하지만 웨슬리는 런던을 떠나려고 하지 않았다.

그 당시 영국 국교회 성직자에게 야외 설교는 금지였고 금기였다. 그것은 분명히 국교회의 규칙을 어기는 일이었다. 더구나 웨슬리는 국교회 중에서도 고교회주의자였다. 고교회주의(the High Church)는 교회의 권위와 의식을 중시했다. 구원과 관련된 사역은 반드시 교회 안에서 이루어져야 한다고 믿었던 고교회주의자에게, 거리에서 설교하는 것은 대단히 신성모독적인 행동이었다. 야외설교를 하면 많은 사람의 비난과 모욕을 자초하여, 국교회에서 추방당할 수도 있었다.

존 웨슬리가 브리스톨에 가기를 주저했던 또 다른 이유는 건강 문제였다. 처음부터 웨슬리와 가장 가까이 있던 헨리 무어(H. Moore)는 이때 그가 자신의 죽음에 대해서 많이 생각하고 있었으며, 이제는 인생여정이 거의 끝난 것으로 생각하였다고 기록하고 있다. 존 웨슬리는 험하고 고달픈 야외설교를 감당할 수 없을 것이며, 만일 그렇게 한다면 죽게 되리라고 생각했다. 불과 30대 중반에 죽음을 생각하고 있었으니, 그가 얼마나 병약했는지를 보여준다.

고교회주의자로서의 거부감, 건강에 대한 두려움 때문에 웨슬리는 야외설교에 대해 부정적이었지만, 휫필드는 계속해서 권유하고 재촉했다. 동생인 찰스는 명백하게 반대했다. 웨슬리의 이야기를 들은 페터레인 신도회 회원들의 의견은 엇갈려서, 논쟁이 벌어지기도 했다. 신도회는 찬반이 엇갈리는 토론을 거듭하면서도 결론을 내지 못하자, 신약성경의 전례를 따라서 제비를 뽑아서 결정하기로 하였다. 제비뽑기의 결과, 가는 쪽이 하나님의 뜻으로 정해졌다.

사람이 하나님의 뜻을 알기란, 쉽지 않다. 쉽지 않은 일을 해야 하니, 다양한 수단이 동원된다. 그중에는 기이해 보이는 것들도 있다. 조지아에서 소피와의 결혼을 망설이면서 웨슬리는 막대기를 쓰러드렸다. 런던에서는 야외설교를 고민하면서 제비를 뽑았다. 막대기는 비참한 실패로 결론이 났고, 제비뽑기는 거대한 부흥의 출발점이 되었다. 결과적으로 보면, 막대기의 실패로 영국으로 돌아와서 회심을 했고, 뒤이은 제비뽑기의 성공으로 부흥이 일어났으니, 모든 것이 합력하여 선을 이루었다.

드디어 존 웨슬리는 1739년 3월 29일 목요일 런던을 떠나서 브리스톨로 향하였다. 떠나기 전날의 〈저널〉이다.

1739년 3월 28일 수요일

멸시는 그를 따르는 모든 자가 감당해야 할 십자가의 일부라고 주장합니다. 다시 말해서, 멸시는 그의 제자도의 표지(badge)이고, 그에 대한 신앙고백의 도장이며, 그의 부르심에 대한 지속적인 인침입니다.

브리스톨을 향하여 출발한 날은 존 웨슬리의 생애를 전적으로 바꾸어 놓은 위대한 날이었다. 그러나 그것은 어디까지나 후세의 평가이다. 위대함을 향하여 출발하기 전날의 기록은 멸시로 얼룩져있다. 열광주의자라고 멸시받던 웨슬리가 또 다른, 아니 이전까지의 멸시와는 차원이 다른, 거대하고 끔찍하며 끈질긴 멸시를 향하여 떠나갔다. 웨슬리의 기록처럼, 그것은 멸시인 동시에 제자도였고 신앙 고백이었으며, 하나님의 부르심이었다.

막상 브리스톨에 왔지만, 웨슬리는 여전히 야외설교에 마음이 내키지 않았다. 영혼을 구원하는 일은 당연히 그리고 마땅히 교회 안에서 해야 하며, 교회 밖에서 영혼 구원 사역을 한다는 것은 죄라고 배워왔던 국교회의 가르침을 떨치지 못했다. 그럼에도, 휫필드는 끈질기게 웨슬리를 설득했다. 하루에 세 번, 오전과 정오와 오후에 야외설교의 시범을 보여주며 강권했다.

결국 존 웨슬리도 야외설교를 하기로 했다. 그럼으로써 1739년 4월 2일 월요일 오후 4시의 브리스톨은 역사적인 시간과 공간이 되었다. 여전히 주저하는 마음을 버리지 못한 채로, 웨슬리는 3,000여명의 사람들에게 구원의 기쁜 소식을 선포하였다. 그것이 존 웨슬리의 첫 번째 야외설교였다.

그날의 본문은 이사야서 61장 1절과 2절을 인용한 누가복음 4장 18절과 19절이었다. "주의 성령이 내게 임하셨으니 이는 가난한 자에게 복음을 전하게 하시려고 내게 기름을 부으시고 나를 보내사 포로 된 자에게 자유를, 눈 먼 자에게 다시 보게 함을 전파하며 눌린 자를 자유롭게 하고 주의 은혜의 해를 전파하게 하려 하심이라 하였더라."

역사적인 설교의 본문은 공생애를 시작하신 예수님이 고향의 회당에서 선포하신 말씀이었다. 참으로 절묘한 선택이다. 공생애를 출발하며 일종의 취임 설교를 하셨던 예수님처럼, 웨슬리도 야외설교자로서의 취임식 같은 설교를 했다.

처음에는 권유에 못 이겨 마지못해 하게 되었지만, 웨슬리는 야외설교가 하나님이 뜻하시고 계획하셔서 주신 사명임을 곧 깨달았다. 설교를 듣는 사람들이 죄를 회개하고, 멸망으로 가던 영혼이 구원의 길을 찾으며, 경건치 않은 사람들이 변화되어 새로워지는 장면을 목격하면서 복음의 능력을 체험했다. 웨슬리의 마음은 잃어버린 영혼을 구원하는 열정으로 불붙어 갔고, 계속해서 야외설교를 하게 되었다.

18세기 부흥운동의 주역이었던 삼총사는 비슷한 시기에 야외 설교를 시작했다. 조지 휫필드는 1739년 2월 17일에, 존 웨슬리는 6주 후인 4

월 2일에, 형의 야외 설교를 강하게 반대하던 찰스 웨슬리도 10주 후인 6월 24일에, 야외설교를 통한 부흥운동에 투신했다.

거리의 전도자, 웨슬리의 야외설교

활동가인 동시에 이론가였던 웨슬리는 야외설교의 역사적 전례를 탐구했다. 그는 구약시대의 예언자들, 신약시대의 예수님, 초대교회의 사도들의 설교방법이 야외설교였음을 깨닫고, 더욱 용기와 확신을 갖게 되었다. 그 명맥은 영국과 주변 지역의 선교 역사에서도 발견할 수 있었다.

5세기 이전의 아일랜드에 복음을 전한 켈틱 교회의 창설자인 성 패트릭(St. Patrick), 그를 계승한 여행전도자 니니안과 콜룸바도 야외설교로 스코틀랜드와 잉글랜드를 복음화 하였다. 6세기 가톨릭의 선교사로 파송되어 영국의 복음화에 기여한 성 아우구스티누스(St. Augustine)와 수도사들도 영국 전역을 여행한 야외설교자들이었다.

야외설교의 영국적 전통은 종교개혁 시대 스코틀랜드의 복음주의자들, 조지 팍스와 초기 퀘이커교도들에게 이어졌다. 18세기에는 하웰 해리스와 조지 휫필드, 침례교회 부흥사들과 영국 국교회의 복음주의자들이 야외설교가로 활약했다. 그들의 뒤를 이어서 존 웨슬리가 등장했다.

웨슬리 연구에 천착했던 김진두 박사는 다음과 같이 논평한다.[15] "존 웨슬리가 야외 설교를 시작한 날은 올더스게이트 회심 체험만큼이나 중요하고, 그보다 더 중요한 날이라고 할 수도 있다. 이날부터 존 웨슬리는 잃어버린 영혼을 구원하려는 열정으로 불타는 가슴(burning heart)으로 일생을 살았던 것이다. 아마 이날이 없었다면 이 세상에 메소디스트 교회가 생겨나지 않았을지도 모른다. 메소디스트 교회는 야외 설교, 즉 노방전도로 탄생하고 부흥한 교회다. 그러므로 복음주의 신앙과 복음전도는 메소디스트 교회의 뿌리요 은사요 능력이요 영광이다."

웨슬리에게서 흥미로운 패턴이 발견된다. 존 웨슬리를, 그 위대한 웨슬리가 되게 한 굵직한 사건들은 다른 사람이 시작했거나, 본인이 그다지 원하지 않는 상태에서 일어났다. 옥스퍼드의 홀리클럽은 찰스 웨슬리가 시작했고, 존은 나중에 동생의 권유로 참여했다. 올더스게이트의 회심도 내키지 않는 마음으로 기도회에 참여했다가 일어났다. 부흥운동의 출발이 된 야외 설교도 몹시 주저했지만, 휫필드의 강권으로 시작하게 되었다.

바로 여기에서 웨슬리의 장점이 드러난다. 대개 똑똑하고 유능하면, 하고 싶은 대로 하려는 독재자 스타일이나, 혼자서 하려는 독불장군이 되기 싶다. 하지만 웨슬리에게는 하고 싶지 않아도 해야 하는 일은 어김없이 하는 습관이 몸에 배어 있었다. 동료들과의 교제를 중시하고 그들의 조언을 귀담아 들을 줄도 알았다. 그리고 본인이 의도하지 않았고 원하지 않았지만, 하나님의 뜻이라고 판단되면 지체하지 않고 순종했다. 들을 줄 알고, 바꿀 줄 아는 겸손한 유연함과 생(生)을 던질 줄 아는 결단력이 위대한 생애를 만들어갔다.

야외설교가 존 웨슬리는 언제나 대중이 쉽게 모일 수 있는 편리한 장소를 선택했다. 시장터, 공원, 도시 변두리와 마을의 공터, 광산지대의 언덕과 웅덩이, 큰 거리, 예배당 앞마당, 마을 로터리, 성곽 안뜰, 공장의 빈터, 학교 운동장, 부둣가, 감옥 담장 주변, 공연장 마당, 각종 공장 건물과 철공소, 엿기름 공장, 옥수수 시장, 버터 시장 등, 사람들이 모이는 곳이면 어디에서든지 설교했다.

야외설교하기에 가장 좋은 곳은 광산 웅덩이였다. 웨슬리는 그곳을 하나님이 예비하신 '지붕 없는 대성당(open cathedral)'이라고 불렀다. 지붕이 있는 대성당은, 잘 차려입은 신사와 숙녀들이 우아하게 학식을 논했지만 생명력이 없었기에, 사람의 대성당이었다. 못 배우고 거친 사람들이 비에 젖고 바람을 맞으며 모여들었던 지붕 없는 대성당은, 날마다 구원의 역사가 일어났기에, 하나님의 대성당이었다.

날씨가 좋지 않을 때에는 시장 건물이나 시민회관 같은 공공건물 혹은 학교를 빌렸다. 아일랜드에서는 법정이나 의사당을 사용하기도 하였다. 또한 개인의 주택 거실이나 정원에서도 설교했다. 여관에서 묵은 다음날에는 창문을 열고 정원이나 마당에 모인 사람들에게 설교하기도 하였다. 군인들이 웨슬리의 설교를 듣고 싶어 해서, 군대의 막사나 훈련장에서도 설교했다. 공동묘지에서도 설교하였는데, 고향 엡워스를 방문했을 때 사제가 교회의 문을 열어주지 않아서, 정문 앞에 있는 부친의 묘지 위에서 설교한, 유명한 일화를 남겼다.

존 웨슬리가 야외설교에 헌신한 데에는 또 한 가지 중요한 이유가 있었다. 그것은 가난하고 소외된 사람들을 향한 사랑이었다. 18세기의 영국에서 가난한 노동자 계층은 전체 인구의 약 80%를 차지하였다. 그들은 정부와 귀족들로 구성된 상류층으로부터 외면당했고, 정치, 경제, 문화적으로 차별을 받았으며, 심지어 종교적으로도 차별 당했다. 못 배우

고 거칠고 예의를 갖추지 못한 그들을, 엘리트 출신으로 품위를 중요시
하던 국교회의 성직자들은 부담스럽게 여겼다. 노동자들 역시 자신들을
차별하는 국교회의 교구 교회에 출석하기를 싫어했다. 헤아릴 수 없이
많은 하층민들이 힘겨운 노동에 시달리면서도, 술을 즐기고 도둑질을
하며, 아내와 아이들을 버리고 아무렇게나 살아갔다.

존 웨슬리는 옥스퍼드 대학교의 연구교수요, 국교회에서도 엄격한 고
교회주의자이며, 정치적으로는 보수적인 토리당(tories)의 신사임에도
불구하고, 가난한 사람들에게 다가가 길거리에서 설교하였다. 하나님의
기이하시고 절묘하신 섭리로, 존 웨슬리는 꿈에도 생각한 바 없는, 거리
의 전도자가 되었다.

국교회와의 충돌, "온 세계가 나의 교구다!"

불은 양편에서 타올랐다. 휫필드와 웨슬리 형제가 영혼구원을 향한 열
정으로 타오르고 있을 때, 국교회의 주교와 교구 성직자들은 분노로 타
올랐다. 그들은 복음주의자들의 야외설교 활동이 영국 국교회의 전통을
파괴하고, 교회와 성직의 품위를 추락시킨다고 비판했다.

가까운 곳에서 쏜 화살이 깊이 박히듯이, 가까운 이들의 비난이 깊
은 상처를 남긴다. 웨슬리가 야외설교를 시작하던 무렵인 1739년 3월,
옥스퍼드 링컨 대학의 제자요 홀리클럽의 회원이었던 제임스 허비(J.
Hervey)가 편지를 보냈다. 그는 교회 밖에서 이루어지는 목회 활동에
대하여 격렬하게 비판했다. 웨슬리에게 불법적인 교회 밖의 활동을 중

단하고 옥스퍼드로 돌아가서 교수생활을 계속하든지, 아니면 어느 교구의 사제가 되어 일정하게 목회할 것을 강하게 권면했다.

살아 숨 쉬는 생명력보다 체제와 질서를 옹호하는 이들은 야외에서 벌어지는 목회와 설교, 그리고 전도의 무질서함을 참지 못했다. 그래서 광야와 들판에서 잡초처럼 살아나는 영성을 무시하고 억누르려고 했다. 그네들이 승리하면 죽은 정통이 되어 종교의 생명력이 끊어지고 만다. 하지만 웨슬리는 만만치 않은 상대였다. 쉽게 억눌러지지도, 제압당하지도, 죽지도 않았다. 허비의 공격적인 편지는 오히려 전 세계에 알려진 명언(名言)의 배경이 되었다. 존 웨슬리는 1739년 3월 20일 허비에게 답장을 썼다.

그는 자신의 목적이 예배당 안에서 하든지 밖에서 하든지 오로지 잃어버린 영혼을 구원하는 일(Church or no church, my duty is to save the lost souls)이라는 점을 강조했다. 이어서 "나는 온 세계를 나의 교구로 바라본다(I look upon all the world as my parish)" 라고 선언하였다.

이는 구원의 기쁜 소식을 들을 필요가 있고 듣기 원하는 사람들이 있는 곳이면 세계 어디든지 가서 설교하는 것이 옳으며, 하나님께서 바로 그 사명을 위해서 자신을 부르셨다는 말이다. 흔히 "온 세계가 나의 교구이다!" 라고 알려진 이 선언은, 세대를 지나고 세기를 넘으며 인구(人口)에 회자(膾炙)되어, 메소디스트 역사에서 가장 유명한 말이 되었다.

웨슬리에게, 홀리클럽의 회원보다 더 가까운 사람으로, 가족이 있었다. 가장 아픈 비판은 형에게서 나왔다. 존 웨슬리의 큰형 사무엘은 옥스퍼드를 나온 석학이었고 시인이었으며 명문 고등학교의 교장이었다. 그는 아버지의 빚을 갚고, 홀로 남은 어머니를 봉양했으며, 남동생들인 존과 찰스의 학비를 지원했다. 아버지가 세상을 떠난 웨슬리 가문의 가장 역할을 충실히 감당했던 효자이자, 맏형이었다.

어려운 가운데 뒷바라지한 동생들이 연이어 옥스퍼드를 졸업할 때, 큰형은 기뻐하고 자랑스러워했다. 존이 옥스퍼드의 연구교수가 된 것은 가문의 영광이었고 사무엘의 보람이었다. 그러나 그들이 천박한 열광주의에 빠진 것처럼 보이자, 자랑과 기쁨이 컸던 만큼, 실망과 분노도 컸다. 웨슬리 일가가 모두 국교회 중에서도 엄격한 고교회파였는데, 그중에서도 가장 강경한 고교회주의자가 사무엘이었다.

존과 찰스가 회심을 경험하고 설교했던 부흥운동의 초창기부터, 사무엘은 동생들을 날카롭게 꾸짖었다. 악명 높은 분리주의자들의 천박한 열광주의에서 속히 빠져나오라고 촉구했다. 동생들이 저명한 성직자들에게 손가락질 당하고, 세상의 온갖 욕설을 뒤집어쓰는 치욕을, 형은 참을 수 없었다.

하지만 동생들은 형의 기대에 어긋났다. 빠져나오기는커녕, 더욱 깊이 들어가서 야외설교까지 하기에 이르렀다. 사무엘은 야외설교를 반대하고, 동생들이 설교할 때 일어나는 신비한 현상들을 혐오스런 마귀의 장난이라고 단정했다. 국교회 성직자가 품위 없이 길거리나 돌아다니면서 이상한 짓이나 하고 있으니, 동생들이 미쳤다고 비난을 퍼부었다.

어머니인 수잔나가 존과 찰스의 부흥운동에 긍정적인 태도를 보이자, 사무엘은 경악했다. 어머니마저도 이단적인 풍조에 물들었다고, 격정을 토하는 편지를 보냈다. 학비와 생활비를 지원하며 가장(家長) 역할을 했던 형의 분노에 찰스는 주춤했다. 하지만 존은 물러서지 않았다. 하나님의 뜻이고 성령이 일하시는데 형이 왜 반대하느냐고 따졌다.

아들처럼 돌보아주었던 동생이 대드는 듯 한 모습에 사무엘은 더욱 분노했다. 그는 불법적인 행동을 버리라고 전력을 다해서 동생들과 어머니를 설득했다. 친구와 형을 비롯한 사방의 공격을 받던 시절, 웨슬리가 기록한 〈저널〉을 소개한다.

1739년 9월 16일 일요일

기억하는 바로는 무어필드에서 약 1만 명의 사람들 앞에서와 케닝턴 커먼에서 거의 2만 명의 사람들 앞에서 "이에 우리가 너의 사상이 어떠한가 듣고자 하니 이 파에 대하여는 어디서든지 반대를 받는 줄 알기 때문이라 하더라"는 말씀을 가지고 설교했다. 나는 이 두 곳에서 사람들이 익히 알고 있는 '기독교'와 '참된 원조 기독교'의 차이를 설명했는데, 메소디스트라는 새로운 이름으로 불리는 이 원조 기독교 역시 요즘 모든 곳에서 박해를 받고 있다.

담담하고 담백한 기록은 웨슬리의 굳은 결의를 보여준다. 모든 곳에서, 특히 가까운 곳에서 아픈 공격을 받고 있어도, 물러설 뜻이 없었다. 그는 자신의 노선이 참된 기독교요 원조 기독교임을 확신하고 있었다.

결국, 형제들의 다툼은 충격적인 결말을 맞았다. 1739년 11월, 웨슬리가 야외설교를 시작하고 7개월여가 흐른 시점에서, 사무엘 웨슬리가 49세의 나이에 갑자기 죽었다. 자식들 중에 제일 믿고 의지했던 장남을 잃은 수잔나는 충격을 받아서 40여 일간 제대로 걷지도 못했다. 사무엘이 세상을 떠나면서 웨슬리 가족들 가운데 부흥운동을 반대하는 목소리는 사라졌다. 큰 형의 압력으로 고민하던 찰스도 다시 야외설교의 대열에 합류했다.

그러나 국교회 성직자들의 반대는 더욱 거세어졌다. 격렬한 분노의 안쪽에는 두려움이 있었다. 그들은 부흥운동의 확산을 두려워했다. 자신의 교구에 혼란스런 문제가 생길까 염려했고, 교구민들이 메소디스트가되어서 교회를 떠날까 걱정했다. 아무리 근사한 미사여구를 갖다 붙여도, 결국에는 무엇을 먹을까 무엇을 마실까하는, 먹고 사는 문제요 이방인의 불안이었다.

불안했던 그들은 시기하고 질투했다. 생명력 없는 설교에 꾸벅꾸벅 졸기나 하던 교인들이 복음전도자들의 설교에 의해 변화되고 뒤집어지는장면을 보며, 속이 뒤집어졌다. 그래서 존 웨슬리와 그의 설교방법을 비난하고 악평하며 여러 가지 수단을 동원하여 훼방하였다.

그들은 존 웨슬리가 교구 교회 가까이에서 설교하는 것을 금지하고,야외설교 장소에 장애물을 설치하며, 짐승의 배설물을 뿌리고 심지어폭도들을 시켜서 방해했다. 돌을 던지고 막대기를 던지며 설교자와 회중을 공격했다. 요즘도 교회에 분쟁이 나면 용역을 동원하는 사례가 있다. 목사에게 돈을 받은 깍두기와 장로에게 고용된 어깨들이 각목을 휘두른다. 국경을 초월한, 교회사(敎會史)의 유구한 전통이다.

사랑은 꺾이지 않고 멈추지 않으며 막을 수 없다. 온갖 비난과 박해에도 불구하고, 형의 죽음을 지켜보면서도, 존 웨슬리가 야외설교를 멈추지 않았던 이유는 영혼을 향한 사랑 때문이었다. 그는 말했다. "내 직업은 잃어버린 영혼을 구원하는 일이다(My only business is to save souls. Church or no church, my duty is to save the lost souls). 나는 어디를 가나 공포와 절망에 몰려 죽음과 멸망으로 가는 무리를 본다. 나는 그들에게 하나님의 구원의 은혜를 전하지 않을 수 없다. 내가 사람에게 복종하랴, 하나님께 복종하랴!"

웨슬리를 따라갔던 메소디스트의 설교자들은 고난도 따라서 받았다. 그들 중에는 마음이 약해진 사람들도 있었다. 웨슬리 형제가 야외설교를 시작한 지 8년이 지난 1747년, 메소디스트 설교자 총회에서 야외설교에 대한 반대를 걱정하는 말을 듣고 웨슬리는 말했다. "야외설교를 포기하는 것은 복음전도를 포기하는 것이요, 우리의 제일 큰 의무를 버리는 것이다."

그래도 한 설교자가 야외설교를 계속해야만 하는지를 질문하자, 다음과 같이 대답하였다. "그렇다. 우리는 계속해야만 한다. 잃어버린 죄인들을 구원하는 것이 우리의 사명이기 때문이다. 세상의 죄인들이 우리를 찾아오기를 기대해야 하는가? 아니다. 그들이 우리의 설교를 들으려고 찾아오지 않는 한, 그들을 찾아가는 것이 우리의 할 일이다. 우리는 특별한 사명을 받았다. 길거리나 울타리 밖으로 나가서라도 사람들을 끌어와야 한다. 우리가 하지 않으면 아무도 이 일을 하지 않을 것이다."

야외설교를 시작하고 20년이 흐른 1759년 6월 26일, 웨슬리는 일기에서 자신이 야외설교를 하는 이유에 대하여 다음과 같이 적었다. "악마는 야외설교를 좋아하지 않는다. 나도 역시 야외설교를 좋아하지 않는다. 나도 넓고 아름다운 예배당의 멋진 강단에서 설교하고 편안한 의자에 앉는 것을 좋아한다. 그러나 한 영혼이라도 더 구원하기 위하여 이 모든 것들을 포기할 수밖에 없다. 그리고 나의 영혼 구원에 대한 열정은 이런 것들을 초월한다."

메소디스트 선교의 삼각지 구축

국교회에서는 웨슬리의 부흥운동을 무질서하고 무계획적인 열광주의라고 비난했지만, 그것은 사실과 다르다. 어려서부터 메소디스트로 훈련받은 존 웨슬리는 무슨 일을 하든지 체계적이었고 철저했다(단 하나, 여자 문제만 빼고!). 그는 무작정 닥치는 대로 이곳저곳을 다니지 않았다. 치밀하게 전략을 세워서 지혜롭게 전도운동을 전개했다.

한 곳에 가면 그곳에 충분히 머물면서, 전도의 진지를 든든히 구축했다. 전도된 사람들을 모아서 신도회를 조직하고 안정적으로 성장하도록 지원한 뒤에 다른 지역으로 옮겼다. 갑자기 멀리 이동하기보다 가까운 인근 지역으로 가서, 이전의 지역과 새로운 지역이 연결되어 신자들이 협력할 수 있게 했다.

존 웨슬리는 각 지역의 성격, 인구 분포, 그리고 복음을 수용하는 반응을 관찰하고 다른 지역과의 거리를 고려하여 효과적인 전도 전략을 세우고 실천하였다. 그것이 바로 선교적 삼각지(missionary triangle)의 구축이었다. 그는 잉글랜드 남서부의 브리스톨, 수도권과 남동부의 런던, 북부의 뉴캐슬을 선교적 전략기지로 활용했다. 세 지역을 중심지로 삼아서 사역을 집중하는 동시에, 여행과 순회설교를 하면서 인근 지역으로 복음화운동을 확산시켰다. 이처럼, 규칙쟁이였던 웨슬리는 또한 조직의 귀재였다. 김영선 박사는 "감리교회가 오늘날 세계적인 교회로

발전한 것은 그의 조직력의 결과"라고 논평했다.[16]

잉글랜드에서 시작된 웨슬리의 야외설교와 순회사역은 1747년 아일랜드로 확산되었다. 존 웨슬리는 일생 동안 모두 42회에 걸쳐서 아일랜드 설교여행을 했다. 당시의 아일랜드인들은 대부분 가난하고 멸시받는 계층이어서, 웨슬리는 아일랜드 전도에 더욱 열심이었다.

잉글랜드에 사무친 원한을 품고 있는 아일랜드 사람들이었지만, 웨슬리를 통하여 나타나는 성령의 역사에 감화되지 않을 수 없었다. 그들은 아일랜드의 성인으로 숭배 받는 성 패트릭 이후에 나타난 가장 열정적인 부흥운동을 목격하며, 존 웨슬리를 성 패트릭과 같은 위대한 사도로 존경하였다.

존 웨슬리는 웨일즈어에 서툴렀고, 횃필드는 능통했다. 그래서 웨슬리는 웨일즈를 단 한 번 방문했고, 그곳은 횃필드의 무대가 되었다. 메소디스트는 오늘날 감리교회이고 칼빈주의자는 장로교회이다. 메소디스트와 칼빈주의자는 다른 교단이 되었지만, 초창기에는 그렇지 않았다. 옥스퍼드 홀리클럽의 회원이었고, 메소디스트 운동의 위대한 설교가였으며, 웨슬리에게 야외설교를 권유했던 장본인이었던 횃필드는 칼빈주의자였다. 그의 발자취를 따라서, 지금도 웨일즈에는 횃필드의 후예들인 칼빈주의 메소디스트 교회들이 상당수 남아 있다.

스코틀랜드 설교여행은 1751년에 시작하여, 웨슬리의 일생 동안 모두 22회에 걸쳐 진행되었다. 87세의 노년에 마지막 여행을 떠났으며, 잉글랜드와 원수지간이었던 그곳에서 최고의 환대를 받았다. 웨슬리는 스코틀랜드에 메소디스트 신도회를 설립했고, 장로교회의 부흥에도 크게 기여하였다.

존 웨슬리는 영국 본토뿐만 아니라 모든 섬들에도 갔다. 그는 소외되고 낙후된 지역에 전도하기를 좋아했기 때문에, 많은 섬들이 존 웨슬리의 특별한 전도 지역이 되었다. 그는 스코틀랜드와 노르웨이 사이에 길게 뻗어 있는 셰틀란드 섬에서도 전도를 많이 하여 신도회를 여러 개 설립하였는데, 지금까지도 그 섬에는 메소디스트 교회가 제일 많다.

웨슬리의 전도여행은 불가사의하다. 1739년부터 1791년까지 52년간, 말을 타고 다니는 노방전도자로 매년 평균 8백 번을 설교하였고 총 4만 번 이상을 설교하였다. 매년 약 5천 마일을 순회 설교로 여행하여, 2년에 한 번씩 영국 본토와 아일랜드 섬 전체를 돌았다. 평생 약 20만에서 25만 마일의 거리, 즉 지구를 일곱 바퀴 반에서 열 바퀴를 돌 수 있을 만한 거리를 여행했다. 길 잃은 영혼들을 구원하기 위해서 길을 나서서, 평생을 길 위에서 보내고 스스로 부흥의 길이 된, 찬란한 나그네의 생애였다.

페터레인 신도회와의 결별, 메소디스트 신도회 창설

야외설교가 본격화되던 무렵, 웨슬리는 내우외환(內憂外患)에 시달렸다. 전도자로 떠돌면서 받았던 온갖 비난과 박해가 외환(外患)이었다면, 페터레인 신도회의 문제가 내우(外患)였다. 피터 뵐러가 런던에 설립하여 웨슬리에게 맡겼던 페터레인 신도회는, 절반 이상의 인원이 모라비안 교도들이었다. 모라비안의 영향으로 회심해서 그들의 본거지인 헤른후트까지 방문했던 웨슬리는 신도회를 너무나 사랑했다. 페터레인은 그가 흠모하는 모라비안의 신앙을 실천하는 실험실과도 같았다.

그런데 애정을 쏟아 부었던 신도회에 위기가 다가왔다. 뒤늦게 합류한 몇몇 모라비안들이 고집했던 정적주의(靜寂主義; quietism) 때문이었다. 정적주의는 프랑스에서 생겨난 신비주의의 일종이다. 그들은 첫째로 진정한 믿음, 즉 칭의(稱義)의 은혜를 얻어 완전한 믿음을 소유하기 전에는, 은혜를 받기 위한 어떤 방편에도 참여하지 말아야 한다고 가르쳤다. 왜냐하면 은혜의 방편은 오직 예수 그리스도 뿐이므로, 완전한 믿음을 얻고 하나님 앞에 순수한 마음을 소유하기까지는, 교회에서 전통적으로 해오는 예배와 성례전과 기도와 찬송과 성경공부와 그 밖의 모든 의식들(ordinances)을 결코 사용해서는 안 된다고 했다.

둘째로 누구든지 진정한 믿음을 얻어 구원의 확신을 얻을 때까지는 오로지 예수만 바라보고 하나님 앞에 조용히 앉아서 기다려야 한다. 믿음을 얻기 전에는 어떤 종류의 선행도 행하여서는 안 된다고 주장했다.

셋째로 그들은 성만찬이 회심을 일으키는 의식, 즉 은혜의 방편이 될 수 없으므로 진정한 믿음을 소유하기 전에는 행하지 말아야 한다고 가르쳤다.

넷째로 믿음이 전혀 없든지 아니면 완전한 믿음의 두 종류가 있을 뿐, 믿음에는 '정도(degrees of faith)'가 없다고 했다.

필립 몰터와 그의 추종자들은 정적주의를 고수하면서, 심지어 주일에 교회도 가지 말아야 한다고 주장했다. 완전한 믿음을 얻기까지 아무것도 하지 말고 그저 기다리기만 하라는, 잘못된 신비주의였다. 믿음은 어느 날 갑자기 하늘에서 "뚝"하고 떨어지지 않는다. 허공에서 생성되는 것이 아니라 발을 딛고 서 있는 땅 위의 현실에서 깨달아진다. 굳이 소리로 표현하자면 "뚝"이 아니라 "저벅저벅"이다. 한 발자국 한 발자국 걸어가는 과정에서, 발걸음을 인도하시는 하나님을 체험하고 섭리를 경험하는 과정이 믿음이다. 신비적인 체험일지라도, 신비가 주어지는 현실의 맥락이 있다. 웨슬리는 〈저널〉에서 정적주의자들로 인한 고통을 겪고 있던 신도회의 모습을 전한다.

1739년 12월 19일 수요일

무거운 마음으로 런던에 왔다. 나는 이곳에서 날마다 우리 형제들이 서로 논쟁하고 다투어서 발생하는 끔찍한 결과를 확인한다. 첫사랑을 간직하고 있는 자를 보기가 정말 드물다. 사람 대부분이 극도의 혼란 속에, 서로를 물어뜯고 집어삼키려 한다. 하나님께 기도하노니, 서로가 서로에게 잡아먹히지 않게 하라.

존 웨슬리는 두 번의 강력한 설교를 통하여 잘못을 지적했다. 필립 몰터와 정적주의자들에게 잘못된 길에서 돌아설 것을 촉구했지만, 효과가 없었다. 마침내 웨슬리는 그토록 사랑했던 신도회에 이별을 고했다. "나는 당신들이 잘못된 길로 가고 있는 것을 분명하게 보았습니다. 이제 당신들을 하나님께 맡기는 수밖에 없습니다. 당신들 중에 누구라도 나와 같은 생각을 하는 사람이 있다면 나를 따르시오." 웨슬리가 페터레인 신도회와 결별할 때, 18명의 회원이 따라 나섰다.

존 웨슬리를 따르는 회원들은 1740년 4월에 페터레인 거리의 건너편 파운더리(Foundry)에 있는, 과거에 대포를 만들던 무기공장 터에 장소를 마련하여 독립된 신도회를 조직하기 시작하였으며, 7월부터 본격적으로 신도회 활동을 하였다.

파운더리 신도회는 존 웨슬리의 독자적인 주도 하에 세워진 첫 번째 신도회였다. 그것은 영국 국교회나 모라비안 교회에 간섭받지도, 매이지도 않았다. 존 웨슬리가 자신이 믿는 신학적 교리와 이상적인 신앙생활의 방식을 실현할 수 있으며, 실질적으로 누구의 방해도 받지 않는 신도회를 처음으로 세운 것이다. 파운더리 신도회는 최초의 웨슬리안 메소디스트 공동체였다.

1738년에 일어난 회심 이후의 3년은 결별의 시간이었다. 국교회의 아들이었던 웨슬리는 복음주의자의 대열에 참여하여 국교회의 강단에서 쫓겨났다. 야외설교를 시작하여 국교회 성직자들의 공적이 되었다. 페터레인 신도회에서 탈퇴하여, 자신을 구원으로 이끌어주었던 모라비안들과도 결별했다. 파운더리 신도회를 창설하여 훗날 휫필드와도 결별의 길을 걷게 된다.

결별은 가슴 아프지만, 한국인이 사랑하는 명시(名詩)의 한 대목처럼, 가야할 때가 언제인가를 분명히 알고 가는 이의 뒷모습은 아름답다. 이형기의 "낙화(落花)"가 읊조리듯이, 결별이 이룩하는 축복에 싸여, 가야할 때였다. 모교회인 국교회의 주류노선과 결별하고 회심을 이끌어준 모라비안과 결별함으로써, 웨슬리는 메소디스트의 새로운 역사를 열어갔다.

Chapter 4

▲ 야외설교를 하기 위해 말을 타고 떠나는 존 웨슬리

웨슬리는 52년간 말을 타고 돌아다니며 약 20만에서 25만 마일의 거리, 즉 지구를 일곱 바퀴 반에서 열 바퀴를 돌 수 있을 만한 거리를 여행했다. 매년 평균 8백 번, 총 4만 번 이상을 설교했다. 길 잃은 영혼들을 구원하기 위해서 길을 나서서, 평생을 길 위에서 보내고 스스로 부흥의 길이 된, 찬란한 나그네의 생애였다.

방랑자 웨슬리,
길 위에서 겪은 세상

길에는 지붕이 없다

야외설교자는 길에서 산다. 길에는 지붕이 없다. 길을 떠난 자는 길 위에 내려진 뜨거움과 차가움, 성냄과 가혹함을 그대로 받아야 한다. 웨슬리의 〈저널〉은 비와 바람과 폭풍, 눈과 안개와 우박, 더위와 추위의 기록이다. 전도자 웨슬리는 눈을 도려내는 것처럼 날카로운 바람, 살을 에이는 추위, 영혼을 삼키는 더위를 온 몸으로 견뎌냈다.

1742년 12월 27일 월요일

호슬리(Horsley)로 말을 타고 갔다. 그 집은 너무 작아서 옥외에서 설교해야만 했다. 그러나 그렇게 사나운 폭풍은 거의 본 적이 없다. 바람은 동, 서, 남, 북으로 방향을 바꾸면서 우리 위에 마치 폭포처럼 몰아쳤다. 지푸라기와 덤불이 날아와 우리의 머리를 휘감았다.

1745년 2월 23일 토요일

어제보다 훨씬 더 험한 길들을 통과했다. 눈이 쌓여 더 깊을 뿐 아니라, 해빙에 이어 내린 된서리는 모든 지반을 미끄럽게 얼음같이 만들어서 여러 곳에 있는 둑길들을 지나갈 수 없게 만들었다(포장 간선도로는 아직 잉글랜드의 이런 지역에서 알려지지 않았다). 말을 타고 가는 것이 불가능했기 때문에 종종 걸어갈 수밖에 없었고, 말을 끌고 가는 동안에 말들은 여러 번 넘어졌지만, 전 여행 기간 우리가 말 등에 앉아 가는 동안에는 한 번도 쓰러진 일이 없었다.

길은 보이지 않고, 흰색의 황무지 같은 게이츠헤드 펠(Gateshead-Fell)에 도착한 것은 8시가 지나서였다. 눈은 쌓여서 모든 길을 덮었고, 우리는 어떻게 길을 찾아야 할지 몰라 당황했다. 그때 뉴캐슬에서 온 한 좋은 사람을 만나서 그가 우리를 안전하게 그 마을로 인도했다.

전에도 거친 여행을 많이 했지만, 이렇게 바람과 우박, 비와 얼음과 눈이 휘몰아치는 진눈깨비와 매서운 추위 속에서 한 여행은 결코 없었다.

고통, 실망, 질병, 투쟁
삶을 괴롭히고 힘들게 하는 것

그것이 머무를 때 아무리 슬프더라도,

그것이 진토로 만든 집(육신)을 마구 흔들어도

지난 과거는 아무것도 아닐세

즐거움도 고통도 한낱 꿈이라네

1747년 12월 1일 화요일

대략 점심때쯤 우리는 스톡브리지(Stockbridge)에 도착하였다. 비는 눈으로 변하였다. 날씨가 좋아질 가능성이 없어 보여서, 폭풍우 속에서도 길을 떠날 수밖에 없었다. 내 생애 잉글랜드에서 그렇게 심한 눈보라는 만난 적이 없고, 이가 서로 부닥칠 만큼 심하게 떨렸으며, 우리가 타고 있는 말은 앞뒤로 갈 지(之) 자로 헤매서 한 걸음도 앞으로 나가기가 어려웠다.

눈은 우리의 얼굴을 세차게 때리고, 다음 마을에 도착할 때까지 집도 나무도, 또 피할 만한 아무런 장소도 없었기에 너무나 힘든 여행길이었다. 1시간쯤 힘들게 지나자 하늘이 맑게 갰고 우리는 솔즈베리까지 갈 수 있었다.

1749년 6월 25일 일요일

내가 설교를 하는 동안 내내 비가 왔지만 모였던 회중도 나도 비 오는 일에 관심이 없었다. 내가 설교를 끝내기 전에 이미 나는 푹 젖어 있었는데 또다시 강한 비가 내 얼굴로 몰아치기 시작하였다.

1749년 9월 29일 금요일

나는 다시 화이트헤이븐을 방문하였다. 폭풍이 심하게 들이쳐 나의 얼굴에까지 직접 몰아쳤다. 그래서 나는 제대로 말 위에 앉아 있을 수 없었다. 특히 우리는 산을 넘어야만 했고 그에 따라 어려움이 훨씬 많이 닥치기도 하였다. 하지만 우리는 될 수 있는 대로 해트사이드(Hatside)에 도착할 때까지 쉬지 않고 달렸다.

안개가 끼고 길을 잃어버려서 어디로 가야 할지 막막하기도 하였지만 어떤 어려움일지라도 그때마다 나의 도움을 어디에서 구해야 할지 알고 있었다. 안개가 곧 사라지고 내가 가려고 한 갬블스비(Gamblesby)를 먼발치에서 바라볼 수 있었다.

1750년 2월 28일 수요일

북풍을 얼굴에 가득 맞으며 말을 타고 갔다. 살을 에는 추위 때문에 블루베리에 도착했을 때에는 손과 발이 붙어있는지 조차 거의 느끼지 못했다.

1761년 1월 17일 토요일

새벽 설교를 마치자마자 말을 타고 떠났다. 내가 경험해본 중에 가장 고통스러운 날씨였다. 동틀 녘에 말을 타고 문을 나설 때 만난 것 같은 날카로운 바람을 전에는 느껴본 적이 없다. 상황이 나아지기를 기대하는 것은 헛된 일이었다. 내 한쪽 눈을 잃게 되는 것이 아닌가 생각할 정도였다. 세게 구타를 당한 것처럼 바람 때문에 한쪽 눈이 아파 한동안 그 눈을 사용하지 않았다. 가던 방향도 불확실해서 우리는 방향을 잡으려고 잠시 가

세상을 바꾼 기독교 혁명가, 존 웨슬리

던 길을 벗어났다. 그러나 좋지 않은 길을 더듬거리듯 전진하기를 계속하여 오후 3시에 노리치에 도착했다.[17]

1770년 7월 13일 금요일
오늘은 내가 런던에서 출발한 후 지쳐버린 첫날이었다. 맹렬한 더위가 내 영혼을 삼켜버렸다.[18]

길을 발견한 생애는 길을 떠난다. 길을 몰라서 헤매는 영혼들을 찾아가는 길이요, 참 길이 여기에 있다고, 알리기 위한 길이다. 웨슬리의 길은 바다로도 이어졌다. 그의 오랜 동반자였던 폭풍은 여전히 그와 함께했다. 웨슬리는 풍랑과 암초에 시달렸고 죽음의 위기를 겪었으며 기도했다. 그가 이틀 동안 바람과 파도에 난타 당했다는 기록을 〈저널〉에 남긴 1781년은 웨슬리의 나이가 78세가 되던 해였다. 참으로 기억할만한 노년(老年)이다.

1742년 3월 28일 일요일
저녁에 나는 웨일스를 향해 떠났다... 우리는 순풍 속에 출발하였다. 그러나 우리가 강의 거의 중간쯤 지날 때, 바람이 모두 사라졌고, 배는 밀물을 거슬러 나아갈 수가 없었고, 배가 암초 사이로 빨려 들어가는 바람에, 우리는 암초 중 하나에 걸려 이리저리 밀려서, 7시경에나 육지에 닿았다.

1750년 7월 23일 월요일
오후에 바람 방향이 거세게 남풍으로 바뀌어서 선장이 당황하는 것 같았다. 의심의 여지없이 밤에는 폭풍이 올 것으로 예상되었으며, 선장은 브리스톨 해협으로 들어가는 길을 우려하였다. 그는 칠흑 같은 어둠 속에서 암초들과 모래 사이에서 배가 난파되는 위험을 예상하였다. 내 마음속에는 그러한 상황이 더 깊이 다가왔다. "그들이 곤경 가운데서 주께 부르짖으매, 그가 그들을 고통으로부터 건지셨도다." 왜 우리도 그렇게 열심히 주님께 부르짖을 수 없을까? 즉시 바람이 잔잔해지며 부드럽게 불었고 2시간이 안 되어 우리는 브리스톨 해협으로 들어왔다.

그러나 위험은 끝나지 않았다. 11시쯤 나는 엄청난 소음에 깨어나 정신이 없었다. 선원들조차 손쓸 수 없는 맹렬한 돌풍과 천둥과 폭우 속에 우리가 처해 있는 것을 발견하였다. 번개가 번쩍일 때 외에는 바깥 바다를 한 치 앞도 볼 수가 없었다. 이러한 상황에서 그들은 두려워하며, 웰시의 모래사장에 배가 닿던지, 아니면 런디(Lundy)의 바위 해안에 닿던지 내버려 두었다.

그래서 그들은 돛을 올리고, 배가 나아가게 했다. 그러자 배의 움직임이 놀라웠다. 폭풍이 다시 불기 시작하였고 바람은 조수 방향과 반대로 불고, 파도는 산더미처럼 몰려왔다. 배에는 화물이 적재되지 않았으며, 균형을 잡아 주는 모래주머니도 없어서 순간마다 뒤집힐 듯이 흔들렸다. 너무 어두워서 선장과 선원들도 우리가 어디에 있는지를 알지 못하였으며, 우리가 모래톱과 암초와 백사장으로 뒤덮인 험하고 좁은 해협 안에서 흔들리고 있다는 사실 만을 알고 있었다.

하지만 하나님은 기도를 듣지 않으실까? 호퍼 씨와 나는 우리가 할 것은 다시 한 번 기도하는 것뿐이라고 확신하였으며, 믿음대로 잠시 후에 바람이 잦아들고 바다가 잔잔해지고 구름이 걷혀갔다. 그래서 우리는 작은 돛을 세우고 아침이 밝을 때까지 정숙하게 천천히 앞으로 나아갔다. 밤 9시경에 우리는 필(Pill)에 도착하여 말을 타고 브리스톨로 갔다.

1781년 4월 14일 토요일

아침 일찍 배의 문들이 닫혔다. 배가 격렬하게 요동치니까 우리의 말들이 너무나 동요하게 되었다. 그래서 말들이 배를 손상시키지 아니하도록 우리 말들을 죽여야 하지 않을까 걱정하였다. S부인은 나에게로 기어 왔고, 팔로 나를 안으면서, "오, 우리가 함께 죽을 것입니다!"라고 말하였다.

선창에 물이 3피트가 되었다. 그러는 동안에 우리는 바람이 부는 쪽으로 해안으로 악착같이 나아갔다. 선장이 "해안 쪽으로 키를 돌려라"고 외쳐도 배는 말을 듣지 않았다. 나는 우리 형제들에게 기도하도록 요청하였다. 우리는 곧 은혜의 보좌로 자유롭게 나아갔다. 조금 후에 우리는 홀리헤드 항구에 도착하였지만 나는 어떻게 그랬는지 알지 못한다. 이틀 밤낮으로 바람과 파도에 의해 충분히 난타를 당한 뒤였다.[19]

광야는 도저히 갈 수 없는 길이다. 뜨거운 태양과 사막의 바람을 맨몸으로는 견뎌낼 수 없다. 그래서 하나님은 구름 기둥으로 이스라엘을 덮어주셨다. 웨슬리에게도 하나님의 구름이 있었다. 〈저널〉에는 하나님의 날개 아래에서 터져 나온 웨슬리의 감탄을 전한다.

1755년 9월 6일 토요일

저녁에 세인트 저스트에서 설교했다. 그웬냅을 제외하고, 콘월에서 그러한 회중을 본 적이 없다. 내가 찬양을 시작했을 때, 태양이 (그렇지 않아도 어떻게 할 방법이 없지만) 내 얼굴에 한가득 내리쬐었다. 그러나 내가 찬양을 끝내자마자, 구름 하나가 올라와서, 설교를 다 할 때까지 태양을 덮고 있었다. 아무리 작은 일이라도 우리의 머리카락까지 세시는 그의 섭리 안에 있지 않은가!

1757년 5월 18일 수요일

오후에 할리팩스를 떠나, 아주 크지만 너무 쾌적하고 비옥한 산을 넘어 헵톤스톨에 갔다. 엄청난 수의 청중이 우리를 기다리고 있었는데, 운동장뿐만 아니라 이웃집 담장이나 지붕 꼭대기까지 사람들이 모여 있었다. 그러나 그들 중에 비웃는 자나 빈정거리는 자는 없었다.

내가 설교하는 동안 내내 이웃 계곡에는 비가 내렸으나, 우리가 있는 곳과 산꼭대기는 쾌청하였다. 아래에는 폭풍우가 몰아치는데, 하나님이 우리를 평안한 곳으로 이끄시는 이 표적이 무엇인가!

1757년 6월 26일 일요일

8시에 게이츠헤드에서 설교했고, 정오경에 쉽 힐에서 설교했고, 오후 5시에는 팬던 게이트(Pandon-Gate) 근처 뉴캐슬에서 설교했다. 설교를 마칠 때까지는 비가 퍼부을 듯하다가, 설교를 마치자 퍼붓기 시작했다. 하나님 나라의 확장을 위해 하나님께서 시간과 작은 일들까지도 얼마나 잘 활용하시는지!

길에는 후회가 있다. 장한 의기로 떠나갔지만, 태양에 몸을 태우고, 추위에 **뼈**를 깎으며, 바람에 살을 베이면서, 나그네는 비로소 후회한다. 그러나 웨슬리는 후회하지 않았다. 후회를 넘어서게 하는 의미와 보람이, 길 위에 있었다.

1761년 5월 23일 토요일

플레이시로 말을 타고 건너갔다. 가고 오는 길 모두 흠뻑 젖었다. 그러나 나는 내 여행을 후회하지 않았다. 상당한 수의 사람들이 모였고, 사람들 대부분이 하나님을 즐거워할 수 있었다. 위대하고 값진 모든 약속이 이룰 시기가 참으로 무르익었고, 그들은 매우 기쁜 마음으로 이 약속을 받아들였다.

1768년 12월 30일 수요일

도버로 말을 달렸는데, 심한 폭풍이 일어나기 바로 직전에 도착했다. 폭풍은 사람들을 못 오게 막지 못했다. 많은 사람은 집회소가 가득 차서 돌아가야만 했다. 우리가 가는 모든 항구 도시들에는 말씀을 들으려는 사람들의 뜨거운 열기로 가득 찼다! 분명 하나님께서 이 나라를 사방으로 포위하시며, 모든 입구에서부터 공격하고 계신다!

1787년 8월 30일 목요일

나는 저녁에 옥외에서 말씀을 전할 계획이었으나 바람이 너무 심하게 불어 집회장으로 들어와야 했다. 그러나, 내가 갈라디아서 6장 14절 말씀을 자세히 설명하는 동안, 많은 사람이 양 날이 선 검과 같은 말씀의 날카로움을 느꼈기 때문에, 우리의 수고는 허사로 돌아가지 않았다.

말 못하는 말(馬)들의 헌신

52년의 기나긴 세월 동안, 지구를 일곱 바퀴 반에서 열 바퀴를 도는 머나먼 거리를, 웨슬리와 함께 했던 동료는 말이었다. 웨슬리가 갔던 길은 오늘날과 같은 고속도로도, 포장도로도 아니었다. 말과 마차가 겨우 지나갈 수 있는, 거칠고 위험한 시골길이었다. 말이 갈 수 없는 길도 있어서, 웨슬리는 말에서 내려 걸어가서 설교하기도 했다.

세상을 바꾼 위대한 부흥의 주역으로 하나님은 웨슬리와 함께 말을 사용하셨다. 웨슬리는 평생 18마리의 말을 탔다. 말 못하는 짐승이었지만, 그들은 생명을 바쳐서 헌신했다. 말들은 달리다가 넘어져 다리가 부러지고, 배가 터지고, 눈이 나뭇가지에 찔려서 시력을 잃었다. 웨슬리와 함께 말들도 폭도들의 표적이었다. 말들은 돌에 맞고 막대기에 맞아서 죽었다. 말들은 늙고 지쳐서 더 이상 달리지 못하게 되었고, 병들어서 죽기도 했다.

일생의 동반자였던 말들을, 웨슬리는 아껴주고 보살폈다. 메소디스트의 총회에서 설교자들에게 말에 대한 사랑을 권면하기도 했다. 자주 쓰다듬어 주고, 잘 재우고, 잘 먹이고, 친절하게 대해 주어야 한다고 말했다.

말 위에서 많은 시간을 보냈던 웨슬리는 말에 탄 채 책을 읽는 기술을 개발했다. 이것이야말로 인류 역사에 기여한 신기술이다! 웨슬리가 어마어마한 거리를 돌아다니면서도 계속해서 책을 읽고 지적으로 성장하며 수많은 책을 저술할 수 있었던 비결이 바로 이 기술이었다. 1770년에 웨슬리는 썼다.

"나는 지난 30년간 말 잔등에서 독서하는 동안 말이 흔들리지 않게 할 수 있는 방법을 연구해 왔다. 그 결과 나는 말고삐를 말목에 걸어 놓고 가는 것이 최선이라는 것을 발견하였다. 그렇게 하면 독서에 열중하면서 10마일을 가도 책 읽는 동안에 말이 비틀거리지 않는다. 말고삐를 꽉 잡아야 한다는 것은 큰 착오다. 그러나 어떤 말은 그렇게 할 수가 없다."

〈저널〉은 말과 사람이 함께 겪었던 고초를 전한다.

1739년 6월 24일 일요일

로즈 그린으로 말을 타고 갔다. 길이 평탄하고 좋았다. 그런데 말이 갑자기 머리를 치켜들더니 나가떨어졌다. 나는 크게 다치지는 않았으나 한쪽 옆구리에 다소 상처를 입었다. 당장에는 큰 고통을 느끼지 못했기 때문에, "너희가 먹든지 마시든지 무엇을 하든지 다 하나님의 영광을 위하여 하라"는 중요한 말씀에 기초해서, 약 6천명 내지 7천명의 사람들에게 설교했다.

1744년 3월 11일 일요일

브리스톨에서 며칠을 보내는 것이 아주 필요하다는 생각이 들어서 저녁에 집에서 출발했다. 다음 날 뉴베리를 통과할 때, 말이 쓰러지는 바람에 나는 구덩이에 처박혔다. 다치지는 않았다.

1748년 4월 6일 수요일

내가 말을 타자마자 어떤 특별한 이유 없이 말이 자꾸 뒤로 가려 했다. 누군가가 뒤에서 이 말 엉덩이에 채찍질을 했고, 나는 앞에서 채찍질을 했는데, 이는 소용없는 일이었다. 내 말은 앞으로 뒤로 껑충껑충 뛰었다. 결국 맞은편에 있는 대문에 부닥쳤는데 나는 다치지 않았고 그후로 그 말이 조용해졌다.

1751년 1월 30일 수요일

아침 일찍 출발하였는데, 심한 서리가 내렸고, 북서풍은 정면으로 내 얼굴을 때렸다. 길이 너무 미끄러워 말들이 간신히 설 수도 없을 지경이었는데, 그중 한 마리는 넘어져서 머리를 땅에 박아 몹시 크게 다쳤다. 그런 와중에서도 우리는 하나님의 도우심으로 저녁 7시에 무사히 옥스퍼드에 도착하였다.

1752년 6월 15일 월요일

나는 이번 여행에서 전에 경험하지 못했던 크고 작은 여러 가지 시련을 겪었다. 나는 맨체스터에서 출발할 때, 힘이 센 말을 한 필 빌려 탔다. 그러나 그 말은 내가 그림즈비에 도착하기 전에 발을 절기 시작하였다. 그래서 다시 말을 구했는데 뉴캐슬과 버릭 중간쯤에서 말에서 내릴 수밖에 없었다. 맨체스터로 돌아오는 길에는 내 말을 탔다. 그러나 내 말도 초원을 지나가는 도중에 발을 절기 시작하였다. 그래도 나는 오늘 4~5마일 정도는 더 타고 갈 수 있으리라고 생각하였는데, 결국은 쓰러지고 말았다. 숨소리가 들리지 않기에 확인하니 죽었다.

그러나 나는 최근에 사 놓은 말이 또 한 필 맨체스터에 있다고 생각하면서 스스로 위안을 얻었다. 그러나 내가 그곳에 도착해 보니 어떤 사람이 내 말을 빌려가서 그 말을 타고 체스터로 가 버렸다.

1758년 10월 16일 월요일

나는 캔터베리로 말을 타고 갔다. 우리가 도시에 들어서자마자, 포장도로에서 돌이 날아와서 내 암말의 다리를 세게 때려서 말이 즉각 넘어졌다. 나는 안장 위의 자리에서 그대로 있었으나, 말이 일어나려고 애쓰다가 내 위로 굴러버렸다. 말이 일어났을 때, 나도 일어나려고 애썼으나 내 오른쪽 다리와 허벅지가 움직일 수 없었다. 착한 이발사가 나와서 나를 일으켜서 그의 가게 안으로 데리고 갔다. 나는 많이 다쳤다는 것을 느끼면서 냉수 한 그릇을 청해 마시자, 즉시 편안해졌다.

1764년 7월 25일 수요일

4시 조금 넘어서 말을 타고 떠났다. 2시경에 슈루즈베리에서 42-43마일 떨어진 란니들로스 시장터에서 설교하고, 3시에 산을 넘어 파운틴헤드(Fountain-head)로 갔다. 거기서 묵으려 했으나 B씨가 못마땅하게 여기는 바람에 7시가 넘었는데도 다시 떠날 수밖에 없었다.

출발한 지 1시간이 지나서야, 처음 출발할 때 방향을 잘못 잡아 전혀 다른 길로 가고 있다는 것을 알게 되었다. 넓은 지역을 몇 개 넘어야 한다고 들었으나 조그만 습지를 지나니 더 이상 길이 있지 않았다. 다행히 가던 길에 조그만 집이 있어 물어보니 집주인은 친절하게 자기 말을 타고, 언덕을 넘어 우리를 큰길까지 안내해 주면서 그 길만 따라가면 곧장

로즈 페어(Rose-Fair)로 갈 수 있다고 알려주고 돌아갔다.

그 길을 따라가다가 다른 사람을 만났는데 그는 "아닙니다. 이 길은 애버리스트위스(Aberystwith)로 가는 길입니다. 로즈 페어로 가시려면 되돌아가서 저쪽에 있는 다리를 건너야 합니다"하고 일러주었다. 다리 근처에 이르러 조그만 집이 있어 주인이 다음 마을로 가는 길을 가르쳐 주었으나, 또다시 방향을 잘못 잡았다(그때 이미 9시가 지난 시간이었다).

1시간 정도 산속에서 바위와 늪과 절벽 가운데서 헤매다가 간신히 다리 근처에 있는 오두막집으로 돌아오고야 말았다. 그곳에서 쉬려고 했으나 술 취한 광부들이 소란을 피우는 통에 쉴 수 없었고, 거기다가 침대라고는 하나밖에 없었고 말이 먹을 수 있는 풀도, 건초도, 옥수수도 없었다. 광부 중에서 한 명을 안내자로 고용해 로즈 페어로 떠났으나, 그는 대단히 취해 있었다. 시냇물을 건너다 물에 빠지면서 서서히 제정신이 들기 시작하였다.

12시가 다돼서야 여관에 도착하였는데, 여기에서도 건초를 구할 수 없었다. 우리가 자는 동안 선량한 마부와 광부는 우리 짐승들을 타보기를 원했던 것 같다. 우리가 일어나기 조금 전에 짐승들을 마구간으로 집어넣은 것 같다. 노새는 여러 군데 찢겨져 있었고, 내 말도 엉덩이가 예리한 건초용 포크에 찔린 듯하고 등에 난 상처에는 피가 나고 있었다.

1760년 3월 10일 월요일

우리는 계속 전진해서 산마루에 도착한 후, 매우 고생해서 말들을 내려오게 하여 다시 반대쪽 산으로 올라가는 길을 탔다. 산 정상에 가보니 이 길도 끊겨 있었다. 우리는 또다시 계속 전진하는 것이 최선이라고 생각했다. 그러나 얼마 안 있어 내 말이 수렁에 빠지고 말았다. 말이 한쪽으로 나를 내동댕이치고 허우적거리다가 빠져나온 후, 우리는 산을 내려가기 위해 애썼다. 나는 그렇게 가파르고 수렁과 큰 돌들이 뒤섞여 있는 그런 곳을 걸어본 적이 없었다. 사람도 말도 전혀 다치지 않고 모두무사히 아래까지 도착한 것은 기적이나 다름없었다.

1768년 9월 23일 금요일

시골을 가로질러 찰턴으로 갔다. 그곳에서 기다리고 있는 회중을 만났다. 오후에 우리는 림프샴(Lympsham)으로 계속 이동했는데 약간의 어려움이 있었다. 그곳에는 물이 범람하고 있어 말을 타든 걸어가든 쉽게건너갈 수 없었다. 내가 탄 말이 도랑에 빠져서 물 쪽으로 넘어졌다. 나는 한 발자국도 움직일 수 없었다. 마침 그때 어떤 사람이 나를 어깨에메어 들고나와 가까스로 빠져나올 수 있었다.

웨슬리는 50대에 들어서면서 마차를 이용하기 시작했다. 말을 독서실과 기도실로 사용했던 웨슬리는 마차 역시 다양하게 활용했다. 그의 마차는 수레, 기도실, 독서실, 침실, 안식처 그리고 식당이었다. 말이 수난을 겪었던 것과 마찬가지로, 마차에서도 다양한 사고가 났다.

1763년 6월 20일 월요일

정오에 맥스필드에서 설교했다. 그동안 건강이 안 좋았고, 아직 완전히 회복되지 않아서 우리 형제가 나를 사륜 마차에 태워 버슬렘으로 보내기를 고집했다. 4시와 5시 사이에 사륜 마차에서 내려 내 말을 탔다.

곧 비명이 들려 뒤돌아봤다. 사륜 마차가 뒤집힌 것을 보았다(바퀴가 난폭하게 돌에 부딪혔다). 돌진하다가 마차가 거의 산산이 부서졌다.

1765년 12월 18일 수요일

버러(Borough, 시내)를 향해 말을 타고 가고 있는데 말이 그만 넘어지면서 발이 말 아래로 깔리게 되었다. 어떤 신사가 뛰어나와 나를 도와 꺼내 주었으며 그의 상점으로 데리고 갔다. 매우 심하게 다쳤으나 정신을 차리는데 좋은 약과 물을 받아먹고 나니 기운이 났다. 몇 분간 쉰 다음 마차를 탔다. 추위를 느끼게 되었을 때 아주 몸이 좋지 않은 것을 알게 되었다. 오른팔과 가슴과 발과 발목에 심한 타박상을 입어 매우 많이 부어 있었다. 그렇지만 쇼어햄까지 가서 하루에 두 차례나 당밀을 발랐으므로 아픔도 가셔지고 기운도 다소 회복되어 조금은 걸을 수 있게 되었다. 하나님의 말씀은 여기에서도 열매를 맺고 있었다.

1771년 12월 25일 수요일

파운더리에 있는 채플에서 새벽, 오전과 오후에 설교했다. 거기에서 돌아오는 밤길에 대형 사륜 마차 한대가 내가 탄 역마차를 향해 돌진해서 마차의 끌채 중 하나와 말과 마차를 묶은 줄을 동강내 버렸다. 나는 이런 사건에도 불구하고 사람도 짐승도 전혀 다치지 않았음에 진정으로 감사했다.

1774년 6월 20일 월요일

9시경에 호퍼 씨, 스미스 씨와 함께 호슬리로 향했다. 스미스 씨의 부인과 어린 두 딸을 내가 탄 마차에 태웠다. 그 도시에서 2마일 정도 떨어진 산등성이에서 무슨 문제가 없었는데도 두 마리의 말이 갑작스럽게 뛰더니 활시위를 떠난 화살같이 쏜살같이 언덕을 내리달았다. 눈 깜짝할 사이에 존은 마부석에서 떨어졌다.

그러자 말들은 전속력으로 오른편 도랑의 가장자리를 지나기도 하고, 때로는 왼편으로 내달리기도 했다. 마차 하나가 맞은편에서 올라왔다. 말들은 마차 안에 마부가 타고 있는 것처럼 용케 상대를 잘 피했다. 언덕 아래에 좁은 다리가 있었다. 말들은 다리 중간을 향해서 곧바로 달렸다. 말들은 같은 속력으로 다음 언덕을 향해 올라갔다. 우리를 마주쳐 오는 사람들은 길을 비켜갔다.

언덕 꼭대기 근처에 농부의 뜰 안으로 향하는 대문이 있었다. 그 문은 열려있었다. 말들은 잠시 방향을 바꾸더니 대문을 통과했는데 문도, 건너편 기둥도 닿지 않고 대문 안으로 들어갔다. '뜰 반대편에 있는 대문은 닫혀있을 것이기 때문에 말들은 곧바로 멈출 것이다'라고 나는 생각했다. 그러나 말들은 반대편 문을 마치 거미줄을 지나가듯 통과해서 옥수수 밭쪽으로 질주했다. "할아버지 살려주세요!"라고 어린 소녀가 비명을 질렀다.

나는 그들에게 "아무 일 없을테니 겁내지 마라!"고 말했는데, 마치 내 서재에 앉아 있는 것처럼 담담하게 말했다. 말들은 가파른 벼랑 끝에 가서야 멈췄다. 우리를 따라잡지 못했던 스미스 씨가 어느새 말 사이로 끼어들어 말들은 금방 멈췄다. 만약 말들이 조금만 더 나아갔다면, 스미스 씨와 우리는 함께 절벽으로 추락했을 것이다.

말과 함께 하는 전도여행은 하나님이 동행하시고, 동시에 사탄이 방해하는 길이었다. 웨슬리는 말이 다치고 마차가 고장 나는 순간을 활용하셔서, 예기치 못한 만남을 주시는 하나님을 기억한다. 동시에 "경험이 많은 그 살인마"가 구원의 길을 막기 위해서 말을 공격했던 기록도 남겼다.

1743년 8월 22일 월요일

우리 중 몇 명이 기도에 합류한 후에, 약 4시경에 스노우 힐(Snow-Hill)로 천천히 말을 타고 출발했다. 거기서 안장이 내 암말의 목에서 미끄러지는 바람에 나는 말의 목에서 떨어졌고, 그 말은 스미스피드(Smithfied)로 달려 돌아갔다. 어떤 소년들이 그 말을 잡아서 내게로 다시 데려왔다. 그들은 도중에 내내 저주하고 욕설했다. 나는 그들에게 분명하게 말했고 그들은 고치겠다고 약속했다.

내가 출발하고 있을 때, 한 사람이 소리쳤다, "선생님! 당신은 말안장 깔개를 잃어버렸어요." 내가 말안장을 다시 채우기 위해서는 두세 명 이상이 도울 필요가 있었다. 그러나 이 사람들은 거의 모든 말마다 욕설을 했다. 나는 돌아서서 이 사람 저 사람에게 사랑으로 권면했다. 그들은 모두 그것을 좋게 받아들였고 나에게 매우 감사했다. 그들에게 두세 권의 소책자들을 주었다. 그들은 그것을 주의 깊게 반복해서 읽을 것을 약속했다.

켄싱턴(Kensington)에 도착하기 전에, 내 말이 말굽을 잃어버린 것을 알았다. 그 덕분에 나는 대장장이와 그의 종에게 거의 반 시간 동안 친근하게 말할 기회를 가지게 되었다. 그리스도께서 죽은 영혼들에게 사랑을 느낄 때, (만약 내가 그렇게 말해도 된다면) 우리가 모든 작은 시간을 활용하는 것이 얼마나 쉬운지를 보여주기 위해, 하나님은 이런 작은 환경들을 제공하신다.

1787년 5월 29일 화요일

경험이 많은 그 살인마는 나를 해치지는 못했지만, 그는 여전히 나의 말들을 괴롭히는듯했다. 나는 말 한 마리를 더블린에 두고 와야 했고, 이후에 다른 한 마리도 그렇게 해야 했다. 그 말 두 마리를 대체하기 위해 두 마리를 더 샀다. 세 번째 말은 곧 어깨가 흉하게 부풀어 올라서 우리가 계속 여행을 할 수 있을까 하는 의구심이 들었다. 클론스에 사는 한 소년이 네 번째 말을 타고 돌밭 길을 넘어갔는데 (내 생각에 전력질주를 하지 않았나 싶다), 말이 쓰러져서 거의 절름발이가 될 뻔하였다. 그러나, 우리는 살살 어걸룬(Aughalun)으로 갔다.

라텐베리는 존 웨슬리를 '주님의 말 타는 사람(the Lord's horseman)' 이라고 불렀다. 말 타는 사람으로서, 웨슬리는 사람의 힘으로 아무것도 할 수 없는 상황을 만났다. 주님의 사람으로서, 웨슬리는 기도했고 응답 받았다. 〈저널〉은 말과 함께 경험한 기도의 응답을 간증한다.

1746년 3월 17일 월요일

뉴캐슬을 떠나 다운스 씨 그리고 셰퍼드 씨와 함께 출발했다. 하지만 우리가 스메톤에 왔을 때 다운스 씨는 많이 아파 더 갈수가 없었다. 셰퍼드 씨와 내가 스메톤을 떠날 때 내가 탄 말이 심하게 절룩거려 나는 그 말을 쉬게 했었어야 했는지 걱정이 되었다. 우리는 무엇이 잘못된 것인지 분별하지 못했는데 말은 땅을 거의 딛지 못했다. 그러한 상태로 7 마일을 타고 나자 나는 완전히 지쳤고 내 머리는 지난 몇 달 간 아팠던 것보다 더 심하게 아팠다(여기에서 내가 말하는 것은 사실 그대로다. 사람마다 자기 좋은 대로 판단하겠지만).

그때 나는 '인간이든 짐승이든 하나님이 원하시면, 어떤 수단이나, 기적을 일으켜서라도 고치실 수 있지 않을까?' 라고 생각했다. 즉시 나의 피곤과 두통이 멈추었고 말의 절름거림도 동시에 사라졌다. 말은 그날도 다음날도 더 이상 절름거리며 지체하지 않았다. 이 얼마나 놀라운 일인가!

1781년 9월 5일 수요일

우리가 톤턴을 떠난지 1시간 후에 역마차 말 중의 하나가 갑자기 너무나 절어서 발을 땅에 거의 댈 수 없었다. 사람의 어떤 도움도 불가능하므로, 나는 기도 이외에 어떤 치료책도 알지 못하였다. 절름거리는 것이 즉시 사라졌고, 말은 이전처럼 움직였다.

불과 지진, 건물 붕괴와 강도의 위험

웨슬리는 여러 번 화재의 현장에 있었다. 전도여행 중에 머물렀던 숙소의 인근에서 불이 나기도 했고 런던의 파운더리 예배당이 불길에 휩싸일 뻔한 적도 있었다. 그의 아버지가 불길에 휩싸인 목사관에서, 더이상 아무것도 할 수 없어 하나님께 맡기며 기도한 것처럼, 웨슬리도 기도 이외에는 아무것도 할 수 없는 불길을 경험했다. 아버지의 기도가 응답된 것처럼, 아들의 기도도 응답되었다.

웨슬리는 땅이 흔들리는 지진, 건물이 무너지는 사고를 겪기도 했다. 당시의 영국에는 강도들이 출몰했는데, 다행스럽게도 피해갔다. 웨슬리는 그것을 하나님의 보호하심과 은혜라고 간증했다. 〈저널〉이 증거하는 사건과 사고의 기록이다.

1765년 7월 9일 화요일

11시에 바로 옆집에서 "불이야" 하는 외침 소리에 잠에서 깨어났다. 불길이 너무 환해서 떨어진 바늘 한 개도 집어 올릴 수 있을 정도였다. 불똥이 사방으로 날아갔다. 이웃의 집들은 불이 붙을 것을 몹시 두려워하였다. 왜냐하면 집들의 지붕이 짚으로 되어 있었기 때문이다. 하지만 1시간 전에 내린 맹렬한 소나기가 초가지붕들을 적셔놓았기 때문에 불길이 빨리 번질 수 없었다. 2시간 이내에 모든 불은 꺼졌다. 그래서 우리는 안심하고 남은 시간 잠을 잤다.

1773년 7월 27일 월요일

새벽 4시에 갑작스러운 돌풍과 함께 우르릉하는 소리가 들리며 땅이 흔들렸다. 그리고 곧 지진이 뒤따랐다. 지진은 한 농가를 흔들었고 집을 1야드 정도 옮겨 버렸고, 창고는 15야드 정도 밀려가서 땅의 커다랗게 갈라진 틈으로 삼켜졌다. 그 중에 커다란 틈새에는 15~20피트 높이의 언덕이 솟아올랐다. 지진이 울타리와 두 그루의 참나무를 밀고 가서 원래 상태보다 40피트 더 높은 곳으로 옮겨놓았다.

그리고 강바닥을 이동시켜 놓았는데 더 큰 저항력으로 인하여 더 큰 충격을 받아 강바닥이 산산이 갈라졌고, 원래 있던 바닥보다 30피트 정도 높은 곳으로 밀려 올라갔다. 강바닥과 많은 참나무가 이 수로에 쌓여서 강의 흐름이 세 번이나 막히면서 놀랍도록 격렬하게 거꾸로 흘러 새로운 수로를 만들었다.

내가 전에 상상도 해 보지 못했던 놀라운 광경이었다. 하나님께서 지구를 무섭게 흔드실 때 떨지 않을 자가 있겠는가?

1774년 11월 13일 일요일

온종일 많은 일을 한 후 언제나 그러하듯이(9시 30분에) 쉬려고 누웠다. 하인들에게 "노리치로 가는 마차가 4시에 출발하기 때문에 3시에 일어나야만 한다"고 말했다. 이 말을 들은 하인 중 한 명이 문을 두드려서 내가 기대했던 것보다 더 빨리 일어나 옷을 입었다. 그러다가 시계를 보자 이제 겨우 10시 30분이었다. 어떻게 하는 것이 좋을지 생각하는 동안에 아래쪽에서 많은 사람의 소란스러운 소리를 듣고서 창문을 통해 뜰을 바라보았는데, 마치 대낮과 같이 밝았다. 그 시간에 엄청난 화염이 집 주위를 둘러싸고 있었다. 집의 윗부분은 목조를 사용해서 불이 쉽게 붙을 수 있었다.

우리가 있는 곳에서부터 아주 가까운 뜰의 대부분은 화염으로 뒤덮여 있었다. 북서풍이 불면서 그 불꽃은 금방 파운더리로 옮겨 붙을 기세였지만, 물도 없어서 아무런 도움을 줄 수가 없었다. 내가 할 수 있는 것은 아무것도 없다는 생각이 들어서 내 일기와 논문과 친구의 집에 관련된 장부를 챙겼다.

하나님의 손에 달린 일이고, 하나님이 무엇이든 최선의 방법으로 행하실 것을 알았기 때문에 두려움은 없었다. 곧 바람의 방향이 북서풍에서 남동풍으로 바뀌었고, 우리 집에 있는 펌프에서 대량의 물을 소방차에 공급했다. 2시간 후 모든 위험한 상황은 종료되었다.

1777년 6월 11일 수요일

콜른의 새 설교집회장에서 설교하기로 하였다. 충분히 사람들이 모일 것으로 생각하고, 나는 좀 일찍 갔는데, 자리가 거의 반이 찼다. 2분 정도 지나 150명 내지 200명의 사람들이 있는 왼쪽 자리 전체가 갑자기 무너졌다. 높이와 사람들의 무게를 생각하면 수많은 사람이 목숨을 잃은 것으로 생각되었다. 그러나 한 명의 사상자도 발생했다는 것을 듣지 못했다. 하나님께서 당신을 두려워하는 그들을 보살피기 위해 천사들을 보낸 것은 아닌가? 허둥지둥 사태가 수습된 후에, 나는 인근의 초원으로 가서 조용히 하나님의 뜻 전체를 선포하였다.

1777년 12월 17일 수요일

요즈음 바스의 도로를 왕래하는 우편 마차, 특히 밤에 운행하는 마차의 마부들 사이에는 은밀히 서로 짜고, 자기의 손님들을 다른 강도 마차꾼에게 넘기는 일이 빈번하게 일어나고 있었다. 마부가 미리 약속된 장소에 마차를 세우면 그곳에 미리 기다리고 있던 다른 마부가 그들을 습격하였다. 그 결과 많은 사람이 강도를 당했으나, 나에게는 아직 선한 보호자(하나님)가 있었다. 그 길을 밤이건 낮이건 다녔지만 40여년이 지나도록 한 차례도 당하지 않았다.

1782년 8월 14일 수요일

아침 1시경에 우리는 세 명의 노상강도들이 길에서 우리를 기다리고 있으며 그들이 먼저 지나갔던 모든 마차를 강탈하였다고 들었다. 그들 중 몇몇은 1-2시간 안의 거리에 있다. 그러나 나는 그것 때문에 어떤 불안도 느끼지 않았다. 하나님께서 우리를 돌보실 것을 알기 때문이다. 그리고 하나님께서 그렇게 하셨다. 우리가 해당 장소로 오기 전에 모든 노상강도가 잡혔기 때문이다. 그래서 우리는 해를 당하지 않고서 지나갔다. 오후 일찍 우리는 브리스톨에 안전하게 도착했다.

1781년 12월 30일 토요일

밤 1시와 2시 사이에 깨어보니 환한 빛이 채플을 비추는 것을 목격하였다. 가까이에서 불이 났다고 쉽게 결론을 내렸다. 아마도 인접한 목재 야적장에서 난 것 같다. 그렇다면, 곧 우리는 잿더미에 놓일 것이다. 나는 먼저 모든 가족에게 기도하도록 요청하였다. 그런 후에 우리는 밖으로 나갔다. 약 100야드 떨어진 곳에서 불이 났고 바람이 남쪽으로 부는 동안 불이 일어났음을 알았다. 어떤 뱃사람이 "그만! 그만! 바람이 곧 바뀐다!"라고 외쳤다. 우리가 기도하는 동안 바람이 서쪽으로 바뀌었다. 그래서 불길이 우리 쪽으로부터 물러갔다. 그런 후에 우리는 감사하면서 돌아왔다. 그 나머지 밤 시간을 잘 쉬었다.

냄새나는 길바닥의 강단

웨슬리의 큰 형 사무엘은 길거리에서 설교하는 복음주의자들을 혐오했다. 그는 동생인 찰스와 존이 런던의 슬럼가 거리에서 설교하느니, 차라리 벽에서 밀짚을 뽑아내는 짓이 더 고상하다며, 비난을 퍼부었다. 사실은 사무엘을 격분하게 했던 슬럼가의 거리보다 더 지독한 곳에서 웨슬리는 설교했다. 그의 숙소와 설교 장소 중에는 참을 수 없는 악취를 풍기는 곳들도 많았다. 진실로 그는 거리의 설교자요 민중의 예언자였다. 〈저널〉이 목격하는 민망스런 강단의 기록이다.

1759년 11월 23일 금요일

도로가 너무 미끄러워 우리는 매우 힘들게 베드퍼드에 도착했다. 매우 많은 사람이 모였는데, 룸 밑에 사는 돼지의 악취가 너무 심했다. 설교하는 곳이 돼지우리 위에 있다니! 이런 곳이 또 어디 있을까? 그런 곳에 설교를 들으러 오는 사람들은 분명 복음을 사랑하는 사람들임이 틀림없다.

1761년 6월 22일 월요일

11시에, 비록 내 몸은 아주 쇠약해졌지만, 설교를 한 번 더 했다. 그리고 모든 신도회의 청지기들을 만났다. 그런 후 나는 말을 타고 스톡슬리에 가서 작은 신도회를 점검하고, 기스버러로 계속 갔다. 태양은 뜨겁게 타올랐으나 15분 안에 구름이 끼어들었고, 해는 더 이상 우리를 괴롭히지 못했다.

그 도시의 한 신사의 요청으로 나는 시장터에서 설교하기로 했다. 그곳에 나를 위해 탁자가 준비되었으나 그 주변이 나빴다. 냄새가 고약한 생선의 악취가 너무 심했기 때문에, 나는 거의 질식할 것 같았다. 사람들은 바다의 파도처럼 술렁거렸다. 그러나 주님의 목소리가 더 강력했다. 몇 분 안에, 군중들 전체가 조용했고, 내가 다음 말씀으로 선포할 때 진지하게 귀를 기울였다.

1768년 9월 16일 금요일

심하게 비가 내리는데도 폴페로(Polperro)로 갔다. 투숙한 방이 정어리살과 붕장어로 가득 차서 그 냄새를 견딜 수 없었다. 그래서 친구 중 한 자매가 나더러 자기 집에 묵으라 했을 때 나는 지체 없이 따라나섰다.

1769년 4월 19일 수요일

비가 와서 차라리 엠고프 씨의 정원에서 설교하기로 작정했다. 비가 더 많이 내리므로 우리는 비를 피하기 위해 그의 건물 중 하나로 들어갔다. 마구간에서 설교하는 것은 이번이 처음이었다. 내가 아르마에서 설교했던 그 어떠한 설교들보다 훨씬 더 많은 선한 일들이 이렇게 해서 이루어졌다고 나는 믿는다.

1769년 10월 24일 화요일

알스톤(Alston)의 엿기름 만드는 방(malt-room)에서 설교했다. 그런데 모여든 많은 사람 때문에 내 머리 한쪽은 뜨거웠고, 옆에 있는 창문을 열어놓아 다른 한쪽은 추웠다.

1784년 3월 29일 월요일

스태퍼드로 가는 중 셰리프 헤일즈에서 권면의 말을 전했다. 거기에 도착해서, 나는 아무런 광고문도 붙어 있지 않다는 것을 알았다. 그래서 예전에 마구간이었던 초라한 곳에서 정말 소수의 사람에게만 말씀을 전해야 했다.

길에서 남긴 단상(斷想)

존 웨슬리는 뉴캐슬의 풍광(風光)을 좋아했다. 대영제국 최고의 휴양지라고 평가했다. 만약 '더 좋은 세상'이 있다는 것을 믿지 않았다면, 그곳에서 여름휴가를 보냈을 거라고 말했다. 하지만 그에게는 더 좋은 세상이 있었다. 1759년 6월 4일의 〈저널〉에서 웨슬리는 '세상을 떠도는 방랑자'가 된 것으로 만족한다고 고백했다.

더 좋은 세상으로 가는 길을 전하며 이 세상의 방랑자로 살았던 웨슬리는, 그러나 이 세상의 아름다움에 심취하기도 했다. 비에 젖고 바람을 맞으면서도 눈앞에 펼쳐진 자연의 파노라마를 즐겼다. 웨슬리는 경건주의자요 전도자였지만 엄숙하거나 딱딱하지 않고, 언제나 유쾌하고 명랑한 사람이었다. 그는 복음적 낭만주의자(evangelical romantist)였다.[20] 말을 타고 영국 전역을 다니면서, 가는 곳마다 아름다운 자연을 감상하고 즐거워하였다. 특히 웨슬리는 말을 타고 달리면서 노래 부르기를 좋아하였다. 오래된 유적지를 둘러보며 감회에 젖기도 했다.

1760년 8월 19일 화요일

비가 조금씩 자주 내려서 공기를 시원하게 하고 먼지를 가라앉혔다. 우리는 폐허 속에서도 웅장한 킬케니에서 저녁 식사를 했다. 나는 아일랜드에서 그 같이 웅장한 유적은 본 적이 없다. 강 위에 드러누운 바위 위에 세워진 고(故) 오르몬드 공작의 집과 고대의 대성당, 많은 웅장한 건물의 잔해들은 내게 잠깐 우수에 잠기는 즐거움을 주었다.

작은 권력, 작은 통치는 잠시,

위대하고 힘 있는 자들이 가진 모든 것은

겨울날의 한 줄기 햇살이라네.

요람과 무덤 사이의 인생에서!

조롱과 저주, 협박

진짜가 나타나면 가짜는 분노한다. 부흥운동이 시작되자마자, 신랄한 비난과 욕설, 저주와 조롱이 쏟아졌다. 존 웨슬리가 야외설교를 시작한 날짜가 1739년 4월 2일인데, 그 해가 가기 전에 벌써 대적자들의 책자가 출판되었다. 그것은 메소디스트들을 비난하고 조롱하는 풍자시로 가득 찬 28쪽의 시집이었다.

런던 전역에 퍼졌던 시집은 이렇게 시작했다. "그들은 규칙에 따라 먹고 규칙에 따라 마신다. 모든 것을 규칙에 따라서 행하며 산다. 그리고 약점 있는 성직자를 헐뜯고 평신도의 인기를 얻으려는 생각만 한다. 규칙만이 그들의 안내자요 구세주다. 그들은 제 이름대로 사는 존재들이다."

대적자들은 웨슬리의 집회에 참석하여 소리를 지르고 비난하며 저주와 욕설을 퍼부었다. 목을 잘라버리겠다고 위협하기도 했다. 웨슬리가 술을 밀반입했으며, 스페인과 한통속이 된 반역자이고, 가톨릭이라는 유언비어도 퍼졌다. 스스로 그리스도인임을 자처하며, 진심으로 그리고 힘써서 웨슬리에 대한 거짓말을 퍼뜨리는 자들도 있었다.

1740년 4월 9일 수요일

오후에 하웰 해리스를 만났는데, 그는 많은 사람이 나에 대하여 편견을 갖도록 얼마나 열심히, 진심으로 애를 쓴다는 소문을 전해주었다. 그는 특히 브리스톨에서 떠도는 모든 헛된 이야기를 수집하여 전하고, 그 이야기들이 자기 고장에 퍼져있다고 얘기해 주었다.

그런데도 이들이 소위 좋은 그리스도인이란다! 이 고자질 하는 자들, 이야기 전달자들, 험담하는 자들, 악마를 논하는 자들! 바로 살인, 혹은 간음을 한 것과 다름이 없는 그리스도인들 "너희도 만일 회개하지 아니하면 다 이와 같이 망하리라."

1740년 4월 14일 월요일

우리가 "예수의 피를 힘입어 성소에 들어갈" 수 있는 "자유"에 대해 말씀을 전하고 있을 때, 한 사람이 힘들어하며 이렇게 소리쳤다. "당신은 교회의 적이고, 악마이며, 위선자입니다. 이것은 거짓 가르침입니다. 교회의 가르침이 아니고, 저주받을 가르침입니다. 악마의 가르침입니다." 이 일 때문에 아무도 상처를 받은 것 같지는 않고, 오히려 강건해졌는데, 모두 그를 향한 사랑을 확인하고, 또 악을 선으로 돌아오게 하는 기회를 가질 수 있었기 때문이다.

1741년 8월 26일 수요일

한 남자가 자기 친구에게 말하기를, 어떤 사람이 웨슬리 씨 면전에서 말할 때 자기도 찰스 스퀘어에 있었다면서, 웨슬리 씨가 진(술)을 밀반입한 혐의로 이미 20파운드 벌금을 물고, 또 현재 자기 집에 가톨릭 사제 두 명이 머물러 있다는 것이다.

그러자 다른 사람이 자기도 국교에 반대하는 어떤 선생에게서 들었다며, 웨슬리 씨가 가난한 사람들을 모아 당파를 만들도록 스페인에서 많은 액수를 송금 받았는데 그 스페인 사람들이 상륙하면 그도 2만 명의 사람들과 함께 그들에 합류할 것이라고 했다고 한다.

1743년 11월 2일 수요일

다음 광고가 인쇄되어 돌았다.

에스테 씨를 위한 자선 공연 11월 4일 금요일에 에딘버러 연극 단원들에 의해 희극이 공연됩니다.

제목: 분별 있는 연인들 연극 후에 다음 제목의 웃음거리를 선사합니다.

제목: 속임수, 또 속임수! (혹은, 메소디즘[Methodism]의 정체 폭로)

1742년 6월 29일 화요일

나는 뉴게이트를 방문하기로 되어있었다. 내가 막 집을 나서는데, 불쌍한 벤자민 루터가 나의 앞길을 막고 서 있었다. 그리고는 마치 지옥에서나 나올 것 같은 온갖 저주와 험한 말들을 홍수처럼 쏟아 부었다.

1756년 5월 11일 화요일

거리에서 계속 설교했다. 그리고 이런 방법으로 회중은 두 배나 더 늘었다. 장교들이나 사병들 모두 열심히 집중하였다. 그때 한 술 취한 한심한 사람이 길로 힘차게 내려왔고, 가톨릭교인들이 한 손에는 곤봉을 또 한 손에는 큰 식칼을 들고 합세해서, 무시무시하게 저주하고 하나님을 모독하며, 설교자의 목을 잘라버리겠다고 맹세했다.

입으로 하는 핍박은 그나마 나은 편이었다. 죄를 지적하고 회개를 촉구하며, 지옥을 적나라하게 설교했던 웨슬리를, 참을 수 없는 사람들이 있었다. 그들은 폭도가 되어 돌과 흙덩이와 오물을 던졌다. 집을 부수고 닥치는 대로 폭력을 행사했다. 메소디스트가 있는 곳에 불을 지르려고 하고, 웨슬리를 닮은 인형을 만들어 화형(火刑)에 처했다. 웨슬리의 〈저널〉은 아수라장과 같은 폭력의 현장을 중계한다. 난동이 일어난 사례가 너무 많아서, 극히 일부만을 소개한다.

1742년 1월 25일 월요일

내가 롱 레인에서 "죄를 짓는 자는 마귀에게 속하나니"라는 내용을 설명하는 동안, 마귀의 추종자들이 극도로 격분하여서, 그들은 가능한 한 모든 소란을 일으켰을 뿐만 아니라 (그런데도 내가 전에 바라던 대로, 누구도 자리에서 미동도, 한마디도 대꾸하지 않았다), 수많은 사람에게 폭력을 가하고 이리 저리로 밀치고 주먹질하고, 집의 일부를 부수기도 했다. 마침내 그들은 그 집을 향해 커다란 돌들을 던지기 시작했는데, 돌이 날아오고 타일 조각들이 사람들 머리 위로 떨어지면서 그들의 목숨마저 위태롭게 되었다.

1745년 5월 5일 일요일

5시인데도 사람들이 너무 많아서 부득이 야외에서 설교하게 되었다. 1시경에 팁턴 그린에서 4시경에는 웬즈베리에서 설교했다. 5시에 몇 사람이 흙덩이를 던지고 방해를 했으나 그들은 잠시 후 물러갔다. 거기에서 아무런 방해 없이 "수고하고 무거운 짐 진 자들아 내게로 오라 내가 너희를 쉬게 하리라"는 우리 주님의 그 은혜로운 말씀을 전했다.

나는 여기서 버밍헴 근처에 있는 고스톤스 그린(Goston's-Green)으로 서둘러 가서, 거기에서 6시에 설교하기로 약속했다. 그러나 거기 서서 말씀을 듣는 사람들은 신변의 위험을 감수해야 했다. 거의 쉴 새 없이 거의 1시간 동안 돌과 흙덩이가 사방에서 날라 왔고 극소수의 사람만 그 자리를 피했다. 그 후에 나는 신도회 회원들을 만나서 악한 사람들과 마귀들에게도 불구하고 계속 하나님의 은혜 안에 거하라고 그들을 격려했다.

1748년 2월 12일 금요일

우리가 집으로 들어가자마자 이들은 문을 부수려고 커다란 돌을 집어 던지기 시작하였다. 하지만 이렇게 하는 것이 많은 시간을 들여야 한다는 것을 깨닫고, 방법을 바꾸었다. 그들은 먼저 그 문 위에 있던 옥상탑의 타일을 부순 후 창에서 돌을 던지기 시작하였다. 그 무리의 우두머리 중 한 명도 그런 열정을 가지고 우리를 따라왔다가, 그만 집 안에 우리와 함께 갇혔다. 그는 이런 처지가 싫어서 어떻게든지 도망가려 했지만, 그것이 불가능하였다. 그래서 그는 내 옆에 있으면 안전하리라 생각하고 될 수 있는 대로 내 곁에 붙어 있었다. 하지만 내 뒤에 있다가 날아오는 돌을 머리에 맞아서 피를 줄줄 흘리게 되었다. 그러자 그는 나에게 소리쳤다. "목사님 우리 모두 오늘 여기에서 죽는 건가요? 나는 어떻게 무엇을 해야 하나요?" 나는 "하나님에게 기도하세요. 하나님은 당신을 구원해주실 수 있는 분입니다"라고 말했다. 그는 내 말을 받아들이고 태어나서 한 번도 해보지 않은 진지한 태도로 기도를 시작하였다.

스윈델과 나도 기도하기 시작하였다. 그리고 얼마 뒤에 나는 "우리는 여기에 있으면 안 됩니다. 즉시 아래로 내려가야 합니다"라고 했다. 그는 말하기를 "목사님 우리는 그렇게 할 수 없습니다. 보세요. 돌멩이가 날아오고 있지 않습니까?" 나는 그 방을 가로질러서 계단으로 내려갔다. 우리가 지하층에 도달할 때까지 돌은 더 이상 날아들지 않았다. 우리가 아래로 내려왔을 때 그 폭력배들이 문을 부수고 들어왔다. 그들이 그 앞문을 부수는 그 순간 우리는 다른 문을 통하여 바깥쪽으로 나왔다. 우리가 5야드밖에 안 떨어졌는데도 그들 중 아무도 우리를 발견하지 못했다.

그들은 그 집을 샅샅이 뒤지고 곧 불을 지르려고 했다. 그런데 그들 중 하나가 바로 옆집에 살고 있었기 때문에 집에 불이 옮겨 붙는 것이 두려워 결사적으로 불을 못 붙이게 했다. 그들 중 하나가 소리쳤다. "그들이 저기 운동장으로 나가고 있다." 나는 그 말이 좋다고 생각하였다. 그래서 그 운동장을 지나서 도시의 끝으로 갔고 거기에는 아브라함 젠킨스(Abraham Jenkins)가 우리를 기다리고 있었으며 그의 인도를 받아서 오크힐로 갈 수 있었다.

나는 스텝톤 레인(Stepton-Lane)에서 말을 타고 가고 있었는데 매우 어두웠다. 그 길이 위험하게 둑은 너무 높고, 절벽이어서, 거기에서 내려오라고 누군가 소리를 쳤을 때 나는 어쩔 수 없이 그냥 뛰어내려 나와 내말은 서로 뒤엉켜 쓰려졌으나, 나도 말도 다치지 않았다. 1시간이 안 되어 우리는 오크 힐에 도착하였고 그다음 날 브리스톨에 도착하였다.

1750년 5월 21일 월요일

말을 타고 밴턴으로 갔다. 오후 3시부터 7시까지 코크의 폭도들은 많은 무리로 행진을 하여 단트교 근처에서 내 모습의 인형을 만들어 화형에 처했다.

1752년 5월 25일 월요일

우리는 말을 타고 더럼으로 가서 다시 거기부터 매우 험한 길을 통하여 악천후에도 버나드 캐슬(Barnard Castle)로 갔다. 우리가 거기 도착했을 때, 나는 현기증이 심하게 났지만 시간이 되어 설교를 하려고 거리로 나아갔다. 그러나 폭도들의 수가 너무나 많았고 시끄럽게 하였기 때문에 많은 사람이 내 설교를 듣는 것이 불가능했다.

그렇지만 나는 계속해서 설교하였고 가까이 있는 사람들은 몹시 신경을 쓰며 내 말을 경청했다. 그런데 이것을 방해하기 위해서 폭도들 몇 사람이 발전기를 끌어다가 회중에게 상당히 많은 물을 퍼부었다. 하지만 나에게는 한 방울도 떨어지지 않았다. 약 45분 후에 나는 집으로 돌아왔다.

1782년 12월 19일 목요일

밤 11시경에 우리가 묵고 있는 방 창문으로 누군가 총을 발사했고, 동시에 창문으로 큰 돌도 날아들었다(아마도 술 취한 사람들이 장난삼아 그랬나 보다). 잠시 후에 나는 다시 잠이 들었다.

폭도들은 웨슬리의 집회장에 소를 풀어놓기도 했다. 그러나 짐승 같은 사람보다 짐승이 더 현명했다! 소들은 주인들의 뜻을 거슬러서 얌전하게 행동했다. 웨슬리는 하나님의 보호하심을 찬양했다.

1741년 7월 12일 일요일

찰스 스퀘어에서 "정의를 행하고 인자를 사랑하며 겸손히 하나님과 동행하는 것"이 무엇인지 설교하는데 큰 소란이 일어났다. 많은 폭도가 황소 한 마리를 몰고 와 사람들 사이로 헤집고 다니게 하려고 애를 썼다. 하지만 그들의 수고는 헛되이 끝났다. 그들의 노력에도 불구하고 그 소는 한 방향, 또는 다른 방향으로 뱅뱅 돌기만 하다가 마침내 그들 사이를 헤치고 나가 버렸고 우리는 조용히 기뻐하며 하나님을 찬양했다.

1742년 9월 12일 일요일

화이트채플과 커벌릿 필즈(Coverlet-Fields) 사이에 자리한 보통 '위대한 정원' 이라 불리는 노천에서 설교하게 되어있었고, 기기서 엄청난 군중이 함께 모였다. 그들 중의 많은 수가 하나님의 일들에 관해, 거의 모르고 있음을 알게 되면서, 그들에게 우리 주님의 말씀들을 가지고 그들을 초대했다. "회개하라 그리고 복음을 믿으라."

수많은 짐승 같은 사람들이 그들보다 더 나은 마음을 가진 사람들을 방해하려고 무지 애를 썼다. 그들은 소 떼를 그들 사이에 몰아넣으려 애썼으나, 짐승들은 그들의 주인들보다 더 현명했다. 그 뒤에 그들은 많은 돌멩이를 집어 던졌다. 그중의 하나가 나의 미간에 맞았지만, 나는 전혀 고통을 느끼지 않았고, 피를 닦아내면서 커다란 목소리로, "하나님이 우리에게 주신 것은 두려워하는 마음이 아니요. 오직 능력과 사랑과 절제하는 마음"임을 믿으라고 권면하였다.

이제는 모든 회중을 통해 나타나셨던 성령에 의해, 나는 그것이 비록 정도가 아주 약한 것일지라도, 주의 이름으로 인해 받는 고난이 우리에게 주어질 때가 얼마나 놀라운 축복의 순간인지를 분명히 보게 되었다.

공격당하는 메소디스트

핍박은 웨슬리에게만 국한되지 않았다. 폭도들은 웨슬리를 따르는 메소디스트들을 닥치는 대로 공격했다. 구타하고 부수고 약탈했다. 여자들이 능욕당하고 임산부가 유산했다. 메소디스트들은 피를 흘리고 뼈가 부러지며 입이 찢어지고 몸을 움직이지 못할 정도로 다쳤다. 그런데도 재판에서 폭도들에게 무죄가 선언되기도 했다. 오히려 메소디스트들이 방화자요 폭도라고 비난받았다. 〈저널〉이 전하는 메소디스트의 초기 역사는 피로 얼룩져있다.

1744년 2월 18일 토요일

그들은 차례로 메소디스트라고 불리는 사람들의 모든 집을 공격했습니다. 우선 모든 창문을 부수었고, 유리그릇, 쇠붙이 주석 제품, 액자들을 망가뜨렸습니다. 그리고 더 나아가서 모든 탁자, 의자, 서랍장 등 무엇이든지 길을 막는 거추장스러운 것들을 던져서 부쉈고, 특별히 상점 상품들, 모든 종류의 가구들을 그렇게 했습니다. 깃털 이불과 같이 쉽게 부술 수 없는 것은 잘라서 조각내어 방 여기저기에 흩어 버렸습니다.

윌리엄 시치의 아내는 안에 누워 있었는데, 거기도 매한가지로 그들은 그녀의 이불을 잡아당기고, 잘라서 조각냈습니다… 그들은 옷과 가치 있는 것 등 쉽게 팔 수 있는 것들은 가져갔습니다. 모든 남자는 그들이 가장 좋아하는 것이면 무엇이든지 지고 갈 수 있을 만큼 많이 가져갔습니다.

1744년 2월 18일 토요일

지난 6월 20일 이후, 월살, 달라스턴, 그리고 웬즈베리의 폭도들은 그들의 우두머리에게 그런 목적으로 고용되어 밤이건 낮이건 수시로 가난한 이웃들의 집들을 부수고 들어가서 몇몇 사람들의 돈을 강탈하고, 식량과 물품을 빼앗거나 파괴했다. 그들을 구타하거나 상처를 입혔고 생명을 위협했으며 그들의 부인들을 능욕했고(어떤 경우는 너무 끔찍해서 이루 말로 다 할 수 없을 정도다), 공개적으로 그 지방에 있는 모든 메소디스트를 멸할 것이라고 선언했다.

기독교 국가에서 국왕의 무죄하고 충성스러운 백성들이 8개월간 그런 부당한 대우를 받았다. 그런데 이제 그들 방종한 박해자들은 오히려 박해받은 선량한 사람들을 폭도며 방화자라고 공개적으로 낙인찍어 매도하고 있다.

1749년 7월 20일 목요일

코크의 마가렛 그리핀 (Margaret Griffin)의 증언 : 6월 24일에 증인은 막 장사를 시작하려는 참이었다. 버틀러와 그 폭도들이 와서 그녀에게 말을 걸면서 옷을 찢고 그녀를 때리고 말을 못 하게 입을 찢기도 하였다. 그녀를 폭행한 후에 그 폭도들은 그녀를 집으로 데려가서 이웃의 다른 사람들이 말리지 못하도록 위협했다. 그녀를 마구 때리고 폭행해서 그녀는 그 후로도 여러 날 동안 움직이지 못하고 많은 피를 흘렸다.

1750년 4월 14일 토요일

포렛 대령의 연대에 속한 하사관인 조셉 가데렛(Joseph Gardelet)의 아내 엘리자베스 가데렛(Elizabeth Gadelet)은 이렇게 증언하고 있다. "2월 28일에 내가 숙소에서 나오고 있을 때 나는 임신한 상태였는데, 버틀러와 그의 수하들을 만났다. 버틀러는 예고 없이 돌연히 나에게 달려들어 벽에 내 머리를 대고 두 주먹으로 내 머리를 두들겼다. 나는 그에게서 빠져 달아났지만, 그는 쫓아와서 내 얼굴을 여러 번 때렸다. 나는 피신하려고 학교 운동장으로 달려갔지만, 그는 쫓아와서 나를 붙들고 '더러운 매춘부가 이 거룩한 땅에 서 있다니!' 라고 소리치면서 완력으로 통로를 가로질러 나를 내동댕이쳐서 나는 반대쪽 벽에 부딪쳤다.

내가 어느 정도 회복했을 때, 숙소를 찾아 피하려 했지만, 그가 쫓아와서 내가 계단을 오를 때 나를 다시 붙잡았다. 그는 주먹으로 내 배를 때려서 나는 뒤로 자빠지면서 실신해 버렸다. 등이 계단 모서리에 부딪쳐 넘어지면서 나는 다시 일어설 수 없었다. 즉시 통증이 밀려오면서 새벽 2시쯤 유산하고 말았다."

1773년 5월 24일 월요일

맥버니 씨가 3월 4일 목요일에 에니스킬렌에서 6-7마일 떨어져 있는 동네인 아칼런으로부터 4분의 1마일 거리의 페리 씨의 집에 갔다. 저녁에 그가 찬송을 부르고 있을 때 한 무리의 폭도들이 그 집을 에워쌌다. 그들 중 여섯 명이 몽둥이로 무장한 채 집으로 들이닥쳐 곧장 사람들 가운데로 뛰어들었다. 그러나 집 안에 있던 많은 사람이 힘을 합쳐 그들을 밀쳐내고서는 문을 걸어 잠갔다. 그러자 그들은 창문에 있는 모든 유리를 깨고, 많은 돌을 집 안으로 던졌다. 그들은 다시 벽의 약한 부분을 부수고 집 안으로 침입해 들어왔다. 그리고는 남녀를 가리지 않고 끌어내어 무차별적으로 때렸다.

그 후 그들은 맥버니 씨를 끌고 나가 때려눕혔다. 맥버니 씨는 정신을 잃고 바닥에 누웠지만 폭도들은 맥버니 씨의 머리와 가슴을 계속해서 때렸다. 잠시 후 정신이 조금 든 맥버니 씨가 일어났으나 정신이 혼미하여 비틀거리다가 다시 쓰러졌다. 그러자 폭도 중 한 사람이 그의 얼굴 위에 발을 올려놓고, "이 사람에게서 성령이 떠나게 하겠다."라고 맹세하며 짓밟았다. 폭도 중 다른 이가 달려들어 그가 들고 있는 몽둥이를 맥버니 씨 입에 쑤셔 넣었다.

맥버니 씨가 말을 할 수 있게 되자 "나는 당신을 용서합니다. 하나님께서 당신을 용서하시기를 빕니다!" 라고 말했다. 그때 폭도들은 맥버니 씨를 그의 말 위에 태웠고, 맥버니 씨는 말 뒤쪽에서 몸을 일으켰다. 폭도들은 맥버니 씨를 억지로 로키산 아랫마을까지 내달리게 하였다. 폭도들은 거기서 한 신사가 맥버니 씨를 그들의 손에서 구해내기까지 붙잡고 있었다.

그리고 그 신사는 최상의 호의를 베푸는 자세로 맥버니 씨를 대우하고 쉬도록 해 주었다. 그러나 맥버니 씨의 머리와 가슴에 입은 큰 부상의 고통으로 괴로워서 잠을 자지 못했다. 그 이후로 그는 내상을 입고 쇠약해졌다. 그가 아직 살아있는 것이 놀라울 따름이다.

심하게 괴롭힘을 당한 또 한 사람은 마을로부터 1마일 정도 떨어진 곳에 사는 미첼 씨였다. 토요일 밤 8시쯤에 폭도들이 그의 집에 와서는 "그의 아버지의 심장에서 피를 뽑아버리겠다"라고 욕을 했다. 폭도들은 큰 돌을 수도 없이 유리창을 향해 던졌고, 문에는 큰 구멍을 내었다. 미첼 씨는 다른 방도를 찾지 못해 그 구멍을 통해 작은 총 두 발을 쏘았다. 두 번째 발포에 폭도들은 전력을 다해 달아났고, 뒤를 돌아보는 폭도는 없었다.

페리 씨와 미첼 씨는 그린 힐의 어윈 씨에게 폭도 중 여섯 명에 대한 구속영장 발부를 신청했고, 그 다음주에는 15명을 더 신청했다. 그러나 보안관은 구속영장 신청을 받아들이지 않으려고 했다. 그 다음 주에 에니스킬렌에서 순회재판이 열렸는데, 대배심원은 모든 법안을 부결했다. 따라서 내가 당한 모든 모욕과 폭력에 대한 감사를 그 존경스런 신사에게 돌린다. 그러나 자유, 시민권, 신앙은 어디에 있는가?

국교회의 박해, 그리고 이상한 죽음

부흥운동 초기에 존 웨슬리를 반대하고 핍박한 주요 세력은 영국 국교회의 주교(bishop)들이었다. 가장 강경하게 반대한 인물은 런던의 에드먼드 깁슨(1669-1748) 주교였다. 메소디스트들에 대한 국교회의 반대는 사실상 깁슨 주교의 악선전과 선동에서 시작된 것이라고 할 수 있다. 처음에 깁슨 주교는 존 웨슬리 형제에게 우호적이었으나, 부흥운동이 활발히 진행되자 그의 태도는 급속도로 변해 갔다.

그는 1744년에 메소디스트 비판서를 출판하여 전 영국에 배포했다. "메소디스트들의 품행과 행동에 관한 조사"에서 깁슨은 메소디스트 신도회 조직이 불법 비밀 조직이고 국교회를 파괴하려는 분리주의 집단이며, 메소디스트들은 광신주의자들이라고 맹렬히 비판했다.

국교회의 지도자들인 주교들이, 그것도 수도인 런던의 주교가 앞장서서 공격하자, 웨슬리와 메소디스트들은 도처에서 공격받게 되었다. 이에 존 웨슬리는 논문 형식으로 호소문을 출판했다. "이성적이며 종교적인 인사들에 대한 진지한 호소(Earnest Appeal Men of Reason and Religion)"와 "추가 호소문(A Farther Appel)"을 발표했다. 그는 메소디스트들이 국교회의 법과 교리와 규칙을 지키며, 어디에서나 참된 경건과 성결한 생활을 하는 충성된 국교도라고 변호하였다.

그러나 깁슨 주교는 모든 영국 교회들에게 메소디스트들을 경계하고 그들을 몰아내기 위하여 굳게 무장하고 싸울 것을 촉구하였다. 존 웨슬리는 깁슨 주교에게 편지하여 메소디스트들에 대한 많은 오해를 지적하면서, 메소디스트들의 참된 신앙과 거룩한 생활을 소개하였다. 편지의 마지막에서 웨슬리는 의미심장한 언급을 했다. 인생의 날들은 참으로 짧으며, 곧 모든 인생들이 하나님의 심판대 앞에 선다는, 예언적인 말을 했다.

"주교님, 시간이 덧없이 지나가고 인생의 날들은 순간에 사라지고 있습니다. 제 인생도 이제 정오를 지나고 남은 날들도 그림자처럼 지나갑니다. 주교님도 연로하시고 만년의 생애를 보내고 계시지 않습니까? 우리 모두가 이 세상을 떠나 하나님 앞에 아무것도 숨김없이 서게 될 날이 멀지 않습니다."

웨슬리가 논리적으로 전개한 변호에 설득되어 메소디스트에 대한 오해가 이성적으로 풀렸을까? 아니면 언젠가는 인생이 끝나고 심판대 앞에 선다는 말이 주교의 영혼을 찔렀을까? 편지를 받은 후 깁슨 주교는 변화된 모습을 보였다. 적어도 메소디스트들에 대한 직접적인 공격은 하지 않았다.

그리고 다음해, 깁슨은 웨슬리가 언급한대로 세상을 떠나서, 아무 것도 숨김없이 서야 하는 자리로 갔다. 주교는 갔지만, 남겨진 그림자는 짙었고 길었다. 저명한 학자요 고위 성직자였던 에드먼드 깁슨이 남긴, 메소디스트들에 대한 악평과 악선전은 영국 교회 안에서 오래 지속되었다.

국교회의 교구 사제들은 에드먼드 깁슨 주교의 권고를 충실하게 실행하여, 무장하고 메소디스트들과 싸웠다. 그들은 같은 국교회의 동료 성직자였던 웨슬리를 증오하고 시기했다. 증오와 시기는 성직자의 거룩한 얼굴 뒷면에 있는 야수성과 야만성을 드러냈다.

요크셔에서 설교할 때, 한 교구 성직자는 계획적으로 폭도들을 조직하여 존 웨슬리를 공격했다. 폭도들은 설교하는 웨슬리에게 달려들어 얼굴을 내리쳤으며 지팡이로 마구 때렸다. 그들은 존 웨슬리를 끌고 가서 또 다시 때리고 머리채를 잡아 돌리고 강물에 던졌다.

덜함에서는 존 웨슬리에게 총격을 가하고 물을 뿌리고 소방차를 동원하여 설교를 방해하였다. 로울리에서는 폭도들이 굵은 몽둥이로 무장하고 덤벼들어 존 웨슬리는 간신히 피신하였다. 한번은 폭도가 큰 말뚝을 존 웨슬리의 얼굴에 던졌다. 만약 거세게 날아오는 말뚝에 맞았다면, 치명적인 상처를 입거나 죽을 수도 있었다. 다행스럽게, 말뚝이 살짝 빗나갔다. 〈저널〉은 성직자답지 못한 성직자들의 모습을 폭로한다.

1743년 4월 19일 화요일

설교하는 동안에 한 신사가 매우 술 취한 채 말을 타고 나타났다. 그리고 적절치 않은 신랄한 말을 한 후에, 사람들 몇 명을 말을 타고 넘으려고 애를 썼다. 그가 이웃에 사는 성직자라는 소식을 듣고 나는 깜짝 놀랐다. 이런 자가 교회를 위해 열심을 내는 사람이라니! 교회가 그런 자들의 변호를 해야 하다니, 아, 가여운 교회여!

1746년 8월 6일

여기서 그 선한 부목사는(나는 이미 정보를 얻었다) 혼란을 일으키기 위해 몇 명의 술고래들과 함께 어리석은 한 사람을 두목으로 고용했다. 내가 시작하자마자 그들은 시편 한 편을 크게 합창하기 시작했다. 그러나 우리의 노래는 빨랐고 그들의 노래를 제압했다. 그 직후, 그들의 연설자는 본문을 읽고 설교를 했지만, 그 무리는 그의 설교는 듣지 않고 우리 형제들(들어오지 못하고 문 앞에 서 있는)에게 돌과 흙을 분주하게 던지면서 시간을 보냈다.

나는 설교를 마치고, 그들에게 나아갔다. 이것은 오랜 경험에서 비롯된 나의 규칙인데, 나는 폭도의 얼굴을 정면으로 쏘아 보며 나아가는 것이다. 그러나 나의 회중은 나의 뜻과는 상관없이 나를 높이 쳐들고 안으로 옮겼다. 폭도들은 15분 만에 사라졌고, 우리는 평화 가운데 걸어서 숙소로 돌아왔다.

1765년 12월 4일 수요일

정오에 샌드위치에서 설교했고 저녁에는 마게이트(Margate)에서 설교했다. 여기서 몇 사람들이 그들의 구원을 이루려고 서로를 도왔다. 하지만 교구의 목회자는 힘을 다하여 그들을 적대했다. 그는 하나님을 위하여 좋은 일을 하고 있다고 생각하고 있다!

웨슬리에게 제일 아픈 박해자가 된 인물이 롬리(Romley) 목사였다. 그는 웨슬리의 아버지인 사무엘의 도움으로 옥스퍼드에 입학했다. 또한 아버지 웨슬리가 엡워스 교회의 담임목회자로 섬기고 있을 때, 부목사로 섬기기도 했다. 사무엘이 세상을 떠난 뒤에는 그의 후임자가 되어 엡워스 교회를 담임하고 있었다.

그는 은인이자 스승이자 전임 목회자의 아들인 존 웨슬리에게 뼈아픈 상처를 주었다. 웨슬리가 고향을 방문했을 때, 롬리는 교회에서 설교하지 못하도록 금지했다. 결국 웨슬리는 교회당에 들어가지 못하고, 교회 정문에 있는 아버지의 무덤에서 설교했다. 롬리는 웨슬리에게 성찬을 베풀기도 거절했다. 그날의 〈저널〉에 웨슬리는 솔직한 심경을 토로했다.

1743년 1월 2일 일요일

"꼭 웨슬리 씨에게 전해 주세요. 나는 그에게 성찬을 베풀지 않을 것입니다. 그는 성찬 받기에 적합하지 않기 때문입니다."

하늘 아래 내게 성찬을 금하기에 그렇게 적합한 장소가 있을 수 없을 것이다. 이 장소는 내 부친의 집, 나의 출생지, "우리 종교의 가장 엄한 분파를 따라서" 내가 그렇게 오래 바리새인처럼 살았던 바로 처음에 내가 속했던 곳이었다. 나 자신이 생명의 빵을 매우 자주 분배했던 바로 그 테이블로부터 나를 쫓아내다니. 또 내 부친이 그 자신과 그 아버지에게 베푼 모든 고귀한 사랑의 빚을 이렇게 갚다니!

훗날 롬리는 정신적으로 병이 들어 정신이상자 보호 수용소에서 별세했다. 여기에서 문득, 일종의 패턴이 있는 것 아닌가, 하는 생각이 든다. 웨슬리를 앞장서서 반대했던 에드먼드 깁슨은 죽음을 언급하는 편지를 받고, 이듬해 세상을 떠났다. 웨슬리에게 뼈아픈 상처를 주었던 롬리는 정신병자 수용소에서 죽었다. 우연의 일치일 수도 있는데, 문제는 우연의 일치가 자주 발생했다는 점이다.

부흥운동을 극렬하게 반대했던 이들은 한 결 같이 비참한 끝을 맞이했다. 그들은 스스로 목을 매고, 자신의 머리에 총을 쏘고, 갑자기 굴러 떨어져서 죽었다. 메소디스트를 박해하겠다고 장담했던 날이 자신의 장례식 날짜가 되기도 했다. 〈저널〉은 이상한 죽음들을 보도한다.

1740년 4월 12일 토요일

랜바차스에서 설교 후, 오후에 브리스톨에 도착해서 우울한 소식을 들었다. 소란을 일으키러 왔던 사람 중 주동자가 스스로 목매어 죽었다는 것이다. 그를 내려놓았을 때 살아 있는 것처럼 보였지만, 그는 약 1시간 전 이미 사망한 상태였다. 그들 중 두 번째 사람도 여러 날 극심한 고통에 시달렸고, 여러 번 우리에게 중보기도를 요청했다. 그들 중 세 번째 사람이 스스로 나를 찾아왔는데, 그는 사건 당일 밤에 매수되었으며, 술에 취한 상태였다고 했다. 그는 집 입구에 도착했을 때는 무슨 일이 발생하는지조차 몰랐고, 몸을 움직이지도 입을 열 수도 없었다고 고백했다.

1738년 11월 19일 일요일

캐슬에서 오후에만 설교하였다. 월요일 밤에 악몽으로 마음이 크게 심란했다. 11시쯤에 설명할 수 없는 불안감에 깨어났고 다시 잠들 수 없었다. 그때 (나중 아침에 알게 된 사실이지만), 예전에 나의 제자가 될 뻔했던 한 사람이 손에 권총을 들고 수위실로 (그곳에는 사람 몇 명이 앉아 있었다) 들어왔다고 한다. 그는 장난치듯이 권총을 이 사람 저 사람에게 겨누어 보았다. 그런 후에 그는 자신을 쏘려고 두세 번 방아쇠를 당겼지만, 발사되지 않았다. 그는 피스톨을 던져 버렸고, 한 사람이 그것을 주워서 뇌관을 파괴했다. 그는 매우 화가 났고, 가서 새로운 점화약을 가지고 다시 들어와 앉았다. 그는 열쇠를 긁어 부싯돌을 점화하더니, 12시쯤에 모자와 가발을 벗어버리고, 신사처럼 죽을 거라고 말하고는 자신의 머리를 쐈다.

1740년 10월 23일 목요일

무서운 하나님의 섭리에 관해 듣게 되었다. 한 불쌍한 자가 지난주 이
곳에서 욕을 하고 하나님을 모독하며 말씀을 방해하려고 온갖 나쁜 짓
을 하고 나서, 많은 사람 앞에서 다음 일요일에도 오겠다고 했다. 그때
는 자기 입을 막을 자가 아무도 없을 것이라고도 떠벌렸다. 그러나 하나
님께서는 금요일에 그를 손대셨다. 따라서 일요일은 그의 장례일이 되
었다.

1743년 8월 24일 수요일

A목사는 갑자기 나타난 메소디스트라는 새로운 분파를 매우 심하게
비난했다. 그는 다소간에 거의 모든 자신의 설교에서 이렇게 비난하는
데 실로 익숙했다. 그는 이들이 바울이 예견한 그 사람들이다. 그들은
거룩의 형태, 외적인 모양은 가졌으나 능력은 없다. 왜냐하면, 그들은
위선이 가득한 채 먹이를 찾아 배회하는 늑대들이기 때문이라고 했다.
그리고 나서 그는 그들에 대해 많은 통탄할 만한 것들을 주장했다. 모든
사실을 세세히 규명하지 않고, 그의 양떼들로부터 떠나라고 경고했으
며, 그들이 메소디스트의 악한 행위의 참여자가 되지 않으려면, 그들에
게 헤어질 때 잘 가라는 인사도 하지 말라고 경고했다.

바로 그 후에 그가 세인트 니콜라스 교회에서 설교하기로 예정되었다.
그는 위에 언급된 본문을 두 번이나 말했다. 그때 그는 끔찍한 신음을
동반하며, 갑자기 그의 목이 덜커덕 잠기며 강대상 문에 기대어 뒤로 넘
어졌고, 문이 갑자기 열리면서 계단 아래로 굴러 떨어질 뻔했다. 그러나
사람들이 그를 잡았고, 그는 거의 죽은 것처럼 교회 부속실로 옮겨졌다.

2-3일 안에 그는 의식을 회복했으나 다음 주일에 사망했다!

1772년 10월 18일 금요일

데비지스에서는 매우 조용하게 설교했다. 과거에 박해했던 사람 중에 거의 한 명도 살아있는 사람이 없었다. 박해자들 대부분은 그들 인생의 절반도 살지 못했다. 그들은 하나님의 뜻을 거역하고, 1시간도 채 안 되어 숨을 거두곤 했기 때문이다.

1786년 7월 10일 월요일

이날 밤(내가 설교를 마치기 전으로 믿어지는데), 하나님의 공정하심을 보여주는 한 예가 나타났다. 어느 한 남자가 길거리에서 극심하게 다른 사람을 저주하면서 그 사람의 눈을 빼버리게 해달라고 기도하고 있었다. 그 즉시, 저주하던 그 남자의 눈이 멀게 되었다. 그리고 (예상하건대) 그는 평생 그렇게 살았을 것이다.

특별한 보호하심, 아슬아슬하게 빗나가는 죽음

존 웨슬리처럼 죽음의 고비를 자주, 다양하게, 곳곳에서 넘긴 인물도 없다. 죽음과 그의 거리는 늘 한발자국 차이였지만, 언제나 아슬아슬하게 빗나갔다. 52년간의 야외설교 기간은 52년간 목숨을 위협당한 시간이었다. 살아남은 것도 신기하고, 정신적인 충격으로 폐인이 되지 않은 것도 기이하다. 신기하고 기이한 현상의 이면에는 보이지 않는 손길이 있었다. 비바람과 폭풍우 속에서 지켜주신 하나님을 경험했던 웨슬리는 폭도들의 위협 속에서도 섬세하게 지키시는 하나님을 체험했다.

1745년 7월 4일 목요일

이처럼 여기서 하나님의 손길을 뚜렷하게 실감한 적은 없었다. 이전에 월살에서도 이 정도는 아니었다. 거기서 나와 함께 기꺼이 죽겠다는 많은 동료를 만났다. 여기서는 그런 사람은 전혀 없었고 오직 한 평범한 소녀를 알았는데, 그도 B 여사의 문에 이르러서는 급히 도망쳐 버렸다. 거기서 나는 좀 얻어맞기도 하고, 옷이 찢기기도 하고, 흙덩이 먼지를 뒤집어쓰기도 하였다.

여기서는 수백 명의 사람이 나를 때리려고, 내게 무엇을 던지려고 그들의 손을 높이 들었지만, 그들의 손은 하나 같이 도중에 모두 멈췄다. 그래서 그중 누구도 나를 건드리지 못했으며, 처음부터 끝까지 돌멩이 하나도 내게 날아오지 않았다. 또한 티끌 하나도 내 옷에 묻지 않았다. 하나님이 기도를 들으시고, 하나님이 하늘과 땅의 모든 권세를 가지고 계신다는 사실을 누가 과연 부정할 수 있을까?

1747년 7월 12일 일요일

펜잰스로부터 1마일 떨어진 남쪽 바닷가의 작은 마을인 뉴린 (Newlyn)을 향해 길을 떠났다. 5시에 바닷가의 부드러운 하얀 모래로 뒤덮인 둔덕을 따라 걸었다. 엄청난 수의 사람들이 모였다. 내가 설교를 시작하자 포효하는 파도 소리 같았던 그들의 소리는 곧 조용해졌다.

하지만 내가 기도를 마치기 전에 펜잰스의 어떤 가엽고 불쌍한 사람들이 저주를 퍼부으며 욕을 하기 시작했고 사람들을 둑으로 밀치기 시작했다. 순식간에 나는 그들 사이로 던져졌다. 그때까지만 해도 격렬한 반대자였던 뉴린의 한 사람이 나서 단언하기를, "아무도 그를 간섭하지 마라! 내가 먼저 죽겠다"라고 했다. 다른 많은 이들도 그와 같은 마음이었다. 그래서 나는 100야드 앞으로 걸어 나가서 설교를 했는데 마치기까지 어느 누구도 방해하는 이가 없었다.

1748년 8월 28일 일요일

한번은 볼턴(Bolton)에 있는 교차로에서 설교하려고 하였다. 거기에는 정말 많은 사람이 모여 있었는데 대부분 매우 거친 사람들이었다. 내가 설교를 시작하자마자 그들은 내가 서 있는 곳에서 떨어뜨리기 위해서 이리저리 나를 밀어대기 시작하였다. 그렇게 해서 나를 떨어뜨리면 나는 다시 올라가고 또다시 올라가고 해서 나는 설교를 지속했다.

한번은 그 교차로 위로 올라가서 나를 아래로 떠밀기도 하였다. 그 순간이 나는 하나님께서 얼마나 세심하게 나를 지켜주시는지 알게 되었다. 한 사람이 바로 내 귓가에서 소리치고 있었는데 돌이 날아와 그의 턱을 친 것이다. 또 다른 사람은 내 앞에서 소리 지르고 있었지만, 돌이 날아와서 그의 안면을 맞추었다. 피가 흐르고 그는 더 이상 나에게 다가올 수 없었다.

세 번째 사람은 거의 나에게 다가와 나를 잡으려고 팔을 뻗었는데 작은 돌이 날아와 그의 손가락에 맞았다. 결국 그는 도망치게 되었고 내 설교를 끝날 때까지 더 이상의 방해는 없었다. 나는 설교를 마치고 빨리 그 자리를 빠져나왔다.

웨슬리는 메소디스트 설교자(전도자)로 임명받으려는 알렉산더 마터에게 다음과 같이 말했다. "메소디스트 전도자가 되는 것은 평안과 명예와 쾌락과 이익을 위한 길이 아니라 고생과 치욕에의 길이다. 전도자들은 가난을 택하는 것이고 매에 맞고, 돌에 맞고, 온갖 모욕을 당하는 것이다. 네가 전도자로 임명받기 전에 이것을 깊이 생각하라."

웨슬리의 체험과 가르침 그대로, 메소디스트들은 고난과 박해의 길을 걸었다. 목숨을 걸고 전도여행을 떠나서 돌에 맞고 물에 빠지고 몽둥이 찜질을 당하면서 복음을 전했다. 그런 일을 계속하면서도 살아있는 것 자체가 기적이었다. 매년 열리는 메소디스트 설교자 총회에서 생존자들은 특이한 방식으로 인사를 나누었다. "우리가 아직도 살아 있습니까?", "우리가 아직도 살아 있군요!", "당신도 아직 살아 있군요!", "나도 아직 살아 있습니다!"

찰스 웨슬리는 1746년, 메소디스트들의 인사말로 찬송가를 만들었다. "우리가 아직도 살아 있는가?" 라는 말로 시작하는 찬양이다. 찰스 웨슬리의 가사는 메소디스트 설교자들이 얼마나 처절한 상황에서 헌신했는지를 생생하게 증언한다. 해마다 총회가 열렸지만, 다음해의 총회까지 살아남아서 동역자들을 만날 수 있을지 아무도 자신할 수 없었다. 그래서 매년 총회 때마다 살아서 동지들을 만나는 것만으로도 기적 같은 은혜라고 간증했던 것이다.

이 찬송은 존 웨슬리 당시부터 지금까지, 해마다 메소디스트 설교자들의 총회에서 개회 찬양으로 불리고 있다.

1. 우리가 아직도 살아서 서로의 얼굴을 보다니 주님의 은혜라

(And are we yet alive, And see each other's face?)

2. 지난 모임 이후 온갖 환란 핍박 당해도 은혜로 이겼네

(What troubles have we seen, What conflicts have we passed, Fighting without, and fears within, since we assembled last!)

3. 주 예수 변찮는 큰 사랑 베푸사 이때껏 인도하셨고 늘 인도하시네

(But out of all the Lord hath brought us by His love; And still His help afford, And hides our life above.)

4. 구주의 권능을 힘입어 살았네 그 은혜 찬송하려고 이곳에 모였네

(Then let us make our boast of His redeeming power, Which saves us to the uttermost, till we can sin no more.)

Chapter 5

▲ 웨슬리의 전도여행

야외설교자는 길에서 산다. 길에는 지붕이 없다. 길을 떠난 자는 길 위에 내려진 뜨거움과 차가움, 성냄과 가혹함을 그대로 받아야 한다. 존 웨슬리의 <저널>은 비와 바람과 폭풍, 눈과 안개와 우박, 더위와 추위의 기록이다. 전도자 웨슬리는 눈을 도려내는 것처럼 날카로운 바람, 살을 에이는 추위, 영혼을 삼키는 더위을 온 몸으로 견뎌냈다.

웨슬리안 랩소디,
강렬하고 다채로운
생(生)의 빛깔

신령한 세계와의 접촉, 신비와 기적

〈캠브리지(Cambridge) 사전〉에 의하면 '랩소디(Rapsody)'는 형식적 구조가 없이 강렬한 감정을 표현한 음악이다. 우리말로는 광시곡(狂詩曲)이라고 번역되어, '미친 시인의 노래'라는 의미가 된다. 미칠 광(狂)자가 들어간 것이 이상하기도 하지만, 한편으로는 미칠듯한 열정과 자유로움을 담고 있어서, 의미 있는 번역이라는 생각도 든다.

랩소디는 통제되지 않은 감성을 표현한다. 널리 알려진 '헝가리안 랩소디'처럼 집시와 떠돌이들의 노래이기도 하다. 자신을 가리켜 "세상의 방랑자요 돌아다니는 사람"이라고 고백했던 웨슬리는 통제되지 않은 채로 고스란히 드러난 인간군상(群像)을 목격했다. 그의 저술은 자연과 초자연, 부유함과 빈곤함, 열정과 냉담함, 삶과 죽음의 장면을 포착하여 다채롭고 강렬한 생(生)의 빛깔을 스케치한다.

인간은 영적인 존재이다. 성령 충만하기도 하고, 악령에게 사로잡히기도 한다. 웨슬리는 영적인 존재로서의 인간에게 나타나는 다양한 현상들을 경험했다. 야외설교 현장에서 초자연적 현상이 자주 일어났다. 입신(入神), 악귀 추방(exorcism, 귀신을 쫓아내는 일), 신유(divine healing), 영적 환상, 심한 몸부림, 외침, 방언과 예언 현상들이 발생했다.

웨슬리는 성서와 교회사에 비추어서, 이러한 신비적 현상이 성령의 역사이며 하나님이 주시는 은혜의 체험이라고 해석했다. 하지만 그는 초자연적 체험을 특별히 강조하지는 않았으며, 설교와 부흥운동의 중심으로 삼지도 않았다. 어디까지나 그의 중심은 복음에 있었고 성경에 있었다.

초자연적인 현상은 웨슬리에게 계속 전진하는 용기를 주기도 했다. 부흥운동이 활발하게 일어나던 1745년, 국교회의 핍박도 극렬했다. 충성스러운 국교도이며 성직자였던 웨슬리는 극심한 고통을 겪었다. 어디라도 날아가서 숨어버리고 싶은 심정이라고, 괴로운 마음을 털어놓기도 했다. 바로 그때 웨슬리는 브리스톨에서 중병으로 누워 있는 가난한 교인을 심방하고 기도해 주었는데, 중환자가 그 자리에서 즉각적으로 치유되었다. 이러한 기적은 하나님이 함께 하심을 보여주었고, 웨슬리에게 부흥운동을 계속하라고 격려하시는 하나님의 표적이 되었다.

웨슬리의 야외집회에서 성령의 역사가 나타남에 따라, 메소디스트의 부흥은 곧 성령운동이 되었다. 이는 후대의 다양한 교단과 신학에 지속적인 영향을 끼쳤다. 대표적인 사례로, 영적 체험을 강조하는 오순절 계통의 신학자인 브루너(Fredrick Dale Bruner)는 웨슬리의 초기 부흥운동과 현대의 오순절 성령운동 사이에 유사성이 있다고 말한다. 그는 현대 오순절 성령운동의 원류는 웨슬리의 메소디스트 운동이며, 웨슬리의 부흥운동의 결과가 오순절주의라는 최종적 결과를 나타내었다고 주장했다.[21]

웨슬리는 방언, 예언, 신유, 입신, 악귀 추방, 진동, 외침 등과 같은 신비 현상은 성령의 소극적인 증거인 반면에, 인격과 삶의 변화는 성령의 적극적 증거라고 가르쳤다. 따라서 어떠한 신비 체험이 바른 신앙에 의한 것인지, 아니면 악한 영에게 비롯되었거나 잘못된 신비주의적 현상인지를 구분하기 위해서는, 성령의 적극적 증거가 나타나는 지를 살펴보아야 한다고 가르쳤다. 그는 삶의 변화가 동반되지 않는 신비적 체험과 현상을 극도로 경계했다.

이는 오늘날에도 기억하고 적용해야할 중요한 지침이다. 하나님이 표적을 주시는 목적은 변화이다. 삶의 변화로 연결되지 않는 신비현상은 오히려 해독(害毒)이 된다. 웨슬리의 〈저널〉은 다양한 신비적 현상이 나타나는 현장을 중계한다.

1739년 4월 17일 화요일

나는 볼드윈 거리에 갔고, 예정대로 사도행전 4장을 해석하기 시작했다. 그리고 우리는 그의 말씀을 확증하기 위해 기도로 하나님께 부르짖었다. 갑자기 그때 무리 중에 서 있던 한 여인이 마치 죽는 사람처럼 고통스럽게 큰 소리로 울부짖었다(우리는 대단히 놀랐다). 그러나 우리는 "새 노래 곧 우리 하나님께 올릴 감사를 그녀의 입에 두실" 때까지 계속 기도했다.

곧이어, 다른 두 사람(이 지역에서는 꽤 잘 알려진 사람들로, 모든 이들을 위해 선한 양심으로 살려고 노력하는 자들)이 강렬한 고통에 휩싸이게 되었고 "그들은 마음이 심히 불안하게 되어 신음"했다. 그러나 그 신음은 오래가지 않았고, 그들 입에서 구세주 하나님 찬양을 쏟아내기 시작했다.

마지막 한 사람은 마치 지옥에서 부르짖는 것처럼, 하나님을 불렀다. 그는 브리스톨에서는 낯선 사람이었다. 그리고 즉시 그는 기쁨과 사랑이 충만하게 되었고, 하나님이 그의 배신을 용서하심을 깨달았다. 그래서 많은 사람이 하나님이 여전히 "치료하기 위해" 그의 손을 펼치고 있으며, "기사와 이적이 그의 거룩한 아들 예수에 의해 일어나고 있음을" 알게 되었다.

1739년 4월 30일 월요일

하나님의 능력이 임할 때 어떤 사람들은 큰 소리로 우는데, 이것을 많은 사람이 불편해한다는 사실을 우리는 알았다. 그중에 의사 한 명은, 무리 가운데 사기꾼이나 협잡꾼이 있는 건 아닌지 두려워했다. 그런데 오늘 (뉴게이트에서 설교하고 있는 도중에) "심한 통곡과 눈물"을 쏟아 낸 첫 사람은 그 의사가 오랫동안 알고 지냈던 사람이었다.

그는 자신의 눈과 귀를 도저히 믿을 수가 없어 통곡하는 그녀에게 가까이 가서 모든 상태를 관찰하였다. 그녀의 얼굴에는 눈물이 많이 흐르고 있었고, 온몸의 뼈는 떨리고 있었다. 그는 어떻게 해석해야 할지 알지 못했지만, 다만 그것은 사기도 아니고 어떤 자연적 병이 아님을 분명하게 확신하였다. 그러나 그녀의 몸과 마음 모두가 어느 순간 치유되자, 그는 하나님의 손이 함께 하심을 인정했다.

1739년 6월 22일 금요일

오후에는 피쉬 폰즈(Fish-Ponds)에서 설교했다. 말씀을 증거하고 있는 동안, 내 앞에 한 사람이 죽는 것처럼 쓰러졌고, 이어 두 번째, 세 번째 사람도 그렇게 쓰러졌다. 또 다른 다섯 명이 30분 동안 더 쓰러졌는데, 그들은 대부분 극심한 괴로움을 겪고 있었다. "지옥의 고통"과 "죽음의 덫"이 그들을 덮쳤다.

우리는 그들의 고통을 주님께 아뢰었고, 주님은 우리에게 평안을 주셨다. 한 사람에게는 정말로 1시간 내내 강한 고통이 지속되었고, 한두 명의 사람은 3일 이상 고통을 받았다. 그러나 나머지는 그 시간에 크게 위안을 받고, 크게 기뻐했고, 하나님을 찬양하며 돌아갔다.

1739년 10월 25일 목요일

브리스톨에 사는 한 사람을 만나러 갔다. 전날 밤 병에 걸린 사람이었다. 그녀는 심하게 이를 갈며 바닥에 누워, 이내 큰소리로 울부짖었다.

서너 명의 사람도 그녀를 붙잡고 있기란 쉽지 않았다. 특히 예수님 이름을 부르고 있을 때는 그랬다. 그러나 우리가 기도하자 완전하지는 않았지만, 그녀의 증상은 가라앉았다.

저녁에 그녀를 다시 방문하게 되었는데, 정말 가기가 두렵고, 내키지 않았다. 그녀는 내가 방에 들어서기 전부터 이미 부르짖기 시작했다. 그리고서 불경스럽고 고통스러움이 뒤섞인 괴기한 웃음을 터트리며 발작했다. 이런 상황을 많이 경험한 한 사람이 초자연적 존재를 알아차리고 이렇게 물었다. "너는 어찌 감히 그리스도인에게 들어왔느냐?" 그러자 "이 여자는 그리스도인이 아니다. 이 여자는 내 거야"라고 대답했다.

다시 "너는 예수 이름이 무섭지 않아?"라고 묻자 대답하지 못했고, 그녀가 움츠러들고 심하게 떨었다. 다시 물었다. "이러면 너의 형벌이 점점 중해지는 걸 모르나?" 그녀는 신음하듯 미세한 소리로 대답했다. "알아, 알아." 이어서 새로운 저주와 불경스러운 욕이 뒤따라 튀어나왔다. 내 동생이 들어오자 그녀가 소리쳤다. "목사님! 야외 설교 목사님! 저는 야외설교를 좋아하지 않아요." 이렇게 욕하고, 침 뱉고, 온갖 극단적 증오감을 표현하는 상황이 2시간 동안이나 반복되었다.

우리는 12시에 그녀를 떠났다. 그러나 26일 금요일 정오에 다시 불려갔다. 그리고 마침내 하나님께서 기도를 응답하셨다는 것을 말할 수 있다. 그녀의 모든 고통이 한순간 사라졌다. 다시 말해서 그녀는 평안을 얻었다. 그리고 악령이 떠났다는 것을 깨달았다.

1743년 9월 12일 월요일

트레주단 다운스에서 1시에 설교하고, 저녁에서는 세인트 아이브스에서 설교했다. 설교하는 동안 하나님에 대한 두려움이 우리에게 엄습하여, 나는 거의 한마디도 말을 할 수 없었다. 무엇보다도 기도하는 중에 나는 무아지경에 빠지게 되었다. 그런 일은 내 생애에서 거의 경험하지 못한 드문 일이다.

1750년 4월 8일 일요일

아침과 오후 그리고 저녁에 설교하였고, 신도회 회원들에게 성서중심의 삶을 고수하고, 그것을 떠나서 좌로나 우로나 치우치지 말라고 권고하였다.

나는 루넬 씨가 고열이 나서 살 가능성이 희박하다는 것을 알게 되었다. 하지만 그는 나를 보자마자 그 순간 기력을 회복하였고 땀을 흘리기 시작하였다. 그때부터 그는 회복하기 시작하였다. 아마도 이 일을 위하여 내가 보냄 받았을 것이다.

1780년 3월 26일 부활절

다음 날 저녁 신도회 중 몇몇이 함께 모였을 때, 하나님의 권능이 강력하게 그들 위에 임하였다. 어떤 이들은 바닥에 쓰러졌다. 어떤 이들은 자비를 구하며 크게 울부짖었다. 어떤 이들은 말할 수 없는 기쁨으로 기뻐하였다. 두세 명은 하나님의 사랑을 분명하게 느꼈다. 어떤 젊은 여자는 특히 이 길에 대하여 최근에 많은 선입견을 가졌지만, 이제는 말할 수 없는 기쁨으로 가득 찼다.

상류층의 적나라한 풍경

열 길 물 속은 알아도 한 길 사람 속은 모른다. 감추어진 마음을 드러내고, 은밀한 것을 나타내는 일은 하나님의 영역이다. 다니엘은 깊고 은밀한 일을 나타내시고 어두운 데에 있는 것을 아시는 하나님을 고백했다(다니엘 2.22). 시므온은 구세주이신 예수가 여러 사람의 마음의 생각을 드러내시리라고 예언했다(누가복음 2.35). 마음이 보이지 않고 중심을 알 수 없는 사람은 어쩔 수 없이 외모를 본다. 사람이 중심을 보려면, 하나님의 지혜가 깃들어야 한다.

존 웨슬리에게서, 중심을 보는 시각을 발견한다. 그는 부자를 부자로 보지 않았고, 상류층을 상류층으로 보지 않았다. 쌓아올린 부(富)에 눌려버린 영혼을 보았고, 상류의 포장지 아래 은폐된 저급한 마음을 보았다. 귀부인이 그냥 불쌍한 죄인으로, 상원의원이 그저 죽기 위해서 태어난 존재로 보였다.

그것은 웨슬리가 경험한 현실에서 깨달은 진실이었다. 옷이나 잘 차려입은 상류층은 예의가 없고, 그네들이 사는 궁전 같은 곳에 하나님의 말씀이 들려지게 하기란, 너무나 어려웠다. 상류사회의 사람들과 어울릴 때, 웨슬리는 자신에게 어울리지 않는 곳이라고 느꼈다(〈저널〉, 1785년 5월 17일).

상류층이면서도 들을 귀가 있는 사람들이 있었지만, 적었다. 부자가 천국에 들어가기란, 예나 지금이나, 낙타가 바늘귀로 들어가기보다 어렵다. 천국은 빈 손으로 들어간다. 비어있는 손이라야, 오직 하나님의 은혜만을 붙잡을 수 있기 때문이다. 부자들은 이미 잡고 있는 것들이 많아서, 손을 비우기가 어렵다.

웨슬리는 "산상설교(11번)"에서 "여러분이 지금 학식과 명예와 권력과 부를 소유한 사람들과만 사귀고 그들과 같은 길을 걷고 있다면 그 길은 생명의 길이 아닐 수 있다"고 단언(斷言)했다. 웨슬리의 〈저널〉은 부자와 상류층이라는 '통곡의 벽'을 끊임없이 실감했던 전도자의 기록이다.

1741년 10월 20일 화요일

1시에 교도소에서 "내가 의인을 부르러 온 것이 아니요 죄인을 불러 회개시키러 왔노라"는 말씀으로 설교했다. 오후에는 귀부인이라며 나를 만나자는 여인이 있었는데, 그냥 불쌍한 죄인이었다. 그녀는 하나님의 능하신 손 아래에서 신음하고 있었다.

1747년 4월 20일 월요일

방안을 가득 메운 교인들 가운데 많은 이들은 내가 전에 그곳에서 본 적이 없는 매우 훌륭한 사람들이었다. 정말이지 하나님께서 이 땅에서 무엇인가 새로운 일을 하고 계신다. 부유한 사람들에게도 복음이 선포된 것이다. 그리고 그들 중 들을 귀를 가진 자들과 예수 안에서 진리를 받을 마음을 가진 자들이 있다.

1754년 6월 11일 화요일

쿡햄으로 갔다. 나는 다음 날 저녁 웅장하게 지어진 저택에서 그에 걸맞은 회중에게 설교를 했다. 이런 궁전 같은 곳에서 하나님의 말씀이 들려지게 하는 것이 얼마나 드문 일인가! 그러나 하나님께 어려운 일이 어디 있겠는가?

1760년 5월 12일 월요일

말을 타고 모이라로 가서 매우 예의 바른 회중에게 설교했다. 그러나 그들 속에는 생명력이 없었다.

1764년 4월 15일 일요일

저녁에 많은 부자가 참석하여 열심히 말씀을 들었다. 하지만, 아! 이들이 천국에 가는 것이 이렇게 어려운 것일까! 그토록 "세상 것들에 대한 욕망"으로부터 벗어나기가 힘들단 말인가!

1765년 9월 4일 수요일

신사 한 분이 장소를 제공하였다. 그는 자신이 어떤 사람인가를 우리에게 확인시켰고, 누구도 그것을 의심하지 않았다. 왜냐하면 그의 언어는 빌링스게이트에서 늘 들었던 것처럼 아주 천하고 부정하고, 또한 짐꾼들의 말과 같았기 때문이다. 거의 모든 말을 개, 악당, 강아지와 같은 단어들을 사용하였다. 더 이상 조용한 이야기를 들어야 할 가망이 없었기에 그를 떠나 나의 숙소로 돌아왔다.

1767년 4월 3일 금요일

드러모어(Dromore)의 끝에서, 뉴리로 가는 길을 알려준 로버트 일리엄스를 만났다. 6시가 조금 지나, 상점에서 설교를 시작했을 때, 단지

네 사람만 와 있었지만, 설교가 진행되자, 많은 사람이 모였다. 그러나 상류사회의 사람들은 하나도 없었다. 그들이 참석하지 못한 이유는 더욱 중요한 것 - 모임을 위해 입고갈 옷! - 에 신경 썼기 때문이다.

1769년 6월 27일 화요일

오늘 나는 경건하고 지각 있는 한 여인에게 다음과 같이 편지를 썼다.

친애하는 부인께

당신의 부가 증가하고 있습니다. 따라서 그것은 당신을 한 단계 한 단계 세상에 더 순응하도록 이끌 뿐만 아니라, 또한 자기-중요성, 세상과 모순되는 것을 싫어함, 건방진 기질 등을 무감각적으로 주입했습니다. 그러므로 당신은 물론 이런 기질에 복종하지 않고 세상에 대한 그런 순응을 비난하는 자들을 싫어했습니다.

부자들이 천국에 들어가는 것이 얼마나 어려운지 제발 상식을 가지고 생각해 보시지요? 예, 그들이 내적인 천국에 들어가는 것은 어떻습니까? 복음의 온전한 정신에 들어가는 것은요? (당신이 그렇게 하든 그렇게 하지 않든지 간에) 이런 자들이 그렇게 많은 것들을 세상에 내주면서 순응하지 않기란 얼마나 어렵습니까! 특히 낮은 자들에게 화를 내는 소인배가 되지 않는 것은 얼마나 어려운 일입니까!!

1778년 9월 8일 화요일

저녁에 프롬에 있는 시장터 한쪽에 서서 아주 많은 회중에게 "그의 계명들은 무거운 것이 아니다"라고 복음을 선포했다. 그들은 브리스톨의 회중처럼 조용하게 서 있었고 극소수만 예외였다. 그들의 대부분은 '잉글랜드 신사'(Gentleman)라고 불린다. 그렇지만 이들이야말로 복음을 들은 그 석탄 선원과 광부보다 얼마나 더 못한 사람들인가!

1784년 4월 20일 화요일

우리는 화이트헤븐으로 갔는데, 이곳의 전망은 지난 몇 년 동안 그랬던 것보다 더욱 밝았다. 신도회는 세상에 순응하지 않은 채 사랑 안에서 연합되어 있으며, 자신들이 창조 받은 하나님의 온전한 형상을 경험하고자 애쓰고 있다. 집회장은 저녁에 사람들로 가득 찼으며, 다음 날에는 더 많은 사람이 모였는데, 교회의 모든 사역자와 마을의 귀족들 대부분이 참석했다. 하지만 이들은 자신들이 마치 광부인 양 겸손하게 행동했다.

1785년 2월 25일 화요일

2-3시간을 상원 의사당(the House of Lords)에서 보냈다. 이곳이 잉글랜드에서 가장 존경받을 만한 모임이란 얘기를 자주 들었었다. 그러나 얼마나 실망인가! 상원의원이 뭔가? 죄인이고 죽기 위해 태어난 존재에 불과하니 말이다.

1787년 5월 3일 목요일

진실하고 사랑스러운 사람들을 떠나 기분 좋은 시골 풍경을 지나 클론멜로 갔다. 6시에 법원 건물에서 설교했다. 나는 이렇게 멋지게 잘 차려

입었음에도, 품행이 이렇게 나쁜 사람들을 본 적이 없어서 무척이나 놀랐다. 그러나 나는 그들이 교회에서도 같은 방식으로 행동한다는 것을 들었다.

1787년 7월 27일 금요일

옥양목을 찍어내는 필 씨가 베리에서 나를 아침 식사에 초청을 했다. 몇 년 전 500파운드로 시작을 해서 그는 이제 5만 파운드는 번 것 같다. 오, 그가 그의 영혼을 잃어버리지 않은 것이 기적이다!

하층민들의 친구가 된 전도자

당시의 광부들이 모여서 이룬 빈민촌은 말할 수 없이 불결했고 열악했다. 광부들의 마을에는 술집과 도박장, 매음굴이 있었다. 광부들 중에는 12세 이하의 아동들도 있었다. 임산부들이 광부로 일하다가 광산 갱도에서 아기를 낳기도 했다. 작은 방 하나에서 10명이 살았고, 침대 하나에서 5명이 잠을 잤다는 가련한 사실들이 알려져 있다.

철저한 계층사회였던 영국에서 하층민들에 대한 몰이해와 편견도 심각했다. 상류층은 빈민들을 비열하고, 난폭하고, 게으르고, 교양될 수 없는 사람들로 여겼다. 하류 노동자들은 엄격한 계급 차별로 천대받았기 때문에, 지배 계층과 대화할 기회를 가질 수 없었다. 실제로 교육을 받을 기회가 없어서 무지하고 무교양했기 때문에, 자신들의 의사를 표현하기 위해서 폭력을 사용할 수밖에 없었다.

당시의 국교회는 이성을 중시하는 이신론, 격식과 권위를 갖춘 의식을 중시하는 고교회주의를 추구했다. 하지만 배우지 못한 노동자들은 이성적이지 않았고, 방 한 칸에 열 명이 자는 슬럼가에서 장엄한 의식을 행할 수도 없었다. 국교회는 빈민들로부터 멀리, 가진 자들의 세상에 있었다. 그런데 국교회에서 이단이요 열광주의자라고 비난받던 존 웨슬리가, 가난한 자들의 세상으로 갔다.

그들의 실태는 끔찍했고 비참했다. 웨슬리도 그들의 욕설, 폭력, 저급함에 충격을 받았다. 그런데 잘 차려입고 품위를 자랑하면서도 생명력이 없는 상류층과는 달리, 가난한 사람들은 하나님의 말씀에 귀를 기울였다. 그리고 도저히 희망이 없어 보였던 사람들이 놀랍게 변화되었다. 기나긴 세월 동안 하층민들의 곁에서 사역하면서, 웨슬리는 밑바닥 인생들을 사랑하는 하나님의 마음을 느꼈다.

상류층의 지식인들은 노동자들을 이성과 도덕을 상실한 동물처럼 취급하여, 곰 또는 우는 사자라고 부르기도 했다. 우리말에도 광부들을 가리키는 "막장 인생"이라는 단어가 있다. 내려갈 데까지 내려가고, 갈 데까지 가서 막장에 이른 사람들이다. 그런데 웨슬리는 충격적인 표현을 만들어냈다. "정직하고도 단순한 영혼을 가진 광부들(〈저널〉, 1761년 5월 18일)", "사랑스러운 광부들"(〈저널〉, 1763년 6월 1일)

역시, 사람은 외모를 본다. 영락없이 곰과 같고 사자와 같은 막장 인생으로 보인다. 하지만 하나님은 중심을 보신다. 하나님의 시각으로 열려있던 웨슬리에게, 그들은 사랑스럽고 정직하며 단순한 영혼이었다.

1782년 9월 10일에 쓴 짤막한 〈저널〉에는 울림이 있다. 단순한 마음들이 모여서 말씀을 듣는 장면을 웨슬리는 낭만적으로 추억했다. "콜퍼드에 있는 단순한 마음을 가진 광부들에게 갔다. 그들 중 많은 이들이 저녁 6시에 푸른 목초지에서 모였다. 목초지는 석양으로 아름다운 금빛으로 물들었다."

존 웨슬리의 〈저널〉은 상류층이 사람으로 취급해주지도 않았던, 가난한 사람들과의 오랜 동행의 기록이다.

1741년 2월 4일 수요일

상식과 기본예절이라고는 찾아볼 수 없는, 가난하고 가엾은 사람이 많이 모여 사는 뎁포드에 갔다. 그들은 "무덤 사이에서" 막 나온 사람처럼 크게 소리치며 대적했다. 그러나 그들은 하나님의 독생자를 이길 수 없었다. 그들 대다수는 완전히 굴복했다. 나는 그들이 더 온전한 마음으로 다시 내게 들으러 돌아오게 될 것을 확신한다.

1742년 5월 28일 금요일

우리는 6시경, 뉴캐슬에 도착했고, 짧은 휴식을 가진 후, 시내로 걸어들어갔다. 이처럼 짧은 시간 내에 엄청난 술주정과 저주, 욕설(심지어 어린아이들의 입을 통해서도)을 경험한 적이 없는 나는 충격을 받았다. 정녕 이곳은 "의인을 부르러 온 것이 아니요, 회개하는 죄인들을 부르러 왔다"고 하신 그분을 위한 때가 무르익은 곳이다.

1752년 4월 16일 목요일

나는 벨턴에서 설교하였으며, 가난하고 멸시받는 사람들 사이에서 하나님의 특별한 임재를 느꼈다. 아, 자신의 피로 구속하시는 그분의 눈에는 이들 중 지극히 작은 자라도 얼마나 소중하겠는가!

1764년 9월 19일 수요일

5시에 예기치 못한 회중을 이곳에서 만나게 되었다. 9시에 다시 콤브 그로브에서 설교했다. 하나님이 그곳에 계신다는 것을 다시 알게 되었다. 이것이 하나님께서 세상의 미련한 것들을 택하사 지혜 있는 자들을 부끄럽게 하시는 것이 아닌가? 이들은 이해가 부족하고, 행동이 성급하며, 광기가 있다. 그런 까닭에 이들의 감정은 혼란스럽고, 표현은 기묘하고 미숙하다.

그럼에도 불구하고 이들은 그들보다 20배나 더 잘 이해하는 현인들의 현명한 표현보다도, 하나님의 참된 능력을 통해 더 기묘하게 표현한다. 나는 하나님이 아주 약한 사람들에게 능력을 주신다는 것을 많은 경험을 통해 알고 있다. 비천한 자는 사람들의 나약함을 너그럽게 보아주고, 하나님의 능력을 신뢰한다.

18세기의 가나안 성도 : 냉담자들

인생에도 신앙에도 굴곡이 있다. 낙오도 있고 퇴보도 있다. 한때는 아름답게 쓰임 받았지만 실족한 자들도 있다. 영국의 곳곳을 다니면서 웨슬리는 신앙의 전선에서 낙오한 병사들을 만났다. 역전의 용사였지만, 영적인 전투에서 탈영한 사람들이었다. 그들은 반항자가 되고, 이단에 빠졌으며, 쓸쓸이 저물어가기도 했다. 목회자 웨슬리의 글에는 그들을 향한 안타까움과 연민이 묻어난다. 끝까지 한결 같기란, 얼마나 어려운가!

1742년 4월 18일 일요일

오후에 만난 사람은, 한때 하나님의 사랑을 맛본 적 있었지만, 다시 타락하여 죄를 깊이 깨닫고, 파괴되어 산산이 조각나고 죄책과 두려움, 자책감에 빠져 있었다. 심지어 설교가 끝난 뒤에도, 계속해서 그녀의 몸과 영혼은 한 결 같이 괴로운 상태인 것처럼 보였다. 그래서 설교 후 우리 중 다수가 그 집의 다른 곳에서 함께 만났지만, 그녀의 울부짖음은 매우 날카로워, 멀리서도 그 소리를 들을 때마다 아주 오싹해서, 나는 기도하거나 말하기조차 힘들었다.

1749년 9월 13일 수요일

5시에 설교한 후에 나는 환자나 건강한 모든 사람을 찾아서 심방했다. 특히 죄에 빠져 있다가 이제는 많은 사람을 죄로부터 깨어나게 하는 유용한 도구로 쓰임을 받는 로버트 서티(Robert Sutty)를 찾아갔다. 그런데 이것이 무슨 일인가! 그가 얼마나 다시 변했는가! 그는 자신이 하나님으로부터 받은 은총이나 선물을 모두 상실하고 하나님과 사람 모두를 잊어버린 것처럼 보였다.

1761년 3월 27일 금요일

6시경 스톡포트에서 설교했다. 여기서 한동안 구원에 대한 열망이 많았던 한 젊은이에 대한 소식을 들었다. 얼마 지나지 않아 그는 매우 냉담해져서 신도회를 떠났다. 그 후 몇 달 지나지 않아 그는 결국 이 세상을 떠났다. 그것도 자기 손으로 목숨을 끊었다!

1786년 2월 31일 화요일

나는 이전에 내가 했던 것보다 더 특별하게 조셉 리(Joseph Lee)에 대해 설명했다. 내가 뉴캐슬 어폰 타인에 처음으로 갔을 때, 나는 믿음과 사랑으로 충만한 그를 지도자 중 한 사람이자, 신도회의 청지기요, 우리 가족을 위한 양식 전달자로 선택하였다. 그는 최고의 능력과 정직함으로 자신에게 맡겨진 일을 수행했다. 그는 하나님과 더불어 겸손하게, 가까이 동행했다. 그리고 신도회 전체뿐만 아니라, 마을 전체에 모범이 되었다.

그런데 얼마 후, 그는 뉴캐슬을 떠나 노팅엄에 정착하라는 유혹에 설득당하고 말았다. 거기에서 그는 도덕폐기론자들(Antinomians)에게 빠져들었으며, 자신의 힘을 믿고서는 점차적으로 그들의 의견을 받아들여서 점점 더 엄격함을 잃어가더니, 결국 처음에는 종교(기독교)의 능력을 그 다음에는 종교의 형식을 모두 상실하고 말았다.

세상에서 하나님이 없이 몇 년을 산 후, 어느 날 저녁 그는 자기의 명랑한 동료들과 즐거운 시간을 보내고 있었는데, 그중 한 명이 "이봐, 자네는 예전에 매우 경건한 사람이었지. 저 열광적인 메소디스트 중 한명이었잖아!"라고 말했다. 그는 단 한마디도 대답 없이 자기의 팔을 테이

블에 기대고 죽었다.

웨슬리는 한때의 능력자들이 무기력한 냉담자로 전락하는 이유를 분석했다. 첫째로 하나님이 주신 것들을 활용하지 않기 때문이다. 하나님이 주신 모든 것은 하나님의 나라를 위하여, 사람들을 사랑하기 위하여 계속해서 사용되어야 한다. 사용되면서 개발되어야 한다. 만약에 받은 것을 활용하지 않으면, 받은 것을 유지하기는 불가능하다. 더 많이 가진 자에게는 더 많은 겸손함과 노력, 더 많은 주의와 기도, 더 많은 신중함과 성실함이 요구된다.

사용하지 않은 연장에 녹이 슬 듯이, 사용되지 않은 은사를 담고 있는 영혼은 차갑게 식어간다. 웨슬리는 일부 냉담자들을 가리켜 "그들은 조심하지도 않고! 기도하지도 않고! 항상 기도하는 척한다"고 꼬집었다(〈저널〉, 1765년 1월 31일)

둘째로 신앙으로 인한 고난이 없이, 평온함만을 추구하기 때문이다. 십자가는 그리스도인의 온도계이다. 십자가를 지면 뜨거워지고, 십자가를 지지 않으면 차가워진다. 하나님의 뜻을 이루기 위하여 스스로 고난의 십자가를 질 때에만, 뜨거운 마음으로 살아있게 된다. 웨슬리는 1771년 4월 13일의 〈저널〉에 인상적인 문장을 썼다 : 어떤 사람들은 폭풍으로 죽지만, 훨씬 더 많은 사람은 평온함으로 인해 죽는다.

냉담자들의 비율은 얼마나 될까? 1766년 4월 1일의 〈저널〉에, 웨슬리는 세밀하게 살펴본 통계를 제시한다. 2-3년 전에 하나님의 사랑으로 충만했던 50명 이상의 사람 중에, 그것의 상실로 인해 고통당하지 않은 사람들은 3분의 1이 채 안되었다. 3분의 2가 상실감을 느끼며, 한때 누렸던 것을 진심으로 갈망하고 있었다고 한다.

한국에서도 교회에 '안나가'는, '가나안' 성도의 문제가 계속해서 지적되어 왔다. 가나안의 신자들에게 회복의 은혜가 필요하다. 웨슬리는 냉담자들이 회복되는 장면을 스케치했다.

1750년 5월 1일 화요일

과거의 모습으로 돌아가 '토한 것을 다시 먹는 개'처럼, 처음 된 자들이 나중 된 자가 되는 모습을 여러 사람에게서 발견하였다. 더블린에서 시작된 목쉰 상태가 저녁이 되면서 심각해져서 회중이 거의 알아듣지 못할 것 같았다. 신도회를 만나는 자리에서 나는 그들의 냉담함과 탐욕에 대해서 날카롭게 책망하였다. 그 시간에 회개의 영이 임하셔서 그들 모두는 산산이 무너지는 것처럼 보였다. 동시에 나의 목소리가 잠시 회복되어서 한 번 더 하나님께 감사의 찬양을 드릴 수 있었다.

1758년 2월 1일 수요일

거의 70년이나 능력 있는 크리스천이었던 귀부인과 이야기를 나누었다. 그런데 그녀는 지금 자기가 낙오된 것을 알고서, 죄인의 친구가 되는 분에게 울면서 용서의 은혜를 구하기 시작했다.

1763년 2월 16일 수요일

세븐오크스로 말을 타고 갔다. 여기에서 나는 믿음의 경주를 잘하던 한 사람이 죄의 기만에 속아 마음이 매우 굳어진 것을 발견하고 슬펐다.

그러나 저녁에 하나님께서 한 번 더 그를 돌아보셔서 사랑의 눈물로 그를 녹이셨다.

꿈 같은 인생의 다양한 표정

존 웨슬리는 "꿈과 같은 인생"이라는 제목으로 설교했다. "잠 속의 꿈과 인생이란 꿈 사이에는 유사성이 있다. 꿈이 실재가 아닌 것처럼 인생도 한순간에 영원히 그림자와 안개처럼 사라지는 것이다. 그렇다. 가족과 친구, 금과 은, 돈과 귀중품, 권력과 명예, 행복과 불행, 사랑과 아름다움, 미움과 다툼 등 이 모든 것이 꿈처럼 사라지고 다시 오지 않는 그저 아련한 기억만 남는 것이기에 정말 인생은 꿈이 아니겠는가?"

한바탕 봄날의 꿈같은 일장춘몽(一場春夢)의 인생이지만, 미련을 버리지 못한 인간은 온갖 종류의 사연을 만들어낸다. 일평생 떠돌아다녔던 웨슬리는 수많은 사람들을 만났다. 이름뿐인 그리스도인, 알 수 없는 고통에 시달리는 사람들, 세속적인 종교인, 더러움을 자랑하는 자들, 근거 없는 예언자, 어리석고 허망하며 속이는 인생들이 그려내는 비극과 희극의 이야기를, 방랑자 웨슬리가 들려준다.

1741년 6월 10일 수요일

아침에 내적 하나님 나라에 대해 설교했다. 많은 사람이 마음으로는 이교도이면서, 단지 이름뿐인 그리스도인이었다는 점을 나는 발견했다.

1738년 12월 5일 화요일

글로스터 그린(Gloucester-green) 빈민센터에서 기도문을 읽어주고 설교하였다. 목요일에는 세인트 토마스(St. Thomas)의 교구에 속한 곳에서 설교하였다. 양 이틀간 나는 캐슬에서 설교하였다. 세인트 토마스에서 한 젊은 여성이 미친 듯이 헛소리를 하고 고함을 치며 자신을 계속 고문하고 있었다.

그녀와 말하고 싶은 뜨거운 마음이 생겼다. 내가 말을 시작한 순간, 그녀는 잠잠했다. 내가 "나사렛 예수는 당신을 구원할 수 있고 그것을 원하신다"고 그녀에게 말하는 동안 그녀의 볼에는 눈물이 계속 흘러내렸다. 오, 이 땅에 믿음은 도대체 어디에 있는가? 왜 이렇게 가난하고 불쌍한 사람들이 사탄의 결박에 묶여 있는가? 주 예수여! 당신의 치료제로 그들의 아픔을 고쳐주소서. 그리고 더러운 영들로 인해 고통 받은 자들을 건지소서!

1739년 2월 13일 화요일

나는 그 다음의 메모를 받았다. "친애하는 선생님, 고문당하는 내 아들을 위해 당신이 금요일에 기도해 준 것에 진심으로 감사를 드립니다. 그는 점점 더 나빠지고 있습니다만, 그만큼 구원이 가까이 왔기를 희망합니다. 나는 여전히 당신이 그를 고쳐주거나, 혹은 그 매를 견딜 수 있는 인내를 우리에게 주시도록 주님께 기도해주시기를 간청합니다. 나는 그 기도가 어린양의 보혈에 잠기기를 희망합니다.

선생님, 우리 아이는 숨넘어갈 듯이 울고 있습니다. 그 아이의 심장은 마치 그의 갈비뼈를 부수고 나올 듯 뛰고 있습니다. 그는 터질 듯 부어

올랐고, 엄청난 땀을 흘리며, 자신을 때리고 찢고 합니다. 아이가 나를 물어뜯어 내 몸에는 그가 낸 상처들이 있습니다. 그는 불에 손을 대고, 바늘로 자신을 쑤시기도 합니다.

이런 식으로 5년을 보내오고 있습니다. 내 아이는 11살인데, 고통의 세계에 살고 있습니다. 나 자신은 또한 긍휼을 원합니다. 그러나 나는 나의 구속자요, 나의 하나님인 그분을 찬양하겠습니다."

1745년 12월 25일 수요일

강한 확신이 있어 보이는 한 젊은이와 대화했다. 하지만 그렇게 보일 뿐이었기에 염려스러웠다. 이 사람은 지난 수년 동안 내가 만난 위선자 가운데 최고의 사람이었다. 그런 사람은 처음인데, 그는 의도적으로 종교의 가면을 쓰고, 속으로는 완전히 세속적 목적을 추구하는 자였다.

1752년 4월 24일 금요일

우리는 편안하게 마차를 타고 갔다. 그 마차 주인은, 나이가 80세를 넘긴 것 같았는데, 앞으로 30년은 더 살겠다고 말하였다. 그 근거로 그는 10년은 사냥을 하고, 10년은, 현재 1년에 2만 파운드 정도밖에 못 벌기에, 돈을 벌고, 나머지 10년을 회개하면서 살겠다고 설명했다. 오, 하나님이 그 사람에게 이렇게 말씀하실 것이다. "어리석은 자여 오늘 밤에 네 영혼을 다시 찾겠다."

1755년 8월 3일 일요일

수년 동안 유럽에서 가장 유명한 미인 중의 한 사람과 살았던 어떤 사람을 만나 식사를 했다. 그 미녀는 교만하고 자만심이 강하고, 특권층의 사람들에게는 매우 친절했다. 그러나 그녀의 종말을 보라! 고통스럽고 진저리나는 병으로 그녀는 땅 위에서 점점 쇠락하여졌고, 그녀가 사망하기 몇 년 동안 너무나 공격적이었기 때문에 어떤 사람도 그 방에 머물수가 없었다.

1758년 10월 6일 금요일

2시에 내려서 약 2마일 조금 덜 되는 거리를 걸어서 뉴포트로 갔다. 쭉 이어진 군대 막사들이 마을을 온통, 내가 지금까지 본 중에 가장 방탕한 악당들인, 군인들로 가득 차게 했다. 그들은 욕하고, 저주하고, 술취하고, 음란함을 큰 자랑거리로 삼았다. 이 괴물들을 아직 지옥으로 보내지 않으시는 하나님의 은혜가 얼마나 큰지!

1760년 1월 16일 수요일

한 여자가 내게 와서 주님의 메시지라고 하면서 내가 세상에 보화를 쌓고 있으며, 안일한 삶을 살면서 먹고 마시기만 탐한다고 말했다. 나는 그녀에게 하나님께서 나를 더 잘 아시며, 만약 하나님께서 그녀를 보내셨다면 보다 적절한 메시지를 주어 보내셨을 거라고 말해주었다.

1766년 7월 29일 화요일

저녁에 패디햄(Paddiham)에 있는 설교집회장 근처에서 설교하면서, 기독교만이 우리를 건질 수 있는 유일한 종교라는 사실을 강조했고, 하나님과의 교제를 역설했다. 설교 말미에 M씨가 왔다. 그의 길고 하얀 수

염이 그의 병이 계속되고 있음을 말해주었다. 다른 모든 점에서 그는 매우 예민했다. 그가 매우 염려스러운 어조로 말했다. "수염이 없다면, 당신은 천국에 갈 수 없습니다! 그래서 곧 당신의 수염이 자라기를 빕니다."

1766년 12월 27일 목요일

좋은 계획을 많이 가지고 있는 젊은 성직자와 대화를 나누었다. 하지만 내 판단에는 그 계획들이 이루어질 것 같지는 않다. 이유는 그가 자신의 약점을 전혀 모르기 때문이다.

1769년 4월 30일 목요일

나는 배를 타고 있는 동안 내 말에 서너 차례 먹이를 주었다는 어떤 한심한 사람에 의해서 법정에 소환되었다. 그는 말에게 먹이를 먹인 노고의 대가로 10실링을 요구했고, 나는 그에게 반 크라운을 주었다. 내가 법정에 이 사실을 말하자 그는 심하게 야단을 맞았다. 우리 모두 해안에 있는 이런 부두 협잡꾼들을 조심하자!

1769년 5월 5일 금요일

6시에 지역 법원 건물에서 설교했다. 모두 예의 바르게 행동했는데, 거의 끊임없이 웃었던 한 젊은 여성은 예외였다. 그녀는 웃을 만한 일이 아무것도 없다는 것을 잘 알고 있었다. 그런데 그녀는 자기가 예쁘게 웃었다고 생각하는 것 같았다.

1770년 4월 23일 월요일

스콘으로 걸어갔다. 고대 유명인이 살았던 왕궁의 또 다른 모습을 보게 되었다. 그 왕궁은 그 후 오랫동안 흔한 먼지 더미로 변해버렸다. 이제 건물들 역시 신속히 부식되고 있다. 이처럼 인간의 위대함은 꿈처럼 사라진다!

1787년 6월 18일 월요일

말씀을 전한 후에 우리는 대주교의 숙소와 채플을 보았는데 이 건물들은 최고로 품격 있고, 그 소유지 주변에서 가장 아름다운 스타일로 펼쳐져 있었다. 그럼 누가 그것의 주인인가? 그것을 보는 사람의 것은 아닐 것이다. 아마도 대주교님은 그것을 더 이상 보지 못할 것이다. 그는 여든이 훨씬 넘은 나이에 더블린 근처에 가장 큰 저택을 짓기로 정했으니!

죽음의 가장 자리에서 대리석 판을 예약해 놓고서도

무덤을 잊어버리고 궁궐을 짓는 당신이여!

1788년 7월 5일 토요일

오우스톤에서 이렇게 많고 열정적인 회중을 나는 본 일이 없는데, 나는 밤에 이 회중에게 설교했다. 그 후 나는 큰 저택을 보러 갔는데, 이는 내가 어렸을 때 고(故) 핀더의 부친에 의하여 건축된 것으로 최근까지 이 마을의 영광이었다. 그러나 그의 손주는 거주하는 사람도 없이 이 건물을 돌보지 않고, 모든 가구와 사진들을 옮겨 갔으며, 창문을 통해 버리고 입구의 오솔길을 만들어주었던 아름다운 나무들을 잘랐다... 이렇게 인생은 희극처럼 사라지는 도다.

1788년 12월 31일 수요일

거의 70년 동안, 나는 어떤 전쟁이나 공공의 재난이 일어나기 전에 잉글랜드에서는 많은 예언자가 일어나 무서운 일들이 일어날 것이라고 자신 있게 예언하는 것을 보아왔다. 그들은 일반적으로 자신들을 믿지만, 헛된 상상에 놀아난다. 그리고 그들은 예언이 틀려도 좀처럼 깨우치지 않는다. 다만 여전히 그들은 언젠가는 자신들의 예언이 성취될 것이라고 믿는다.

1789년 9월 25일 금요일

클레어 힐(Clare-Hill)에서 헨더슨 씨와 1시간을 보냈다. 나는 그가 잉글랜드에서 최고의 정신과 의사라고 믿는다. 그러나 그 조차도 자신을 하나님께 인도한 외동아들의 생명은 구할 수 없었다.

통증과 질병의 기억

초인적인 사역을 해낸 웨슬리였지만, 초인은 아니었다. 그는 위험하고 고생스런 전도여행을 하면서 과로해서, 자주 감기와 몸살을 앓았다. 매년 몇 번에 걸쳐서 독감과 고열, 위장병이나 신경통 또는 관절통으로 심한 고통을 겪었다. 열악한 생활환경으로 인한 영양부족도, 잦은 병치레의 원인으로 추측된다.

웨슬리는 갑자기 고열이 나서 여러 번 위험한 고비를 넘겼다. 심한 열병에 걸렸던 50세에는, 다가오는 죽음을 예견하고 자신의 묘비문을 적었다. 아일랜드에서 순회설교를 하던 52세에도 열병에 걸려서 거의 죽음 근처에까지 갔다. 그때 웨슬리를 살린 것은 기도였다. 메소디스트들은 웨슬리가 신음하던 침대에 둘러앉아서, 히스기야 왕처럼 수명을 15년만 연장해달라고 간절히 기도했다. 기도하는 중에 기적이 일어났다. 즉시로 고열이 멎고 몸이 깨끗이 회복되었다. 15년 연장을 기도했는데, 그 후로 36년을 더 살았으니, 두 배가 넘게 응답된 셈이다.

61세에는 통풍으로 고생을 하다가 외과수술을 받았고, 87세부터 당뇨병을 앓았다. 〈저널〉은 웨슬리가 병상에서 써내려간 통증의 기록을 담고 있다.

1746년 11월 12일 수요일

저녁에 채플에서 심한 치통으로 고생을 했다. 집에 도착했을 때, 스피어(Spear) 씨는 그가 몇 년 동안 고생했던 탈장에 대한 이야기를 나에게 해주었다. 가장 저명한 의사도 그의 탈장 치료가 불가능하다고 선언했지만, 순식간에 완벽하게 치료되었다. 나는 하나님의 뜻에 복종하도록 기도했다. 내 고통이 멈추었고 고통은 더 이상 돌아오지 않았다.

1748년 8월 1일 월요일

나의 오랜 친구 중의 하나가 돌아왔다. 즉 두통이 시작된 것이다. 내가 고기를 멀리하는 동안 괜찮았던 그 병이 다시 시작되었다. 그렇지만 다시 하루나 이틀이 지나면 다시 사라지리라고 생각한다.

1749년 4월 24일 월요일

요 며칠 사이에 추위는 점점 더 심해지고 내 턱의 떨림은 급격하게 심해졌는데, 그것이 나를 너무 괴롭혔다. 그래서 나는 의사 루티를 불렀다. 나는 쐐기풀을 끓여서 복용하였고 그것은 잠시 내가 고통을 잊을 수 있도록 해주었다. 조금 후에는 따뜻한 당밀(treacle)을 사용해서 부종을 좀 약화할 수 있었다. 의사가 도착하기 전에 이미 나는 상당히 호전되어 있었다.

1752년 5월 29일 금요일

잠자리에 들었지만, 심한 설사, 고열, 그리고 계속되는 위통으로 깊이 잠들 수 없었다. 나는 12시가 되어서야 졸기 시작했고 그때부터 회복이 시작되었다.

1753년 7월 29일 일요일

나는 며칠 동안 계속 설사를 했다. 주일날에 설사는 매시간 점점 심해졌다. 그러나 나는 하나님의 도우심으로 약속된 곳에서 설교하기로 했다. 나는 지금 설사와 함께 계속된 두통과 격렬한 구토 그리고 1시간에 몇 번씩 발과 다리에, 때로는 두 다리와 양쪽 넓적다리에 경련이 일어났다. 그러나 하나님께서 나를 전적으로 만족하게 하시고 그에게 감사하며 그에게 맡길 수 있게 하셨다.

1753년 10월 22일 월요일

나는 극도로 아픈 채로 일어났다. 약속을 지키기 위해서, 결국 4시 바로 후에 캔터베리로 출발했다. 웰링(Welling)에서 나는 더 이상 갈 수 없었고 1시간 정도 쉰 다음에, 훨씬 좋아졌다. 그러나 말을 탄 후에 곧 구토증상이 또 시작되었고 채텀에 가까운 브롬톤(Brompton)에 갈 때까지 계속되었다. 저녁때와 아침 5시에 진지한 회중에게 설교했다. 우리는 1시쯤 캔터베리로 왔고, 갑작스럽게 감기로 인한 오한이 찾아왔다.

1757년 8월 29일 월요일

강한 바람과 폭우를 뚫고 론세스턴으로 말을 타고 갔다. 그로 인해 심한 치통이 왔으나 그 치통이 설교를 방해할 수 없었다. 그런 밤을 보낸 기억이 그전에는 없었으나 영광으로 가는 길은 모든 것이 선하다.

1759년 2월 9일 금요일

갑자기 바늘이 얼굴 옆을 찌르는 것 같은 것을 느꼈다. 아침이면 나을 거로 생각했으나 훨씬 더 악화되었고, 편도선이 부었고, 얼굴 옆면이 많이 부었다. 온종일 더 심해져서 저녁에 스노우스필드에서 설교하는 데 많은 어려움이 있었다.

1760년 3월 24일 월요일

저녁 7시에는 체스터에서 설교했다. 그렇지만 눈에 염증이 생겨 거의 눈을 뜰 수 없었다. 내가 출발하기 전부터 염증이 매우 심했는데, 얼굴 정면에 차갑고 센 바람을 맞으며 말을 타고 40마일을 달렸더니 염증이 더 심해졌다. 저녁에 칼라민 용액을 눈에 발랐더니 다음 날 아침이 되기도 전에 아픔이 사라졌다.

1773년 9월 13일 월요일

감기가 낫지 않아서 설교하는데 힘이 들었다. 저녁에는 더 심해져서 입천장과 목에 큰 염증이 생겼다. 할 수 있는대로 간신히 설교하긴 했지만, 설교하고 나서는 더 이상 할 수 없었다. 딱딱한 음식뿐만 아니라 물조차도 삼키기 어려웠고, 기관지가 거의 막힐 것 같았다. 평소 같으면 활동해야 하는 시간이지만 드러누웠다. 너무 많은 가래가 멈추지 않고 나와서 새벽 3시까지 한숨도 잘 수 없었다. 그 후 9일 동안 점점 호전되었다.

1789년 12월 31일 목요일

뉴 채플에서 말씀을 전하였다. 그러나 경련을 피하려고 10시에 잠자리에 들었다. 나는 잘 버텼다. 하룻밤에 이렇게 많은 경련에 시달린 적이 전에도 있었는지 나는 모른다.

"나는 언제나 설교함으로 산다!"

인생은 역설이요 역전이다. 강점이 약점이 되고, 약한 그것 때문에 강해지기도 한다. 웨슬리는 쉬지 않고 사역해서 약해졌다. 동시에 쉬지 않고 사역했기에 강해졌다. 매일 설교하느라 지쳤지만, 오히려 설교해서 건강해졌다. 평생 병치레를 했지만 그럴 때마다 이겨냈기에, 87년이 넘는 세월을 살아냈다.

웨슬리는 평균 하루에 세 번씩, 한 주간에 20번 이상, 일평생 4만 번 이상을 설교했다. 엄청난 헌신이요 과로였지만, 동시에 기쁨이었다. 그는 열정적인 설교자인 동시에 설교 애호가였다. 설교하기를 즐겼고 설교자로 쓰임 받음에 행복했기에, 아무리 괴롭고 힘들어도 설교를 하면 몸과 영혼이 살아났다. 그는 설교란 건강을 지켜주는 음식과 같고 좋은 약이며 운동이라고 했다. "나는 언제나 설교함으로 산다(1 live ever by preaching)"라는, 특이한 명언을 남기기도 했다. 설교를 하다가 지친 심신을 설교를 통해서 회복했으니, 설교에 살고 설교에 죽은, 하늘이 내린 설교자였다. 〈저널〉은 설교를 하면서 살아나는 웨슬리의 자화상이 보여준다.

1741년 4월 15일 수요일

그레이하운드 레인(Greyhound-Lane)에서 에베소서 4장 후반부를 강해했다. 몸에 힘이 너무 없어서 거의 서 있을 수도 없었지만 영은 아주 강해졌다. 목요일에는 종일 눈에 띄게 힘이 없어져 17일 금요일에는 침대에서 거의 나올 수가 없어 일어서자마자 다시 누울 수밖에 없었다. 그럼에도 불구하고 저녁에는 쇼트스 가든스에 몸을 이끌고 갔다. 어렵사리 계단을 올라가 (목소리가 거의 나오지 않았기에 겨우 알아들을 수 있는 소리로) "미리 아신 자들을 또한 미리 정하셨으니"라는 말씀을 읽었다. 그때 순간적으로 목소리와 힘이 돌아왔다. 그리고 그 후 몇 주 동안 아메리카에 도착한 이후로는 느끼지 못했던 강한 체력을 느꼈다.

1748년 4월 15일 금요일

에딘데리(Edinderry)로 말을 타고 갔다. 그리고 많은 사람이 금방 모여들었다. 지난밤, 내 옆에서 자고 있던 스윈델 씨가 뇌졸중 같은 경련을 일으켜, 나는 그에게 신경이 쓰여서 잠을 설쳤다. 정오에 기운이 없었지만, 도시 한쪽 길가에서 설교를 시작했다. 햇살이 온종일 아팠던 내 머리로 쏟아졌다. 그러나 설교를 시작하자 곧 모든 일을 잊어버렸다. 그리고 내가 설교를 마쳤을 때는 나는 아주 건강해져서 다시 더블린으로 갔다.

1749년 9월 24일 일요일

나는 신도회 한 사람 한 사람을 검토하기 시작했다. 8시에는 긴스(Gins)에서 설교하였는데 거기는 탄광촌이었다. 1시와 2시 사이에 다시 헨싱햄에서 설교하였다. 많은 회중이 모였고 그들에게 나는 "회개하고 복음을 믿으라"고 설교하였다. 그리고 교회로 가서 예배를 드리면서 중간에 뇌졸중이 오는 것을 느꼈다. 갑자기 오한이 느껴졌으며, 얼마 지나지 않아서 열이 나기 시작하였다. 또 토사를 시작해서 곧바로 침대에 눕게 되었다.

하지만 교회에서 돌아오면서 시장터에 엄청난 대중이 모여 있는 것을 보며, 그 많은 사람을 그냥 돌려보낼 수 없었다. 그래서 내가 그들에게 설교하는 동안 하나님께서 나를 기억하시고 내 영과 육을 강하게 만들어 주셨다.

1752년 4월 16일 목요일

걸어서 버넘까지 갔다. 이브샴을 떠나온 이후 줄곧 그렇게 하였지만, 계속해서 하루에 세 번씩 설교하면 내 기운이 당해낼까 하는 생각이 나서 여기서는 별로 설교할 계획이 없었다. 그러나 막상 집 안에 사람들이 가득히 모인 것을 보니 안 할 수가 없었고, 그뿐만 아니라 기운을 쓰면 쓸수록 더 기운이 났다.

나는 보통 하루에 설교를 여러 번 하지만, 첫 번째 설교를 끝내면 상당히 피곤을 느끼고, 두 번째를 끝내고는 약간 피곤함을 느끼고, 세 번째나 네 번째 설교를 끝내고 나면 피곤이나 기운이 없는 것을 별로 느끼지 않는다.

1777년 5월 10일 토요일

90이나 100마일을 여행한 후에 몰턴으로 돌아왔다. 그리고 1시간의 휴식을 취한 후 스카버러로 넘어가서 저녁에 설교하였다. 며칠 전부터 시작된 이질이 더욱 심해져 처음에는 말하기도 힘들었다. 그러나 말하면 말할수록 점점 강해졌다. 지금 하나님께서 도우시고 있지 않은가!

고질적인 통증, 웨슬리의 연애

몸이 아픈 것보다 더한 통증은 마음의 고통이었다. 그것은 웨슬리의 지병이라고 할 수 있는 남녀관계에서 왔다. 여자 문제에 관한 한 웨슬리는 일관되게 실패했다. 옥스퍼드 시절에 샐리 커크함에게, 조지아에서 소피 홉키에게 실연당했다. 젊은 날의 웨슬리가 연애에 실패했던 주된 이유는 결혼과 독신에 대한 생각이 정리되지 않았기 때문이다. 머리로는 독신을 이상적으로 생각했지만, 아름다운 여인의 향기에, 가슴은 설레었다. 머리로 가슴을 다잡으려 하고, 가슴은 머리의 통제를 거부하는 사이에, 사랑이 떠나갔다.

40세에 접어든 웨슬리는 결혼과 독신에 대한 입장을 정리했다. 1743

년에 발표한 "결혼과 독신에 대한 생각"에서 존 웨슬리는 독신생활이 모든 사람에 대한 하나님의 명령이 아님을 인정했다. 그러나 독신은 결혼보다 확실하게 고상하며, 결혼은 정욕을 이기지 못하는 연약함 때문에 하게 되는 인간의 양보라고 평가했다. 따라서 독신으로 지내거나, 아니면 최대한 결혼을 지연시키는 것이 최선이라는 결론을 내렸다.

소년 시절부터 히브리어와 헬라어로 성경을 줄줄 읽었던 웨슬리이지만, 전혀 성경적이지 않은 결론이다. "이는 내 뼈 중의 뼈요 살 중의 살이라!(창세기 2장 23절)" 히브리어에서 최고의 감탄문으로 표현된 최초의 결혼, 유대교의 이혼 관에 결연이 맞서서 하나님이 짝지어주신 결혼의 신성함을 설파하셨던 예수님의 말씀, 결혼을 그리스도와 교회의 관계에 비유한 바울의 교훈을 왜 읽지 못했을까?

웨슬리는 그저 육신의 정욕을 이기지 못하는 인간의 연약함 때문에 어쩔 수 없이 하게 되는 양보라고, 결혼을 폄하했다. 최대한 결혼을 늦추라는 권고는 출산연령을 초과하게 되는 문제를 만들어, 생육하고 번성하라는 하나님의 명령과 대립된다. 천하의 웨슬리도, 어디까지나 인간이다. 인간은 누구나 어처구니없는 생각과 황당한 소리를 할 수 있다.

결혼과 독신에 대한 입장을 잘못 정리한 웨슬리는, 잘못 정리한 결론에도 충실하지는 못했다. 결혼은 정욕 때문에 어쩔 수 없이 하는 것이며, 최대한 늦추어야 한다는 결론은 어디까지나 머리에서 나온 이론이었다. 현실은 달랐다. 웨슬리가 세 번 결혼에 이끌렸던 또 다른 이유로, 결혼에 대한 그의 논문에는 소개되지 않았던 건강 문제가 있었다.

그는 건강할 때는 너무나 바빠서 결혼을 생각할 틈도 없고 일에만 몰두하는 스타일이었다. 빈틈이 없고 철저했으며 완전한 거룩을 추구했던 사나이였지만, 오히려 그랬기 때문에, 아플 때는 무장이 해제되어 버렸다. 병상의 웨슬리는 결혼을 향한 충동을 느꼈고 위험하게 끌려갔다.

그것은 당연하다. 아픈 남자에게 여인의 부드러운 돌봄은 너무나 그립고 필요하다. 웨슬리가 아플 때, 아름다운 여인이 곁에 있었던 경우가 세 번 있었다. 1737년 조지아에서 소피가, 1748년 뉴캐슬에서 그레이스가, 1761년 런던에서 바질이 웨슬리를 간호했다. 그때마다 웨슬리는 사랑에 빠졌지만, 그때마다 실패했다.

사십대 중반에 접어든 웨슬리에게 찾아온 사랑은 열세 살 연하의 젊은 과부 그레이스 머리(Grace Murray)였다. 1748년 8월, 잉글랜드 북부에서 전도여행을 하다가 병이 난 그는 뉴캐슬에서 며칠 동안 그레이스의 간호를 받았다. 이때 존 웨슬리는 그녀의 손길에서 "말로 표현하지 못할 부드러움(inexpressible tenderness)"을 느꼈다.

웨슬리는 사랑에 빠졌다. 병이 나아서 그레이스의 간호가 끝날 무렵, 그녀에게 "내가 만일 결혼한다면 바로 당신과 할 것"이라고 말했다. 그레이스는 깜짝 놀랐고 너무나 기뻐했다. "나에게는 얼마나 큰 축복인지요? 이것을 어떻게 믿어야 할지 모르겠네요. 하늘 아래서 내가 얻을 수 있는 최상의 행운이지요!"

그것은 진심이었지만, 양다리의 시작이었다! 그레이스는 이미 존 웨슬리의 제자이자 평신도 설교자였던 존 베넷과 결혼을 약속한 사이였다. 이 사실을 존 웨슬리에게 말하지 않았으니, 양다리를 걸친 셈이다. 그레이스의 마음은 존 웨슬리와 존 베넷, 두 명의 존 사이에서 갈대처럼 흔들렸다. 둘 중에 하나를 선택하지도 못했고, 버리지도 못했다. 존 웨슬리와 함께 있을 때에는 존 웨슬리와, 베넷과 함께 있을 때에는 베넷과 결혼하고 싶었다.

이때 찰스 웨슬리가 등장했다. 그는 자신의 형이 하녀 출신인 그레이스와 결혼한다는 소식에 충격을 받았다. 이런 대목을 보면 동생은 형만큼 선각적이지는 못했다. 하녀 출신을 사랑하는 형과 그런 모습에 충격을 받은 동생은 사람에 대한 차별의 문제에 있어서 입장이 달랐다. 그것은 일평생 전도여행에 헌신해서 수많은 하류민들을 보고 그들의 숨결을 느꼈던 존과, 결혼과 함께 야외설교를 중단해서 하층민들을 접촉할 기회가 적었던 찰스의 차이이기도 했다.

찰스 웨슬리는 형과 그레이스의 결혼을 막기로 결심하고, 수단과 방법을 가리지 않았다. 그레이스에 대해서 들은 좋지 않은 이야기들을 형에게 쏟아놓았다. 만약에 형이 그녀와 결혼한다면 메소디스트의 설교자들이 떠나가고 신도회가 흩어질 거라고 했다. 그레이스에게도 만약 자신의 형과 결혼하면 하나님의 일을 파괴하는 큰 죄악을 저지르는 것이라고 했다.

찰스의 말들은 과장이었고 협박이었다. 그러나 그는 9,000곡이 넘는 찬송가를 지은 대가였다! 수많은 가사를 쓴 표현력과 멜로디를 만들어낸 감성을 동원했으니, 얼마나 강력했겠는가! 그 강력함이 한 결혼을 막아내고 또 다른 결혼을 성사시키는데 중요한 역할을 했다. 1749년 10월

3일, 그레이스는 베넷과 결혼식을 올렸다.

웨슬리는 또 한 번 충격을 받았다. 그리고 또 한 번 이겨냈다. 그는 자신이 15분 이상 우울하게 지내본 적이 없다고 말한 바 있다. 아무리 힘든 마음도 기도하고 찬양하면 15분 이내에 풀어져버려서 다시 생생해졌다. 이번에도, 고작해야 15분이었다. 웨슬리는 고통 속에서 기도하고는 훌훌 털어버렸다. 그리고 그레이스와 베넷의 결혼을 축복했으니, 대인배다운 면모이다.

웨슬리의 결혼, 치명적인 통증

세 명의 여자로부터 실연당한 웨슬리는 네 번째 만에 결혼에 성공했다. 이번에도 시작은 건강 문제였고 간호였다. 존 웨슬리는 얼어붙은 런던 다리(London Bridge)에서 넘어져 발목을 심하게 다쳤다. 치료를 받기 위해서 가까운 곳을 찾던 중, 근처에 있던 메리 바질(M. Vazeille)의 집으로 옮겨가게 되었다. 그녀는 상인이었던 남편과 사별(死別)한 41세의 과부로 3명의 자녀를 두었으며, 많은 유산을 물려받았던 부자였다. 일찍이 찰스는 메리 바질을 "슬픈 영을 가진 여인"이라고 표현했는데, 그것은 일종의 예언이 되었다.

존 웨슬리는 그녀를 신앙심이 깊고 교양을 갖추었으며, 책임감과 능력이 있는 여자로 보았다. 웨슬리도 역시 사람이다. 사람은 외모를 본다. 웨슬리가 메리를 높이 평가한 이유에는 빼어난 미인이었던 그녀의 외모가 영향을 끼쳤음을, 합리적으로 추측할 수 있다. 그러나 그녀의 중심은 어둡고 불안했으며, 질투심과 의심이 심했다.

그녀의 집에서 간호를 받던 존 웨슬리는 부드러운 손길과 애정을 느꼈다. 늘 머뭇거렸던 웨슬리가 이번에는 급하게 서둘렀다. 곧바로 청혼했고 메리도 동의했다. 사고가 난 지 일주일 후인 1751년 2월 17일, 온전히 회복되지 않아서 다리를 절고 있던 존 웨슬리는 그녀의 집에서 파운더리에 있던 자신의 집으로 옮겨졌다. 그리고 놀랍게도, 그 다음날 결혼했다. 존 웨슬리가 48세, 메리는 41세였다.

웨슬리가 급속도로 결혼을 추진한 이유는 그 동안의 실패를 되풀이하지 않기 위해서였다. 망설이고 머뭇거리다가 실패했고, 찰스가 개입해서 실패했다. 그래서 이번에는 사랑이 떠나기 전에 서둘렀고, 찰스가 개입하기 전에 서둘렀다. 실패를 통한 배움을 실천해서 성공함으로써 더 크고 처참한 실패로 가는 문을 열었으니, 참으로 가련하다.

존 웨슬리의 갑작스런 결혼에 상당한 지분을 차지하고 있던 찰스는 충격을 받았다. 동생의 공작으로 그레이스 머리가 갑작스럽게 결혼하여 충격을 받았던 형이, 이번에는 동생에게 고스란히 되갚아준 셈이었다. 찰스의 충격과 분노는 깊었다. 교회에 출석하는 것조차 거부하고, 아내와 함께 여러 날 동안 먹지도 못하고, 잠도 못자고, 설교도 하지 못한 채 슬픔에 빠져서 지냈다. 동생의 모습 역시, 일종의 예언이 되었다.

치명적인 손실이라고 판정받게 되는 웨슬리의 결혼은 재정적으로 손실이었다. 존 웨슬리는 메리 바질의 재산을 보고 결혼했다는 비난을 피하기 위하여, 그녀의 모든 재산은 그녀의 자녀들을 위해서만 사용하도록 결정했다. 그리고 결혼과 함께 영국 대학의 규칙에 따라서 웨슬리는 옥스퍼드의 펠로우직을 사임했고 고정 수입을 잃었다.

존 웨슬리는 쉬지 않았고 멈추지 않았다. 결혼 다음날부터 낮에는 다친 다리를 저는 상태에서 사람들의 부축을 받아가며 설교를 했다. 밤에는 히브리어 문법책과 어린이들을 위한 주일학교 교재를 썼다. 2주일 후에는 가까스로 말안장에 올라 북부로 설교 여행을 떠났다. 결혼하고 40일 정도가 지난 후에 기록한 〈저널〉이다.

1751년 3월 27일 수요일

메소디스트 설교자로서 결혼 생활을 하게 되면 독신 때보다도 하루에 설교를 한 번이라도 덜 하고, 전도여행을 한 번이라도 덜 하게 된다는 것은 아무리 생각을 하여도 이해할 수가 없다. 이런 점에서는 확실히 "아내가 있는 사람도 없는 자 같이 살아야"할 것이다.

폭풍 전야의 고요함이라고나 할까, 이때는 결혼이 순항하고 있을 무렵이다. 결혼한 설교자가 독신으로 지낼 때보다 "한 번이라도" 설교를 덜하고 "한번이라도" 전도여행을 덜하는 것을 "아무리 생각해도" 이해할 수가 없다니, 이제 곧 밀려올 태풍을 전혀 낌새조차 채지 못한 남자의 태평스런 타령이다. 어쩌면 이런 태도가 태풍의 한 원인이 되었을 수도 있다.

결혼 초기에 존 웨슬리는 아내와 함께 전도여행을 떠났다. 때로는 아내가 전남편과의 사이에서 낳은 딸들을 데리고 다니기도 했다. 그러나 이것이 두 사람 모두에게 얼마나 힘든 일인지 곧 알게 되었다. 존 웨슬리는 설교자들에게 결혼생활 때문에 설교여행을 1마일이라도 덜 해서는 안 된다고 주장했지만, 현명하지도 현실적이지도 않은 주장이었다. 독신으로 살던 모습 그대로 살아가려면 그냥 혼자서 살지, 왜 결혼하는가!

언제 무슨 일이 터질지 모르는 위험한 전도여행에 아내가 계속해서 동행한다는 것은 애시당초 불가능했다. 게다가 메리의 성격적인 결함도 문제가 되었다. 그녀는 어떤 경우에도 만족하지 못하고 불평을 늘어놓았다. 사람들과 말다툼을 벌이기도 했다.

불행은 결혼 1년 후부터 본격적으로 시작되었다. 존 웨슬리의 분주한 전도여행과 과중한 일이 기본적인 문제였다. 메리는 아이들과 떨어져서 남편과 위험한 여행을 하며 살든지, 아니면 남편이 어디 있는지도 무슨 일을 겪는지도 모르고 집에서 홀로 지내든지, 둘 중에 하나를 선택해야만 했다. 두 가지가 모두 그녀에게는 가혹했다.

지쳐가던 아내에게 남편이 주고받은 편지가 불씨를 당겼다. 당시에는 떨어져있는 사람들의 유일한 의사소통 수단이 편지였다. 존 웨슬리도 편지를 통해서 메소디스트들을 이끌었다. 부지런했던 웨슬리는 편지도 많이 썼고 많이 받았다. 남성뿐만 아니라 여성 설교자들과 속장들, 여신도들과도 서신왕래가 많았다. 사역적인 차원의 서신만이 아니라, 개인적으로도 편지를 주고 받으면서 목회를 했다.

웨슬리는 자신에게 오는 모든 편지를 아내가 열어보도록 허락했다. 나름대로 투명하고 솔직한 방식이었지만, 예민한 여자에게 더군다나 의심 많은 아내에게는 치명적이었다. 웨슬리 연구의 권위자인 헨리 랙은 여성들과의 편지 목회와 인간관계에서 존 웨슬리가 의심받거나 비난받아야 할 요소는 거의 없다고 논평했다. 그럼에도 불구하고 메리는 남편에게 오는 여성들의 편지를 읽으며 의심하고 분노하고 질투했다.

물론, 여자들이 웨슬리에 대한 존경과 사랑을 표현하기도 했다. 웨슬리도 여성들을 격려하는 과정에서, 다정하고 친밀한 표현을 사용하기도 했다. 편지에 드러난 따뜻하고 친밀한 마음의 표현에 아내로서는 질투가 날만하기도 하다. 메리는 남편이 자신에게 관심과 사랑을 주지 않는다고 불평하고 더 많은 시간과 정성을 요구하였다. 여기까지는 어느 정도 이해할 수 있는 수준이다.

하지만 메리는 지나쳤다. 남편이 여자들과 연애편지를 주고 받으며, 그것이 간통의 증거라고 비난했다. 근거 없는 의심과 질투가 점점 커지면서, 불행의 근거가 되었다. 메리는 분노와 배신감과 모욕감으로 불타오르는 나날을 보냈다. 스스로 만들어낸 고통에 갇혀서 남편에게 고통을 쏟아 부었다. 그녀의 질투심은 정신적 불안정을 초래해서, 남편이 전도여행 할 때 애인을 데리고 다닌다고 비난하고, 찰스의 아내가 존 웨슬리의 정부였다는, 폭로 아닌 폭로를 했다.

그녀는 병적이고 범죄적인 행동을 일삼았다. 남편 몰래 전도여행길을 100마일씩이나 추적하고, 사람들을 고용해서 웨슬리의 행적을 조사했다. 남편의 가방과 주머니에서 편지들을 훔쳐서 그 내용을 마음대로 수

정해서는, 웨슬리를 대적하던 칼빈주의자들에게 넘겨주고, 신문사에 보냈다.

아내는 남편에게 온갖 욕설을 퍼붓고 저주했다. 손톱으로 할퀴고 손으로 때리고 발로 찼다. 그녀의 몸집이 남편보다 커서, 몸으로 밀면 존 웨슬리는 벽에 부딪쳐 충격을 받았다. 웨슬리의 전기를 썼던 존 함슨은 생생한 현장을 목격했다. 그것은 부부싸움이라기 보다 일방적인 박해였다.

한번은 메리가 어떤 무기를 손에 들고 집에 들어오는 것을 본 존 웨슬리가 기겁을 해서, 도망치려고 담을 넘다가 떨어져서 죽을 뻔했다. 함슨이 웨슬리의 집에 갔을 때에, 메리가 손에 남편의 노란 머리카락을 한주먹 쥐고, 이를 갈고 거품을 물고 있었으며, 웨슬리는 마룻바닥에 내던져진 채 마치 죽은 것처럼 엎어져있기도 했다. 그녀가 존 웨슬리를 난폭하게 손으로 때리고 머리카락을 한 줌씩 뽑은 적이 한두 번이 아니었다고 한다.

의심하고 또 의심하며, 괴롭히고 또 괴롭히고도 직성이 풀리지 않은 메리는 결혼 7년차였던 1758년 1월에 가출했다. 다시는 돌아오지 않겠다고 맹세했지만, 얼마 후에 다시 돌아왔다. 그리고 결혼생활은 더욱 고통스러워졌다. 그 후에도 메리는 마음대로 집을 나갔다가 다시 돌아오곤 하였다.

1771년 메리는 다시는 집에 돌아오지 않겠다는 메모를 남겨 놓고 떠나버렸다. 6년이 지난 후, 메리는 다시 돌아오고 싶다고 전해 왔다. 존 웨슬리는 이전과 같이 편지를 가져가거나 남편이 여자들과 간통을 했다는 헛소문을 내지 않겠다고 약속하라는 조건을 제시했다. 메리는 돌아오지 않았다.

1778년 75세의 웨슬리는 68세의 아내에게 편지를 썼다. "당신이 천 년을 산다 해도 당신이 나에게 저지른 잘못을 다 바로 돌려놓지 못할 것 이오. 그리고 당신이 그렇게 하기 위해서 무언가 하는 동안 나는 당신에 게 작별을 고할 것이오." 그것이 남편이 아내에게 쓴 마지막 편지였다.

평생 메소디스트로서 규칙을 지켰던 웨슬리는 아내에게도 예의를 지 켰다. 온갖 모욕과 폭행을 당했지만, 아내의 험담을 하지 않았다. 우리 말 번역본으로 3천 페이지가 넘는 방대한 기록인 〈저널〉에서, 웨슬리는 아내에 대해서는 거의 쓰지 않았다. 드물고 희귀한 기록 가운데 아래의 글이 있다.

1781년 10월 12일 금요일

런던으로 왔다. 나의 아내가 월요일에 죽었다고 들었다. 오늘 저녁에 아내가 묻혔다. 나는 하루 또는 이틀 후까지 아내의 죽음을 알지 못하였 다.

남편은 아내의 죽음을 전해서 들었다. 월요일에 죽은 그녀가 묻히는 금요일, 웨슬리는 아내가 묻혔다고 담담하게 적었다. 그런대로 괜찮았 던 1년, 의부증과 폭력에 시달렸던 19년, 가출한 아내와 별거했던 10 년, 도합 30년의 파란만장한 결혼이었다.

살이(生)의 마지막, 죽음의 풍경

목회는 인생의 진실을 마주하는 작업이다. 목회자는 사람이 태어날 때부터 죽을 때까지의 모든 순간에 참여한다. 특별히 죽음의 순간은 잊혀지지 않는다. 한 생애가 홀연히 저물어가는 모습은 목사에게 오랫동안 기억된다. 신실한 성직자였던 존 웨슬리는 수많은 죽음의 순간에 참여했다. 빛나는 신앙의 승리, 두고 갈 것을 쌓아올리다가 가버리는 허무, 범죄자들의 끔찍한 최후, 실족한 신앙인과 어리석은 부자의 끝을 지켜보았다.

사람들은 살아온 모습 그대로 죽는다. 다양하게 살아온 만큼 다양하게 죽는다. 소름이 돋도록 끔찍하게 죽는가 하면, 시신조차도 아름답게 죽기도 한다. 찬란하고 영광스러운 죽음이 있는가 하면 어리석고 허망한 죽음도 있다. 죽음을 살피는 일은 곧 삶을 살피는 일이다. 〈저널〉이 증언하는 죽음의 현장들은 삶을 일깨운다.

1748년 11월 13일 일요일

윌리엄 가디너가 말했다. "나는 행복하네. 아마 내 인생의 가장 행복한 순간이었던 것 같아. 이제 빨리 죽어서 나를 사랑하신 그분과 함께 있기를 바랄 뿐일세." 랭커스터가 말했다. "우리는 지난밤 너무 아름다운 날을 보내지 않았는가?" 그가 말했다. "그래 마치 우리가 하늘에 있었던 것 같았어. 만일 우리가 잠깐 맛본 것이 그렇게 달콤했다면, 완전한 기쁨은 얼마나 넘치겠는가?"

그리고 다시 토마스 톰슨이 들어왔다. 그도 다른 사람들과 마찬가지로 같은 고백을 했다. 사람들은 그렇게 한동안 서로 둘러선 채로 눈물을 흘리고 있었고 그 집행인은 놀라서 그 자리에 굳어버린 채 서 있었다.

간수가 이제 형장으로 갈 시간이라고 전하자 그들은 모두 말할 수 없는 기쁨을 가지고 일어났다. 그리고 서로를 껴안으면서 서로의 영혼이 주님의 도우심으로 강건해지도록 권면하고 기도하였다.

1758년 5월 25일 목요일

1시경 클레그 힐에서 설교하고 드러머스네이브(Drumersnave)로 말을 타고 갔다. 숲, 물, 비옥한 땅 그리고 완만하게 솟아오른 언덕들은 이 지역을 작은 천국으로 만드는데 일조했다. 전체 땅의 소유주인 캠벨(Campbell)씨가 그렇게 만들었다. 그는 작은 숲을 조성하고, 산책로를 내고, 한쪽 끝에는 막사를 짓고, 반대편에는 자신의 집을 짓도록 새 마을의 조감도를 만들었다. 그러나 아, 슬프다! 죽음이 비집고 들어왔고, 그의 모든 계획은 물거품이 되었다. 그 마을에서 유일한 신사의 집에서 유숙했는데, 그의 아내는 복음을 빛나게 하는 자이다.

1762년 7월 7일 수요일

빈 집들을 턴 죄로 최근 유죄로 인정된 화이트보이 네 명이 처형되었다. 그들은 입회한 신부들의 면죄선언에도 불구하고, 모두 죽음에 대한 공포 때문에 죽을 것 같았다. 그들 중 두세 명이 사다리를 꽉 잡고 그것을 놓으라는 말을 듣지 않았다. 특히 한 사람은 격렬한 비명을 질러서, 1마일 밖에서도 들을 수 있었을 것이다. 오, 사랑 외에 무엇이 죽음의 공포를 쫓아낼 수 있는가! 그 결박은 표현 못할 정도로 얼마나 비참한 것인가!

1767년 2월 5일 목요일

우울한 이야기를 들었다. 몇 년 동안 믿음으로 잘 달려온 한 여자가, 한두 해 전에 자신을 모욕했다고 생각되는 사람을 격하게 공격했다. 그리고 그녀가 아픈지 1-2주 되었는데, 자신의 병이 점점 악화되자, 화를 내었다. 그녀는 종종 이렇게 소리쳤다. "나는 용서할 수 없어! 나는 용서하지 않을 거야!" 그리고 죽을 때까지 무시무시한 비명을 내질렀다.

1767년 12월 13일 일요일

윌리엄 오스굿(William Osgood)의 장례식에 설교해 달라는 부탁을 받았다. 그는 거의 30년 전에 런던에 왔고, 무일푼에서 시작하여 수천 파운드를 모았다. 그는 좋은 사람이었고, 평화롭게 죽었다. 그럼에도 불구하고, 그의 돈이 그에게 큰 장애물이었고, 평생 그를 불쌍하고 비천한 상태로 붙잡아 놓았다고 믿는다. 즉 그는 돈 때문에 그가 이룰 수 있는 만큼의 거룩도 행복도 누리지 못했다.

1770년 10월 23일 화요일

정오에 톤캐스터에서, 저녁 시간에는 위던에서 설교했다. 여기서 다음과 같은 놀라운 말을 들었다. 매우 세속적인 한 사람이 2-3년 전에 친구들에게 자기는 그들보다 40년은 더 오래 살 것이라고 맹세했다. 즉시 그는 피를 토하기 시작했다. 그리고 10분 만에 그는 돌처럼 딱딱하게 된

채로 죽어버렸다.

1772년 1월 5일 일요일

나는 진정으로 이스라엘 사람이었던 엘리자베스 하트랜드(Elizabeth Hartland)의 시체를 매장했다. 그녀는 지난 30년 동안 그녀의 직업, 말과 행동에서 불명예스러운 일이 없었다는 것을 나는 알고 있다. "나는 선한 싸움을 싸우고, 나의 달려갈 길을 마치고, 믿음을 지켰다"는 것이 그녀의 마지막 말이었다.

1773년 1월 28일 목요일

불쌍한 E.T.의 시신을 매장했는데, 그녀가 죽은 다음부터 그녀의 남편은 죽은 아내가 세상에서 가장 훌륭하고 가장 다정다감한 여인이었다고 말했다. 나는 그러한 사례들을 많이 알고 있다. 많은 부부가 함께 살 때는 서로를 원수라고 얘기하지만, 한 사람이 죽게 되면 남은 사람이 죽은 사람을 세상에서 가장 멋진 사람이라고 말하는 그런 부부들 말이다.

1777년 5월 18일 오순절 일요일

파운더리에서 예배는 평상시처럼 4시에 시작되었다. 오전에는 웨스트 스트리트에서, 저녁에는 파운더리에서 설교하였다. 오후에는 거룩한 분이며 훌륭한 설교가인 조셉 길퍼드의 시신을 묻었다. 그토록 재능이 별로 없는 사람이 그토록 큰일을 한 경우는 별로 없었다. 열정적으로 하나님을 기뻐하며 찬양하면서 신앙으로 온전히 승리하면서 살아간 것처럼, 그분은 돌아가셨다.

1779년 9월 24일 금요일

프롬 근처에 사는 로이드(Roade)의 주니어 제임스 제리시(James Gerrish)는 여러 해 동안 하나님을 향한 열심히 매우 컸다. 그러나 그는 부자가 되자 그 열심히 식었다. 그러다가 결국 폐결핵에 걸렸다. 죽음이 엄습해오자 그는 "끔찍할 정도로 두려워하였다." 그는 "가장 낮은 흑암과 가장 깊은 웅덩이에" 있었다.

그러나 "그는 고통 중에 하나님께 부르짖었고", 그리고 "그는 그러한 고통으로부터 구원을 받았다." 그는 말할 수 없는 평안과 기쁨이 충만하였고, 하나님께로 갈 때까지 계속 그러하였다. 그의 아버지는 내게 장례 설교를 청원하여, 나는 오늘 로이드에서 설교를 하였다.

1786년 6월 10일 토요일

달링턴으로 갔다. 지난번에 여기를 다녀간 이후로,   씨가 죽었는데, 나태한 방탕아(an idle spendthrift)에게 수천 파운드를 남기면서도 가난한 사람들에게는 단 동전 한 푼(one groat)도 남기지 않았다. 불의의 맘몬(mammon)을 섬기는 얼마나 어리석은 청지기인가! 차라리 그냥 거지로 죽었다면 그에게 얼마나 더 좋았겠는가!

1786년 6월 28일 수요일

아침에 14살 난 아비가일 필스워스(Abigail Pilsworth)가 영의 세계 속으로 들어갔다. 전날 저녁에 이 여자아이와 대화를 나눴는데, 이 소녀가 신랑을 맞이할 준비가 되어 있다는 것을 알 수 있었다. 몇 시간 후에, 이 여자아이는 조용히 잠이 들었다. 이 아이의 시신이 누워있는 방으로 들어갔을 때, 우리는 깜짝 놀랐다. 이보다 아름다운 시신을 본 적이 없었다. 우리는 모두 찬양했다.

아, 멋진 죽음의 모습이여!

지상에서 무엇을 너에게 견줄쏘냐?

살아 호흡하는 어떤 즐거운 축제의 아름다움을

죽은 몸과 비교할까나!

존 웨슬리는 죽음에 대한 설교를 많이 했다. 죽음과 그 이후의 세계에 대한 대표적인 설교의 제목은 다음과 같다.

"의인의 죽음을 죽자"

"거기는 구더기도 죽지 않고, 불도 꺼지지 아니하느니라"

"구더기도 죽지 않고, 불도 꺼지지 않는 곳"

"나는 의인의 죽음을 죽기 원하며 나의 종말이 그와 같기를 바라노라!"

"사람이 한 번 죽는 것은 정한 이치다"

"여호와의 말씀이 너는 집을 정리하라 네가 죽고 살지 못하리라 하셨나이다"

"벌레가 죽지 않는 곳이며 불이 꺼지지 않는 곳이다."

"사망아 너의 승리가 어디 있느냐 사망아 네가 쏘는 것이 어디 있느냐"

〈저널〉에 죽음의 다양한 표정을 기록하고, 죽음에 대해서 자주 설교했다는 것은 그만큼 죽음에 직면했다는 뜻이다. 존 웨슬리는 무덤가를 지나가며 비문을 읽고 그 내용을 옮겨 적기도 했다. 살이 썩고 뼈가 썩어 없어진 자리에 남아있는 돌덩어리에도 진실과 거짓이 교차했다.

1750년 12월 5일 수요일

대성당을 방문하여 옛날에 유명했다는 사람들의 여러 비문을 죽 훑어보았다. 이런 상황에서는 누구든 인생의 허무를 실감할 것이다. 위대한 사람들과 절세 미인들과 용감한 사람들이 이제는 무엇인가! 무적의 용사, 권세 등등하던 군왕은 어디 갔는가!

그대가 남긴 것은 오직 먼지 더미, 이것이 그대의 전부이며, 또한 모든 교만한 자들의 결말이다.

1771년 3월 25일 월요일

시골에서 온 친구에게 웨스트민스터 사원의 무덤들을 보여주었다. 지금까지 생각해 보아도 다른 것들과 비교될 수 없는 고귀한 가치를 지닌 무덤들이 있었는데, 그것들은 나이팅게일 여사의 무덤과 해군 제독의 무덤으로 부활의 때에 무덤으로부터 다시 일어날 것이다. 그러나 많은 사람 무덤의 묘비에 새겨진 비열한 아첨들을 읽으며, 다음과 같은 생각을 했다.

대리석에 새겨진 대로라면
그처럼 안타까운 죽음이 없으나

실제 행적을 살피고 나면

그처럼 망나니가 살았었다는 것이 안타깝도다.

1779년 10월 11일 월요일

하나의 비문은 다음과 같다.

당신의 땅, 돌 건물, 당신의 기뻐하는 아내,

이들을 당신은 포기해야 한다. 이것이 자연의 운명이다.

잘 가꾼 나무가 당신의 삶에 행운을 주지 않고 슬픈 사이프러스 나무가

구하지 못하고 당신의 무덤이 기다리지 않는다는 것.

그리고 다른 비문은 다음과 같다.

고기와 술로, 쾌락과 유흥으로 당신은 가득 채워왔다.

당신을 빼앗는 이 시간을, 당신은 섣부른 경주로 떠밀려 나지 않도록 하라.

은혜가 장난이 되고, 방종으로 낭비하는 경주를.

세상의 방랑자 웨슬리는 세상에 대한 정확한 관찰자요 열정적인 참여자이며 상념어린 현인(賢人)이기도 했다. 1765년 7월 16일의 〈저널〉에서 그는 말했다. "가난한 자와 부자 모두 하나님의 백성이다." 웨슬리의 짧은 문장에는 확장성이 있다. 가난한 자와 부자가 모두 하나님의 백성이라면, 배운 자와 못 배운 자도, 아름다운 자와 추한 자도, 높은 자와 낮은 자도 모두 하나님의 백성이다. 사람을 만드신 하나님은 사람을 사랑하신다. 특정한 사람이 아니라 그냥 사람을 모두 사랑하신다.

1740년 1월 31일, 웨슬리는 킹스우드에서 중병에 걸린 한 여인을 찾

세상을 바꾼 기독교 혁명가, 존 웨슬리

아갔다. 회복의 기회를 놓친 환자라면, 기다릴 것은 오직 죽음이다. 그러나 그리스도인들은 죽음의 순간에도 함께 하실 그분을 또한 기다린다. 그녀는 이런 말을 남겼다. "저는 오랫동안 주님께서 와 주시기를 갈망했고, 그때 주님이 너무 멀리 계시다고 생각했어요. 그러나 이제는 주님이 저와 함께하신다는 것을 알아요. 주님의 팔이 저를 감싸고 계세요. 주님의 팔은 무지개 같아요. 모든 하늘과 땅을 감싸고 계시거든요."

기쁨과 슬픔, 영광과 치욕, 아름다움과 추함, 의미와 허무, 이룸과 잃음을 교차하여, 마지막에는 삶과 죽음의 교차점을 통과해야 하는 사람을 감싸고 계신 무지개, 하나님의 팔이다.

Chapter 6

▲ 메소디스트 능력의 방

웨슬리의 침실 옆에는 작은 기도실이 연결이 되는데, 이 방은 "메소디스트의 능력의 방"으로 알려져 있다. 웨슬리는 매일 아침 정해진 시간에 일어나서 말씀과 기도로 하나님과 대면했다. 이곳에는 성경을 받치는 작은 테이블과 기도할 때 사용하는 무릎 받침대가 있다.

웨슬리 신학 :
만인을 위한 구원,
완전성화, 행복론

웨슬리, 예정론을 반대하다

영국 국교회는 1534년에 가톨릭으로부터 분리되었다. 그러나 초기에
는 신학과 예배 의식에서 가톨릭과 별 차이가 없었다. 지식적 동의로서
의 믿음과 선행의 공로로 구원을 받는다고 가르쳤다. 그 후에 점차 개신
교적인 색채가 입혀졌다. 웨슬리 당시에는 칼빈주의 경향이 강했다.

당시에 영국에서 국교도가 복음주의적인 회심을 체험하면, 일반적으
로 예정론을 믿는 칼빈주의자가 되었다. 옥스퍼드의 홀리클럽의 경우에
도 마찬가지였다. 메소디스트로 불리웠던 회원들 5-6명이 복음적인 회

심을 하고 나서 예정론자가 되었다. 조지 휫필드가 그 대표적인 인물이었다. 그런데 복음적인 회심을 체험하고도 칼빈주의자나 예정론자가 되지 않았던, 거의 유일한 인물들이 존 웨슬리 형제였다.

예정론은 하나님이 단독적인 의지와 주권으로, 인간의 의지와는 아무런 상관없이, 구원과 유기(버림; reprobation)를 결정했다는 이론이다. 오직 하나님의 뜻에 의해 어떤 사람은 구원받아서 영원한 복을 누리도록 선택되었고, 반대로 어떤 사람은 저주를 받도록 버림받기로 결정되었다는 교리이다. 선택과 유기의 시점은 창세 이전이다.

세상이 창조되기도 이전에 구원받을 사람과 버림받은 사람의 영원한 운명이 정해졌다면, 그리스도의 죽음은 모든 사람들을 위한 죽음이 될 수 없다. 이미 버림받아서 지옥에 가기로 결정된 사람들을 위하여 피를 흘려봐야 아무 소용이 없기 때문이다. 따라서 예정론은 예수님이 모든 사람을 위해서 죽으신 것이 아니라. 선택된 사람들을 위하여 죽으셨다고 주장한다.

실제로 필자의 스승이었던 칼빈주의자는 하나님이 모든 사람을 사랑하신다는 말은 사람이 만들어낸 거짓말이라고 주장한 바 있다. 그리스도의 죽으심도, 하나님의 은혜와 사랑도, 오직 선택된 사람들을 위한 것이라고, 예정론자들을 믿는다.

존 웨슬리는 예정론을 '무시무시한 교령(horrible decree)'이라고 불렀다. 그는 하나님이 아무 잘못도 없는 수억 수십억의 사람들을 지옥 불에 던지기로 정하셨다는 유기론을 거부했다. 사람들이 태어나기도 전에 그들을 지옥에 던지기로 결정하셨다면, 그분은 사랑의 하나님도 아니고 정의의 하나님도 아니라고 주장했다. 웨슬리는 칼빈주의자들의 하나님을 "전능하고 무소부재한 폭군(a sovereign minipresent almight tyrant)"이라고 논평하였다.[22] 그는 예정론의 해악을 일곱 가지로 정리하였다.[23]

첫째, 예정론은 모든 설교와 전도를 헛되게 한다. 왜냐하면 지옥에 떨어지도록 이미 운명 지어진 자들은 아무리 설교를 듣고 하나님의 복된 말씀을 듣는다 해도 틀림없이 지옥에 가고 말 것이요, 구원받도록 선택된 자들은 무슨 일이 있어도 반드시 구원을 얻을 것이기 때문이다. 예정론은 누구의 운명도 바꿀 수 없다는 교리다.

둘째, 창세전 예정이 사실이라면 성결을 추구하는 모든 노력이 아무런 소용이 없게 된다. 왜냐하면 선택받은 자는 이미 구원이 결정되어 있으니 성결하게 살지 않아도 상관이 없다고 생각할 수 있으며, 버림받은 사람은 이미 영원히 버림받았으니 성결하게 될 필요가 전혀 없기 때문이다. 예정론은 모든 성결을 파괴하는 악한 교리다.

셋째, 그것은 기독교가 주는 모든 위로와 행복을 파괴한다. 자신이 어디로 가도록 결정되었는지 알 수 없는 상태에서 한번 의심과 혼돈에 빠지게 되면, 예정론이야말로 공포의 교리가 될 수 있다. 그것은 인간에게 소망을 주는 것이 아니라, 공포와 불안과 절망을 줄 수 있다.

넷째, 모든 선행의 열심을 헛되게 한다. 이미 영원한 운명이 결정되었다면, 굳이 선을 행할 필요가 있겠는가? 예정론에 의하면 선택받은 자는 선을 행하지 않아도 선택에 제외되지 않을 것이요, 버림받은 자는 아무리 선을 행하여도 영원한 저주를 받을 수밖에 없기 때문이다.

다섯째, 하나님을 거짓말쟁이로 만드는 교리이다. 만약에 이중 예정

론이 옳다면 하나님이 사랑이시며 정의로우시다는 말은 전적으로 거짓
말이 된다.

여섯째, 그것은 신성모독으로 가득 차 있다. 그것은 하나님을 마귀보
다 더 악하고 더 불의하고 더 거짓되고 더 잔인하게 만드는 교리다. 그
래서 예정론은 하나님의 교리가 아니라 무시무시한 사탄의 교리요, 사
탄의 속임수요, 사탄의 폭력이다.

일곱째, 그것은 기독교의 모든 계시를 쓸모없는 것으로 만든다.

존 웨슬리는 세상이 창조되기 이전에 하나님이 구원받을 사람과 버림
받을 사람을 정해놓으셨다는, 창세전 이중 예정론은 믿지 않았다. 그러
나 하나님의 예정이 전혀 없다고 주장하지도 않았다. 10대 초반부터 히
브리어와 헬라어에 능통했던 "한 책의 사람" 웨슬리는 성경이 분명이 증
언하고 있는 예정은 분명하게 믿었다.

웨슬리가 믿은 성경적 예정론은 두 가지이다. 첫째는 '그리스도 안의
예정'으로, 하나님께서 예수님을 믿는 자는 누구든지 구원을 얻도록 예
정하셨다는 성경적 예정론이다. 하나님의 예정과 선택은 예수 그리스도
안에 있다. 그 하나님의 선택을 믿고 예수님을 영접하는 자는 누구나 구
원받을 수 있다. 이것은 선택된 사람들만 구원받는다는 폐쇄적인 구원
론이 아니라, 그리스도 안에 있는 만인에게 구원의 문이 열려있다는 개
방적인 구원론이다.

둘째로 '구원 사업을 위한 섭리적 예정'으로, 하나님이 하나님의 뜻을
이루기 위하여 개인이나 민족을 선택하셔서 사용하신다는 주장이다.

웨슬리는 그의 유명한 설교 "값없이 주시는 은혜(Free Grace)"에서 로마서 8장 32절— 자기 아들을 아끼지 아니하시고 우리 모든 사람을 위하여 내주신 이가 어찌 그 아들과 함께 모든 것을 우리에게 주시지 아니하겠느냐 — 을 본문으로 예정론을 비판하고 '은혜에 의한 구원(salvation by grace)'과 '모든 사람을 위한 구원(salvation for All)'을 주장하였다.

성경에 근거하여 웨슬리는 하나님의 구원하는 은혜(saving grace)가 모든 사람 안에서 자유하고(free in all), 모든 사람을 위하여 자유(free for all)하다고 설교했다. 구원의 은혜가 일부 선택받은 사람에게만 주어지지 않으며, 동시에 절대로, 어느 정도라도, 인간의 능력이나 공로에 의존해서 주어지지도 않는다는 것이 웨슬리의 입장이다. 한 문장으로 요약하면, 웨슬리는 '만인을 위한 예수'를 믿었고 칼빈주의 예정론자들은 '선택된 자들만을 위한 예수'를 믿었다.[24]

초기의 메소디스트 운동에는 칼빈주의자들도 함께 참여하고 있었다. 하지만 논쟁과 분란이 계속되어 1752년 가을, 메소디스트 신도회에서 예정론자들이 분리되어 나갔다. 이때 웨슬리가 사랑으로 길러냈던 제자들이 그를 비난하고 상처를 주며 떠나갔다. 남아있는 신도회의 재정 상황도 어려워져서 빚을 져야 했다.

웨슬리는 배신감에 충격을 받았고, 신도회의 사정에 대한 걱정이 밀려오는 것을 느꼈다. 그러나 큰 소리로 주님의 이름을 부르고, 감사하는 마음을 크게 외치며 찬송을 불렀다. 그 결과로 평강이 임하고, 하나님의 인도하심을 믿고 따를 힘을 얻었다. 그 후로도 예정론자들과의 분쟁은 계속되었고, 웨슬리는 그때마다 견뎌내고 이겨냈다. 〈저널〉에는 칼빈주의자들로 인한 분란의 이야기가 있다.

1780년 6월 20일 화요일

칼빈주의자들은 모든 머뭇거리는 영혼을 보면 자신들의 적합한 먹이인 것처럼 사로잡는다.

1782년 3월 28일 목요일

콩글턴에 와서 보니, 칼빈주의자들이 막 들어와서 무리에게 분란을 일으키고 있었다. 이것이 형제 사랑인가? 이것이 우리가 대접을 받고자 하는 대로 남에게 행하는 것인가? 이것은 대낮의 노상 강도질에 불과한 것이다.

횟필드, 토프레이디와의 갈등

예정론에 대한 반대는 평생의 친구이자 동역자였던 조지 횟필드와의 갈등을 일으켰다. 웨슬리는 그를 아끼고 존중했지만, 신학적인 입장에서는 양보하지 않았다. 〈저널〉에도 횟필드에 대한 엇갈린 진술이 있다.

1755년 11월 5일 수요일

횟필드 씨가 나를 방문했다. 이제는 더 이상 논쟁할 것도 없다. 우리는 서로를 사랑하며, 우리가 함께 품은 주님의 대의를 증진하기 위해 손을 같이 잡았다.

1766년 1월 3일 금요일

횟필드는 메소디스트들 가운데 첫 번째 불화를 일으킨 사람이다.

1767년 3월 4일 재의 수요일
친구 집에서 횟필드 씨와 저녁 식사를 했다. 우리는 여전히 사랑하고
있다.

횟필드도 웨슬리와 논쟁을 벌이고 갈라서게 되어 괴로워하면서도, 그
를 진정으로 존경했다. 두 사람에 대해서 널리 알려진 이야기가 있다.
어느 날 지독한 예정론자가 횟필드에게 물었다. "천국에서 존 웨슬리를
만날 수 있겠는가?" 예정론을 반대하는 웨슬리는 천국에도 들어가지 못
할 것이라는 의심이 깔려있는, 다분히 공격적인 질문이다. 횟필드도 다
분히 공격적으로 들리는 대답을 했다. "그것은 불가능하다." 그런데 대
화의 끝은 반전이다. 횟필드는 말했다. "왜냐하면 존 웨슬리는 하나님의
보좌 바로 앞에 서겠지만, 나는 많은 사람들의 뒤편에 서 있게 될 것이
기 때문이다."
　　생전에 횟필드는 "당신이 죽으면 누가 장례식 설교를 해야 하는가?"
라는 질문을 받을 때마다 한 결 같이 대답했다. "존 웨슬리 목사, 그분이
해야 합니다." 그의 유언대로, 세상을 떠나는 마지막 길을 웨슬리가 전
송했다. 웨슬리는 횟필드의 장례식 설교에서, 그의 거룩한 생애와 성품,
헌신된 전도와 목회 활동, 특히 영국과 미국에서 대부흥 운동을 주도하
며 끼친 위대한 공로, 폭포수처럼 위력 있고 용광로처럼 뜨거웠던 설교
를 격찬했다. 그리고 가난한 사람들과 고아들을 위해서 아낌없이 흘린
그의 땀과 사랑의 수고를 추억했다.

조지 휫필드와의 갈등은 해피엔딩이었다. 하지만 그렇지 못한 경우도 있었다. 어거스트 토프레이디(Augustus Montague Toplady, 1740-1778)는 아일랜드 태생으로, 16세에 메소디스트 평신도의 설교를 듣고 회심하였다. 회심 초기에 그는 존 웨슬리에게 깊은 영향을 받아 웨슬리의 경건과 신학의 모든 것을 흠모하였다. 웨슬리 역시 신앙심이 깊고 총명한 청년 토프레이디를 귀하게 여기고 사랑했다.

토프레이디는 명문대학 출신이었고 상당한 신학지식을 쌓았다. 그는 영국 국교회에서 성직자로 임명받고 교구 사제로 일했다. 우호적이었던 웨슬리와 토프레이디의 사제관계는 1758년에 깨졌다. 토프레이디는 극단적인 칼빈주의 예정론자로 돌변했다. 그는 영국교회 안에 칼빈주의 신학을 강화하고 반대되는 주장을 뿌리째 뽑아버리기 위해 네 권의 책을 저술하였다. 칼빈과 칼빈주의자들을 연구하여, 예정론 논쟁에서 탁월한 실력을 발휘하였다.

토프레이디의 행적을 보면, 선택예정보다도 유기예정에 집착한 것처럼 보인다. 그는 인류의 다수가 지옥 불에 던져지기 위해서 태어났다고 믿는 극단적인 이중예정론자였다. 구원받기로 선택된 사람은 20명 가운데 한 명 정도이고, 나머지 19명은 버림받은 자들이라고 공공연하게 주장했다. 영국의 범죄자들은 선택받지 못한 인간들이기 때문에 아메리카나 식민지 개척지의 노동자로 귀양을 보내거나, 아니면 사형장으로 보내야 한다고 말하기도 했다.

대부분의 사람들이 지옥불에 던져지기 위해 태어났다고 믿는 그에게, 만인을 위한 구원을 주장하는 웨슬리는 도저히 용납될 수 없었다. 그는 자신을 총애하던 스승을 배신하고 지독한 공격을 퍼부었다. 그는 존 웨슬리를 "늙은 여우"라고 부르며 모욕했다. 웨슬리가 만인구원을 주장하는 이유는 온 세계를 자신의 손 안에 쥐고 흔들기 위해서라며 신랄한 비난을 퍼부었다. 비바람을 맞고 돌을 맞고 몽둥이로 맞고 욕설을 들으면서 돌아다니는 늙은 전도자가 세계를 손 안에 쥐고 흔든다니!

웨슬리를 뼈아프게 했던 제자의 공격은 20년간이나 계속되다가, 1778년에 갑자기 중단되었다. 38세의 젊은 나이에 토프레이디가 요절해버렸기 때문이다. 뛰어난 지식인이요 저술가였던 토프레이디는 찬송가 작사가로도 유명했다. 그의 찬송은 당시에도 대단한 인기를 끌었으며, 우리 찬송가에도 실려 있다. "고요한 바다로"와 "만세반석 열리니"는 지금도 세계인들에게 사랑받고 있다. 그처럼 아름다운 찬양의 가사를 쓴 손으로, 영적 거장이요 스승에게 '늙은 여우'라고 썼으니, 사람이란 무엇인가.

존 웨슬리의 구원론 : ① 원죄

예정론을 놓고 칼빈주의자들과 충돌했던 웨슬리는 원죄에 대하여 존 테일러(Dr. John Taylor of Norwich)와 논쟁했다. 존 테일러는 1750년 『원죄의 성서적 교리(The Scripture Doctrine of Original Sin)』를 출판했다.

그는 원죄에 대한 복음주의적인 견해를 비판했다. 인간이 본성적으로 죄인인 것은 아니며, 죄를 물려받거나 죄인으로 태어나지도 않는다고 주장했다. 테일러는 선과 악은 자유로운 선택에 의해서 결정된다고 보았다. 만약 개인이 자유로운 선택으로 악을 선택하면 악한 행위를 하게 되고, 이러한 행위가 반복되어서 악한 습관이 된다. 이 습관이 굳어져서 악한 성격을 형성한다.

이와는 반대로 개인이 자유로운 선택으로 선을 선택하면 선한 행위를 하게 되고, 선한 습관이 형성되어 선한 인격이 된다. 이처럼 테일러는 인간의 죄를 환경의 영향으로 조성된 나쁜 습관의 결과라고 생각했다. 그는 이성과 의지의 힘을 신뢰했다. 인간이 이성을 사용하고 의지를 발휘하여 도덕을 따른다면, 죄를 향한 경향성을 극복하고 악의 세력은 제거될 수 있다고 낙관했다.

테일러는 인간이 태어날 때부터 죄인이라는 원죄론은 인간의 책임을 회피하게 하기 때문에, 사라져야 할 교리라고 비판했다. "원죄의 성서적 교리"라는 제목과 전혀 어울리지 않는, 전혀 성서적이지 않은 견해이다.

존 웨슬리는 존 테일러의 견해를 반박하기 위하여 272쪽 분량의 『성경과 이성과 경험에 따른 원죄의 교리(The Doctrine of Original sin according to scripture, Reason and Experience)』를 저술했다. 존 웨슬리는 인간이 중립적인 상황에서 선을 행할 수 있다는 테일러의 주장을 비판했다. 선을 행하려면 먼저 인간 자체가 선해야 한다는 것이 웨슬리의 논리이다. 선한 사람에게서 선한 행위가 나오는데, 현실적으로 인간은 악한 행위를 반복한다. 그것은 인간 안에 원죄가 존재하기 때문이다. 아담의 후손인 인간은 아담의 범죄로 인한 부패성과 악으로 향하는 경향성을 물려받는다.

웨슬리는 인간이 타락함으로써 성품과 영혼이 완전히 부패하였으며,

마음의 생각과 계획이 악하게 되었다고 보았다. 인간은 범죄로 말미암아 본래 소유한 하나님의 형상에서 떠나서 본질상 악한 성향을 갖게 된 것이다. 웨슬리에 의하면, 원죄는 인간의 교만과 자기 우상(self-idolatry)에서 기인하는 하나님에 대한 반역이다.[25] 인간은 태어날 때부터 죄인이고, 죄인이기에 죄를 지으며, 죄를 지을 수밖에 없기에 원죄이다.

웨슬리는 죄가 치유될 수 있는 질병이나 상처, 뽑아낼 수 있는 썩은 이, 제거될 수 있는 악성 종양, 씻어질 수 있는 오염 정도가 아니라고 주장했다. 죄는 근원적으로 하나님과의 관계에서 비롯된다. 그것은 하나님과의 관계가 거꾸로 되고 왜곡된 상태이다. 죄는 모든 고통과 온갖 불행의 뿌리이며, 인간은 죄 때문에 결국 영원한 멸망과 사망에 이른다고 말했다. 그래서 웨슬리는 "죄로 가득 찬 인간(sinful man)"을 직시하고, 이것은 결코 양보할 수 없는 성경적 인간이해라고 역설했다.[26] 이러한 웨슬리의 원죄론은 바울, 어거스틴, 루터, 칼빈으로 이어지는 기독교 정통 신학의 계보를 잇고 있다.

그는 "원죄(Original Sin)"라는 제목의 설교에서, 원죄를 부정하는 자들은 이교도(異敎徒)라고 단호하게 선언했다. 원죄설을 기독교의 중심 교리로 간주하여, 믿는 자가 기독교인이요, 안 믿는 자가 이교도라고 주장했다.

웨슬리의 신학은 이론을 위한 신학이 아니다. 서재에 갇힌 창백한 이론도 아니다. 그의 신학은 현장에서 발견되었고 설교의 광장에서 실험되어 그 정당성이 입증되었다. 복음의 사도 웨슬리는 수많은 청중들에게, 항상 그들이 죄인이라는 사실을 입증하고, 그 사실에 기초해서 죄인에게 베푸시는 하나님의 은혜를 설교했다. 그의 설교에 수많은 사람들이 회심하고 변화된 사례는 올바른 신학이 설교화되어 목회적 열매를 거둔, 모범적인 사역의 과정이다. 죄를 직면하도록 청중을 인도하는 웨슬리의 설교를 인용한다.

"당신 자신을 알아야 한다. 그리고 당신이 죄인임을 깊이 느끼고 인정하라. 당신 자신을 질타하라. 먼지와 재에 앉아서 당신 자신이 얼마나 비열하고 악한 존재인가를 깨달으라. 당신은 가련하고 악하고 죄 많은 벌레 같은 존재이며, 바람에 이리저리 뒹구는 낙엽이며, 안개같이 있다가 사라질, 죽을 존재이다."[27]

존 웨슬리의 구원론 : ② 선행은총

웨슬리의 선행은총론에서, '선행'은 착한 행위(善行)가 아니다. '보다 앞서, 먼저, 예비하는' 이라는 뜻에서의 선행(先行)이다. 따라서 선행은총은 먼저 오는 은총(grace that goes before), 우리의 회심 이전에 작용하는 하나님의 은총, 구원받기 이전에 우리를 구원으로 이끌어 가는 은총, 우리가 아직 죄인 되었을 때 주어지는 은총이다(로마서 5.8)

아담의 타락으로 원죄 아래 있는 인간은 스스로 하나님을 찾을 수 없다. 그래서 구원을 얻으려면 하나님의 은총에 전적으로 의존해야 한다. 이처럼 타락한 인간이 하나님을 의존하고 하나님께 응답하도록, 하나님이 먼저 은혜를 주셨다. 바로 그것이 선행은총(prevenient grace)이다. 선행은총의 작용으로 인간은 구원의 필요성을 깨닫고 구원을 갈망하게 된다.

선행은총의 대표적인 사례로 율법과 양심을 들 수 있다. 하나님은 율법을 주셔서 죄를 깨닫게 하셨다. 양심을 통해서 죄에 대한 가책을 느끼게 하셨다. 율법을 어기고 양심에 따르지 못한 인간은 스스로가 죄인임을 발견하게 된다. 이처럼 죄를 깨닫게 하는 작용이 선행은총의 결과이다. 죄를 깨달아야 구원을 받을 수 있다는 점에서, 선행은총은 구원의 출발점이 된다. 선행은총을 통하여 하나님을 찾게 된다는 점에서, 선행은총은 하나님과 인간의 접촉점(touching point)으로서 기능한다. 하나님은 모든 사람이 구원받기를 원하시기에, 죄를 깨닫도록 모든 사람을 이끄신다. 따라서 선행은총은 만인을 위한 은총(universal grace)이며, 만인에게 작용하는 보편적 은총이다. 타락한 인간일지라도 이 은총 밖에 있는 사람은 없다.

선행은총은 타락한 인간을 구원의 길로 이끌어 하나님께 응답하게 하는 최소한의 은총이기에, 그것만으로는 구원받을 수 없다. 마치 밤하늘에 빛나는 달빛이나 반짝이는 별빛이 온 세상을 밝게 비추기에는 너무나 부족하고 약한 것처럼, 그리고 작은 촛불이 어두운 방 전체를 환하게 밝힐 수 없는 것처럼, 인간은 선행적 은총만으로는 구원받을 수 없다.

선행은총은 만인에게 주어지지만, 은총에 대한 반응은 사람마다 다르다. 선행은총을 받아들여서 죄를 깨닫고 구원의 길로 나아가면 구원을 받는다. 선행은총으로 주신, 죄에 대한 깨달음을 거절하면, 구원받지 못한다. 이처럼 웨슬리는 하나님이 베푸시는 구원에 대한 수용 여부를 인간이 자유롭게 결단할 수 있다고 주장하였다.

선행은총의 개념은 인간이 구원을 얻기 위해 전적으로 하나님께 의존하지 않으면 안 된다는 점을 강조하면서 동시에 인간의 책임을 강조한다. 누구나 하나님의 선행 은총을 이미 받았기 때문에 하나님께 나아갈 수 있으므로, 구원받지 못하는 것은 인간의 책임이다. 은총에 응답하면 구원이요, 거절하면 멸망이다. 이 점에서 인간은 하나님과 협력한다.

존 웨슬리의 구원론 : ③ 칭의(稱義)와 중생(重生)

죄를 자각하는 것은 하나님의 선행 은총에 의해서 일어난다. 결코 인간의 자력적 행위는 아니다. 선행은총에 의하여 죄를 깨달은 인간은 당연한 수순으로 회개해야 한다. 회개는 죄인됨을 인정하고 자신에 대한 의와 신뢰를 포기하는 것이다. 웨슬리는 "우리의 의가 되신 주님"이라는 제목으로 다음과 같이 설교했다 : 우리는 복음을 믿기 전에 회개하여야 한다. 우리는 그리스도를 참으로 신뢰하기 전에 우리 자신에 대한 신뢰를 끊어버리고 우리의 모든 의를 버려야 한다.

회개는 단순히 죄를 인정한다는 말로만의 고백(Lip Service)이 아니다. 웨슬리는 그의 설교 "옥스퍼드의 위선"에서 주장했다. "신자의 회개는 다음과 같은 여러 가지 열매를 맺음으로 확실한 증거를 보인다. 죄를 슬퍼하고 버리는 확고하고 진실한 결단, 죄에 대하여 하나님과 사람 앞에서 수치심을 가짐, 죄의 고백과 용서를 구함, 말씀에 순종함, 부정하게 소유한 재물을 돌려줌, 이웃의 죄를 용서함, 이웃을 불쌍히 여김과 자비의 행위, 그리고 하나님의 사랑으로 충만하여 온갖 선행을 보이는 것이다." 참되게 회개하면 돈 문제에서도 달라진다. 웨슬리는 "당신의 돈주머니가 회개하지 않으면 당신의 회개를 믿을 수 없다"는 명언을 남겼다.

죄를 깨닫고 회개한 인간이 구원받을 수 있는 길은 예수 그리스도에게 있다. 인간의 어떤 행위도 죄의 문제를 해결할 수 없다. 개인적 행위이든 사회적 행위이든, 양심적 행위이든 종교적 행위이든, 인간이 행위를 통하여 하나님께 죄가 없다고 인정받을 수는 없다. 죄의 문제는 십자가에 나타난 그리스도의 은혜를 통해서만 해결될 수 있다. 예수님이 인간을 대신해서 십자가에 달리셨다. 그분의 고난은 인간의 죄에 대한 형벌을 대신 받으신 대속적 고난이다. 죄는 사람이 지었으나, 죄에 대한 형벌은 예수님이 받으셨다. 그리스도의 수난은 인간을 죄에서 구원하기 위한 구속적 수난이다.

죄의 형벌을 예수님이 대신해서 받으심으로써, 인간에게 죄의 형벌을 면제받고 구원받을 수 있는 기회를 주셨다. 예수님은 온 인류의 죄의 대가를 치르며 십자가에서 죽으셨고, 하나님이 그분을 3일 만에 살리셨다. 예수님이 다시 살아나심으로써, 죄의 권세를 이기셨음을 증명했다. 하나님이 아들을 다시 살리심으로써 부활의 첫 열매가 되게 하셨다. 그것은 예수님을 믿는 모든 자들도 죄의 형벌에서 벗어나고, 죄의 결과인 사망과 심판에서 풀려나서, 새로운 생명으로 부활하게 된다는 성경의 진리를 입증한다.

회개한 인간은 동시에 그리스도의 구속 사역에 나타난 구원의 은혜를 믿어야 한다. 여기에서 중요한 점은 믿음이 단순한 지적인 동의가 아니라는 점이다. 회개의 증거를 강조했던 웨슬리는 믿음에 있어서도 증거를 중시했다. 믿는다고 고개를 끄덕이고, 믿는다고 말로만 하는 것으로는 참된 믿음인지를 알 수 없다. 믿음에는 믿기 때문에 나타나는 증거가 있다. 그것은 바로 사랑이다.

웨슬리는 "우리는 오직 믿음으로만 구원을 받는다. 그러나 사랑을 낳지 못하는 믿음이 아니라, 오직 사랑을 낳는 믿음으로만 구원받는다"고 말했다. 그리고 구원에 이르는 믿음(Saving faith)은 오직 '사랑에 의해서 완전해지는 믿음'(Faith made perfect by love)이며, 오직 '사랑으로 역사하는 믿음'(Faith working by love)뿐임을 기회가 될 때마다 온 힘을 다하여 강조하였다. 사랑을 낳지 못하는 믿음은 본질적으로 거짓 믿음이거나 잘못된 믿음이다.

죄를 회개하고 구속하시는 은혜를 믿으면, 하나님이 죄를 용서하시고 의롭다고 인정하신다. 바로 그것이 칭의(稱義)이다. 사실은 의롭지 않은데, 믿음으로써 의롭다고 인정함을 받았다는 의미에서, '이신칭의(以信稱義)'라고 표현하기도 한다. 존 웨슬리는 "믿음에 의한 칭의"라는 제목으로, 다음과 같이 설교했다.

"의롭다 하심을 받고 용서받는 우리에게 하나님은 이 세상에서나 장차 오는 세상에서도 유죄를 선고하지 않으신다. 그의 과거의 모든 죄가 덮어지고, 소멸되고, 없었던 것처럼 여기시고, 그의 아들이 피를 흘려 죄의 대가를 대신 치렀기 때문에 그 형벌의 고통을 우리에게 내리지 않는 것이다. 아들을 통하여 그 피로 하나님과 화해한 때로부터 죄를 짓지 않은 것과 똑같이 우리를 대해 주시는 것이다."

칭의는 사법적이면서 동시에 관계적인 개념이다. 하나님의 법정에서 죄 없다고 인정받는다는 점에서 사법적이요, 의롭다고 인정받음으로써 의로우신 하나님과의 관계가 회복된다는 점에서 관계적이다. 칭의와 동시에 일어나는 사건이 중생(重生)이다. 중생은 거듭 태어나는 것이요 영적으로 태어나는 것이다. 죄로 죽을 수밖에 없었던 진노의 자식이 하나님의 자녀로 새롭게 태어나는 것이 중생이다.

웨슬리의 구원론에서 인간의 참여는 필연적이며 필수적이다. 인간은 선행은총에 응답하여 회개하고, 예수 그리스도를 통해서 나타난 구원의 은혜에 응답하여 믿어야 한다. 회개하고 믿는 자에게 의롭다하시는 칭의의 은혜가 주어지고, 하나님의 자녀로 거듭나는 중생의 역사가 일어난다. 구원의 과정에서 하나님의 주도적인 은혜와 그에 대한 인간의 자유의지에 의한 응답이 필요하다. 이처럼 하나님의 은총과 자유 의지 사이에 조화를 이루는 것이 바로 복음적 신인(神人) 협력설(evangelical synergism)이다.

웨슬리의 신인 협력설은 구원의 주도권이 언제나 하나님에게 있음을 인정하며, 동시에 하나님의 주도권에 대한 인간의 응답적 의지를 인정한다. 이는 유대교 신학자 마르틴 부버(Martin Buber)의 이해와 비슷하다. 자기 결단의 한복판에서 그 결단 자체가 하나님의 절대적인 은혜의 선물임을 알게 되는 것이다.[28]

존 웨슬리의 구원론 : ④ 성화(聖化)

자녀는 부모를 닮는다. 갓 태어났을 때는 그저 불그스름한 살덩어리 같지만 키가 자라고 몸집이 커지면서 부모의 생김새가 나타난다. 하나님의 자녀들도 마찬가지이다. 거듭난 신자는 하나님의 성품을 닮아서 거룩과 완전, 그리고 성화(聖化)를 지향한다. 중생은 영적 생명의 탄생이라는 점에서 하나의 독립된 사건이지만, 성화의 관점에서는 시작이다. 따라서 중생은 성화의 첫 단계이다. 죄를 용서받으면 곧바로 성화가 시작된다.

웨슬리는 칭의에서 중생으로, 중생에서 성화로 발전하는 과정과 결과를 강조하였다. 칭의는 회개하고 믿음으로 구원받아 하나님의 자녀의 신분을 얻는 것이요, 중생은 구원받은 하나님의 자녀가 새로운 생명으로 태어나 거룩한 생활을 시작하는 것이요, 성화는 하나님의 구원을 실제로 누리고 즐거워하는 복된 삶이다. 웨슬리는 말했다. "회개가 신앙의 현관(porch)에 들어서는 것이라면 믿음은 신앙의 문(door)을 여는 것과 같고, 성결(holiness)은 신앙의 안방에 들어와 사는 신앙의 생활 자체이다."

성화를 이루기 위해서는 첫째로 경건의 행위가 필요하다. 경건은 하나님을 닮아가는 성품이요, 예수 그리스도를 따르는 길이며, 성령의 지배를 받는 삶이다. 우리의 생각과 말과 행동에서 하나님의 자녀다운 모습으로 성장하고 변화되어 가는 과정이다.

웨슬리는 인간을 시시각각 하나님과의 인격적인 응답의 관계 속에서 살아가는 존재로 이해했다. 웨슬리 신학에서, 인간은 하나님 앞에서 자신의 삶을 어떻게 만들어가야 하는가에 대해서 책임을 져야 한다. 인간은 매순간 하나님을 닮아가기 위한 실존적 결단을 내려야 한다. 자신의 모든 것을 하나님의 뜻과 일치해나가기 위하여 일평생 부단히 노력하는 삶이 경건이다.

경건을 이루기 위해서는 하나님의 계명에 전적으로 순종하며, 날마다 십자가를 지는 마음으로 자기를 부인해야 한다. 구체적인 방편으로 웨슬리는 기도와 성경연구, 성만찬과 금식을 강조했다.

성화를 이루기 위하여 둘째로 사랑의 행위가 필요하다. 웨슬리는 "하나님의 사랑은 사람의 마음속에만 속박되어 있는 것이 아니라 하나님의 형상을 짊어지는 사람을 사랑하도록 흘러나오는 것"이라고 하였다. 또한 "사랑이란 당신의 마음속에서만 불타오르는 것이 아니라 당신의 모든 행동과 대화에서 밖으로 그 불꽃이 타올라야 한다. 그리고 당신의 전체 삶이 사랑의 수고가 되어야 한다."고 말하였다.

성화는 하나님과 모든 인간을 향한 사랑으로 충만하게 되는 것이기 때문에, 모든 얽매임에서 해방시킨다. 여기에서 웨슬리의 성화가 넓게 열려있는 개념임을 확인할 수 있다. 성화는 개인적인 차원에서 죄를 짓지 않고 경건하게 사는 수준에 그치지 않는다. 성화는 모든 종류의 얽매임에서 사람을 해방시키는 사랑의 행위이다. 잘못된 사상, 악한 제도, 정치와 경제에서의 불의, 온갖 종류의 차별 등 인간을 괴롭히는 모든 문제를 극복하는 것이 성화의 과정에 포함된다. 성화는 교회 안에서만이 아니라 교회 밖에서도 이루어진다.

존 웨슬리는 성화에 있어서 '생략하는 죄(sin of omission)'를 주의하라며, 다음과 같이 가르쳤다. "언제 어디서나 어떤 일에든지 선을 행할 기회를 놓치지 말라. 선을 행하는데 열심을 내라. 선행, 즉 경건이든지 자비이든지 의도적으로 피하지 말라. 이웃의 몸과 영혼을 위해서 네가 할 수 있는 모든 선을 행하라."[29]

성화는 모든 종류의 선행이며, 동시에 모든 사람을 향한 사랑이다. 웨슬리는 이렇게 주장했다. "당신의 마음은 모든 인류를 위한 사랑으로 불타올라야 하는 것입니다. 친구이든, 적이든, 이웃이든, 낯선 사람이든, 그리스도인이든, 이방인이든, 유대인이든, 터키인이든, 교황주의자이든, 이단자이든, 하나님께서 만드신 모든 종류의 영혼들에게 사랑으로 불타올라야 합니다."[30]

웨슬리의 설교 "성서적 구원의 길"은 성화에 대하여 잘 요약된 메시지이다. "우리가 칭의를 얻는 바로 그 시점부터 우리의 성화(聖化)가 시작된다. 우리는 칭의를 얻는 그 순간에 성령에 의하여 위로부터 다시 새롭게 탄생한다. 칭의는 하나님과 우리 사이의 관계적인 변화이며, 성화는 실제적인 변화이다. 의롭다 여김을 받는 순간부터 우리는 하나님의 능력에 의하여 내적으로 새로워지며, 성령의 능력으로 하나님의 사랑이 마음속에 부어져 모든 인류에 대한 사랑을 생산하며, 동시에 세속에 대한 애착과 악한 성품과 모든 죄악을 버리고 그리스도의 마음을 닮아 변화된다."

존 웨슬리 구원론 : ⑤ 완전성화

'완전성화론'은 존 웨슬리의 신학적 특색을 보여주는 동시에, 가장 많은 오해와 비판을 불러일으켰다. 웨슬리가 말하는 완전은 하나님의 완전, 천사와 같은 완전, 죄 없는 절대적인 완전이 아니다.

첫째로 완전성화론은 창조주와 동등한 완전이 아니라 피조물로서의 완전을 말한다. 루터와 칼빈의 추종자들은 피조물인 인간이 어떻게 하나님과 동등하게 완전할 수 있느냐는 식으로, 웨슬리를 비난했다. 그러나 그것은 오해에서 비롯된 공격이다. 웨슬리는 인간이 하나님처럼 완전할 수 있다고는 결코 생각하지도 주장하지도 않았다. 그가 말하는 완전은 피조물이 창조주와 온전히 연합한다는 의미에서의 완전이다. 인간의 피조물로서의 한계를 인정하면서도, 하나님과의 온전한 연합을 통해 사랑이 충만한 상태로 나아갈 수 있다는 의미에서의 완전이다.

둘째로 완전성화론은 절대적 완전이 아니라 상대적이고 제한적인 완전을 말한다. 완전하다고 하여 사람이 천사처럼 될 수는 없다. 아담의 후손이 타락 이전의 아담으로 돌아갈 수도 없다. 완전성화론이 주장하는 완전은 천사와 같은 완전, 아무런 실수와 흠이 없는 완전, 타락 이전의 에덴 동산에 있는 아담의 완전, 절대적인 의미에서의 완전이 아니다. 그것은 상대적인 완전이요 제한적인 완전이다. 모든 면에서 완전하다는 것이 아니고 '의도'라는 제한적 영역에서 상대적으로 완전하다는 의미이다.

완전이라고 하여 결과까지 포함하는 완전이 아니다. 결과적으로 항상 선하고 완벽하기란, 인간에게 불가능하다. 다만 의도와 동기에 있어서의 완전이다. 생각과 말과 행동에서 하나님을 사랑하려는 동기와 의도에서의 순수성(purity of intention)을 웨슬리는 완전이라고 표현했다. 그의 논문 "그리스도인의 완전에 대한 평이한 해설"은 완전의 의미를 설명한다.

"완전이란 신자의 모든 생각과 말과 모든 일이 하나님을 사랑하는 순수한 의도, 즉 순수한 사랑에 의해서 지배되는 것이며, 그러나 동시에 인간의 연약함에 의해서 나오는 무지와 실수가 전제된 것이다. 그리고 인간이 순수한 사랑에 의해서 지배되는 것과 실수할 수 있다는 것은 모순되지 않는다."

셋째로 완전성화론은 율법적인 의미에서의 죄 없는 완전(sinless perfection)이 아니라, 관계적인 의미에서의 완전을 의미한다. 인간이 육체에 머물러 있는 한, 아무도 죄 없는 완전에 도달할 수 없다. 무지, 실수, 오류, 연약함으로부터 자유로운 완전이란, 인간에게 불가능하다. 웨슬리는 원죄와 이에 따른 인간의 의식적, 무의식적인 오류를 인정한다. 따라서 '죄 없는 완전'이라는 용어는 비성서적이라는 이유로 거부한다.

웨슬리가 말하는 완전은 그리스도와 끊임없는 관련을 맺는다는 관점에서의 완전이다. 그리스도와 끊임없이 연합한 성도의 동기와 의도가 죄를 향하는 것이 아니라 하나님을 향하게 될 수 있다는 의미에서의 완전이다.

넷째로 완전성화론은 계속적인 완전이 아니라 일시적인 완전을 의미한다. 한번 완전성화의 상태에 도달하면 계속해서 완전하게 유지되는 것이 아니다. 일시적으로 의도적 순수성의 영역에서 완전해 질 수 있지만, 그 상태를 유지하지 못할 수도 있다.

루터와 칼빈은 이 세상에서 완전한 성화가 이루어질 수 없다고 보았다. 하지만 웨슬리는 이 세상에서도 죽음 이전에 완전성화를 경험할 수 있다고 주장했다. 죽음 이전의 완전한 성화는 사랑과 선행을 온전히 실천함을 의미한다. 점진적 성화가 계속되다 보면 어느 정점에서 순간적으로 완전한 성화가 이루어진다. 이러한 완전의 시기는 보통 죽음 직전, 죽는 순간에 올 수 있는 것으로 보았다.

웨슬리가 완전성화론을 주장한 근거는 첫째로 성경이다. 유대교 신학자 아브라함 헤셸(Abraham J. Herschel)은 하나님이 주신 계명의 의미를 탐구했다. 만약에 인간이 계명을 지킬 수 없다면, 굳이 계명을 주실 필요도 없을 것이다. 그런데 하나님이 계명을 주신 것은 인간이 지킬 수 있기 때문이다. 이러한 논리에서 헤셸은 계명의 의미를 "너희에게 명령하였으니 너희는 할 수 있다."라고 해석했다.

웨슬리도 헤셸과 같은 관점에서 이해했다. 예수님이 제자들에게 완전하라고 명하셨다(마태복음 5.48). 주님이 우리에게 실현 불가능한 명령을 내리실 이유가 없기 때문에, 완전을 명령하셨다면 완전이 가능하다는 의미가 된다. 따라서 그리스도인들은 그리스도의 명령에 따라 완전을 추구해야 한다. 완전을 명령하신 주님은 우리가 완전을 성취하도록 도우실 것이며, 그 완전이 부여되는 시기는 하나님의 주권 안에 있다. 하나님이 허락하시면 이 지상에도 완전성화는 가능하다고 웨슬리는 주장했다.

웨슬리가 완전성화론을 주장한 근거는 둘째로 신자들의 경험이다. 웨슬리의 신학은 희노애락(喜怒哀樂)이 교차하는 사람들의 현실에서 우러났다. 웨슬리가 완전성화를 주장한 이유는 현실에서 목격했기 때문이다. 대표적인 사례가 웨슬리의 후계자로 지목되었지만, 일찍 세상을 떠났던 존 플레처의 삶이다. 그는 매우 온유해서 다른 사람들을 섬기는 일에 시간, 재능, 물질을 모두 사용했다. 그의 지식과 가르침과 건강과 돈은 매일매일 하나님의 뜻을 이루고 사람들을 사랑하기 위하여 바쳐졌다.

플레처는 쉬지 않고 기도하고 글을 쓰고 설교했다. 사람들과 대화하고 병자들을 돌보며 사랑을 실천했다. 밤이나 낮이나 그렇게 살았다. 결국 과도한 사역과 섬김으로 건강을 해쳐서 세상을 떠났다. 메소디스트의 역사에서 플레처는 완전한 사랑으로 하나님과 이웃을 섬기며 완전성화의 삶을 살았던 성자로 기억되었다. 〈저널〉에서 웨슬리는 완전성화처럼 보이는 장면들을 기술한다.

1761년 11월 29일 일요일

우리는 마음 편안한 애찬을 나누었는데, 그들 중 몇 명이 최근에 찾은 축복을 이야기했다. 그 축복의 사실자체는 논란의 여지가 없음으로, 우리가 그들이 말하는 축복을 무엇이라 부를지에 주의를 할 필요는 없다. 많은 사람이 말로 표현할 수 없는 변화를 매일 경험하고 있고, 누리고 있다. 생래적인 죄, 특별히 교만, 분노, 아집, 그리고 불신을 깊이 자각한 후에, 그들은 한순간에 전적 신앙과 사랑을 느낀다. 교만도, 아집도, 분노도 사라진다. 그리고 그 순간부터 그들은 하나님과 교제를 계속하고, 항상 기뻐하고, 기도하고, 감사한다.

그와 같은 변화를 악마의 짓이라고 탓하는 사람들이 있지만, 나는 하나님의 성령 덕분으로 돌린다. 그리고 그런 변화가 일어난 것을 느끼면, 그것이 계속되도록 하나님께 간구하라고 나는 권고한다. 만일 그가 하나님과 가까이 동행한다면, 그 일은 계속될 것이고 그렇지 않으면 그치리라.

1763년 11월 18일 금요일

런던, 브리스톨, 요크와 잉글랜드와 아일랜드에 있는 그 밖의 여러 다른 도시에 있는 많은 사람이, 전에는 그들이 결코 마음 속에서 인식하지 못했던 아주 심오한 변화를 경험하였다. 그들의 타고난 죄(inbred sin)와 하나님에 대한 전적 타락을 깊이 깨달은 후 믿음과 사랑으로 충만해져, 그들의 죄(sin)가 사라졌다(대체로 순간적으로). 그 순간 그들에게 자랑, 분노, 정욕, 또는 불신앙을 찾아볼 수 없었다. 그들은 끊임없이 더 기뻐하고 기도할 수 있었으며 모든 일에 대하여 감사하였다. 지금 우리가 이것을 죄의 파괴, 또는 죄의 중지라고 칭한다할지라도 이것은 영광스러운 하나님의 사역이다.

1764년 4월 21일 토요일

침대에 누워 병을 앓고 있는 사람을 방문했다. 6개월 사이에 그녀의 가족 가운데 일곱 명이 죽었고, 그 이후, 여덟 번째로 그녀의 사랑하는 남편이 바다에 수장되었다는 소식을 들었다. 나는 그녀에게 물었다. "당신은 그런 일에 대해 어떤 번민이 없습니까?" 그녀는 창백한 뺨에 사랑스러운 웃음을 띠며 말했다. "아, 아닙니다. 어떻게 제가 하나님의 섭리에 대해 슬퍼할 수 있겠습니까? 모든 것을 그의 뜻대로 하시게 해야 됩니다. 그분은 그 자신을 저에게 주셨습니다. 나는 그분을 사랑하고 매 순간 그분을 찬양합니다." 그리스도인의 완전(Christian Perfection)에 대한 어떤 불신을 가진 사람은 이와 같은 광경을 보아야 한다. 완전한 그리스도인은 이런 상황 속에서도 항상 기뻐하고 끊임없이 감사한다.

1765년 9월 8일 일요일

그레이스 패디(Grace Paddy) : "나는 하나님의 능력에 압도되었습니다. 마음속 깊은 곳으로부터 나는 표현할 수 없는 변화를 느꼈습니다. 그 시간 이후부터 나는 화도 내지 않고, 자랑하지도 않고, 잘못된 성질을 부리지도 않았으며, 끊임없이 역사하시는 하나님의 진실한 사랑에 역행하지도 않았습니다. 나는 그리스도 외에는 아무것도 바라지 않았고, 그리스도가 항상 내 마음을 지배하시기를 바랐습니다. 그는 지금부터 영원토록 나의 충분한 유산입니다."

1773년 6월 10일 화요일

데리 앤빌로 향했다. 거기는 내가 이 왕국 안에서 본 중에 가장 생명력 있는 그리스도인들이 있는 곳이었다. 그들은 사랑 안에 거하며 완전성결을 체험한 이래로 복음을 증거하는 것을 쉬지 않았다. 그 어떤 형태로든 타락한 모습을 전혀 감지할 수 없다는 여덟 명을 가까이에서 살펴보았다.

1780년 4월 17일 월요일

저녁에 브래드퍼드에서 설교하였다. 여기에서 나는 어떤 부패도 전혀 경험하지 않은 많은 남자와 여자들을 발견할 수 있어서 매우 기뻤다. 왜냐하면 그들은 사랑 안에서 완전하여졌기 때문이었다.

완전성화의 장면을 목격한 웨슬리는 완전의 교리를 "하나님이 메소디스트에게 부여하신 위대한 보물(grand depositum)"이라고 감사하며 고백했다. 그는 신자들에게 이 보물을 사모하라고 권면했다. 초기 메소디스트들은 완전성화를 얻기 위해서 실제로 열심히 기도하고 경건의 훈련과 사랑의 실천에 정진하였다. 그 결과로 많은 사람들이 놀랍게 변화되었고 공동체에 생명력이 넘쳐흘렀다.

하지만 완전성화를 향한 사모함이 없는 신자들과 신도회도 있었다. 그들은 예외 없이 침체되었고 공동체는 약화되었다. 1765년 10월 30일의 〈저널〉에 웨슬리는 다음과 같이 기록했다. "2일 동안에 브리스톨에 있는 신도회를 점검하였다. 작년 10월보다 50명의 회원이 줄어든 것에 깜짝 놀랐다. 그 이유는 그리스도인의 완전에 대한 강조가 약했기 때문이다. 이에 대한 강조가 없는 곳에서는 제아무리 웅변적인 설교를 한다 해도 회원의 숫자도 거의 늘지 않았고 청중도 은혜를 받지 못했다."

웨슬리는 현장과 현실과 현재를 중시했다. 구원에 있어서도 죽어서 가는 천당만을 강조한 것이 아니라, 이 땅에서 하나님의 자녀로서 살아내야 하는 구원에 주목했다. 완전이 가능하다면, 신자들은 매일, 매시, 매순간 완전한 성결을 얻도록 노력해야 된다. 웨슬리는 신앙을 현실적인 생(生)의 문제로 이해했다.

"그리스도인의 완전에 대한 평이한 해설"을 인용한다 : 신자의 완전성화는 죽음 직전이나 죽음의 순간에 오는 것이 일반적이지만, 죽기 10년 전, 20년 전, 몇 달 전, 며칠 전 또는 몇 시간 전에 올 수도 있다. 그러므로 신자는 완전성화가 죽음의 순간에 오기를 기대하지 말고 지금 여기서 속히 얻기를 기대해야 한다.

존 웨슬리 구원론 : ⑥ 신자의 영화(榮化), 불신자의 심판

영화는 구원의 과정에서 제일 마지막 단계이다. 완전성화가 죄성을 지닌 상태에서의 제한적이고 일시적인 완전이라면, 영화는 죄성이 없어지는 완전이다. 완전성화가 죽음 이전에도 이루어질 수 있는 완전이라면, 영화는 죽음 이후에 하나님 나라에 들어간 신자가 누리는 완전이다. 따라서 영화는 '최종적인 완전(final stage of perfection)'이다. 일평생 성화의 삶을 추구한 신자는 죽음과 함께 불멸의 영광을 입는다.

신자에게 영화가 있다면, 불신자에게는 심판과 지옥이 있다. 하나님을 외면한 악인은 심판을 받고 지옥으로 간다. 웨슬리는 악인의 운명을 설교했다. "그들은 주님의 앞에서와 하나님의 영광에서 떠나 영원한 형벌을 받을 것이며, 악마와 그의 사자들을 위하여 준비된 유황불 붙는 연못에 던져질 것이며, 거기에서 그들은 아픔과 고뇌로 자기들의 혀를 깨물며, 하나님을 원망하고 저주할 것이다. 그뿐 아니라 밤낮으로 아무런 안식도 없을 것이며, 엄습하는 괴로움의 연기가 영원히 또 영원히 그들에게 피어오를 것이다. 그들이 불구덩이 속에 던져지면 그들의 영혼을 물어뜯는 벌레도 죽지 않고, 그들의 몸을 괴롭히는 불도 꺼지지 않기 때문이다. 그들은 밤낮 쉬지 못하고 오히려 그들을 괴롭히는 연기만 영원토록 솟아오를 것이다."[31]

"기독교가 곧 행복이다"

존 웨슬리는 행복을 다음과 같이 정의한다 : 행복은 순간에 시작되고 순간에 끝나버리는 가볍고 시시한 쾌락이 아니며, 영혼에 언제나 영원히 만족을 주는 평안(Wellbeing)의 상태이다.

영원히 만족을 주는 행복이라면, 이 세상에서는 찾을 수 없다. 세상과 그 형적(形跡)은 모두 지나가기 때문이다. 사람에게서도 찾을 수 없다. 사람은 유한하며 인생에는 끝이 있기 때문이다. 영원한 행복은 영원하신 하나님에게서만 찾을 수 있다. 그래서 웨슬리의 행복론은 '오직 하나님 안에서의 행복(Happiness is in God alone.)'이다. 웨슬리는 1791년 1월 29일에 쓴 편지에서 다음과 같이 권면했다. "만일 네가 하나님 안에서 행복을 추구한다면 결코 실망하지 않으리라. 그러나 만일 네가 다른 것에서 행복을 찾으려 한다면 기필코 실망하리라. 모든 피조물은 깨어진 물통과 같기 때문이다."

하나님만이 행복의 근원이시라면, 하나님을 믿는 신앙은 행복을 추구하는 행위이며, 기독교는 행복의 종교가 된다. 존 웨슬리의 설교 "영적인 예배"가 바로 이 점을 역설한다. "만일 기독교와 행복이 동일한 것이라면 어느 누구라도 둘 다 소유하든지 둘 다 소유하지 못하든지 해야만 한다. 둘 중에 하나만 소유하는 것은 불가능하기 때문이다. 행복과 기독교는 절대 불가분의 관계이기 때문에 누구든지 그리스도인이면서 행복하지 않다면 그것은 말도 안 된다."

기독교가 곧 행복이고, 기독교인이 곧 행복한 사람이라면, 기독교인이 되기 위한 조건이 바로 행복을 위한 조건이다. 누구든지 거듭나야 그리스도인이 된다. 마찬가지로 누구든지 거듭나야 행복할 수 있다. 행복의 조건은 중생(重生)이다. 웨슬리의 설교 "새로운 탄생"을 인용한다 : 어떤 사람도 다시 새롭게 태어나지 않고서는 행복할 수 없다. 거룩하지 않은 (죄악을 품은) 사람은 행복할 수 없기 때문이다. 거룩하지 않은 성품이 불행한 성품이며, 거룩한 성품이 행복한 성품이기 때문이다. "사악한 인간이 행복할 수 없다." 라는 시인의 말은 옳다. 어떤 인간도 죄의 지배를 받는 한 불행하다. 그러므로 누구든지 이 세상과 저 세상에서 행복하려면 반드시 새롭게 탄생하여야 한다.

그리스도인은 중생과 동시에 성화를 시작한다. 성화라고 하면 세상을 버려야 하기에 고통스럽고, 자기를 부인해야 하기에 힘들게만 연상하기 쉽다. 그러나 세상을 버리는 것은 가짜 행복을 버리는 것이고, 자기를 부인하는 것은 고통의 근원을 부인하는 것이다. 죄의 본질이 자기중심성이며, 죄가 고통의 뿌리이기 때문이다. 따라서 죄를 버리고 하나님을 닮아가는 성화의 여정은 행복을 배우고 체험하며 즐기는 과정이다.

웨슬리는 성화가 인간의 현세에서의 행복을 부정하거나 제한하는 것이 아니라, 오히려 인간이 진정한 행복(true happiness)을 얻는 유일한 길임을 강조하였다. 웨슬리는 "성결(聖潔)이 곧 행복(Holiness is happiness)"이라고 주장했다.

성화가 행복의 과정이요 성결이 곧 행복이라면, 성화의 수준과 행복의 정도는 비례한다. 행복의 척도는 성화의 정도이다. 누구든지 성화된 만큼 행복하며, 성화되지 못하는 만큼 불행하다. 웨슬리는 "타락한 인간에 대한 하나님의 사랑"이라는 설교에서 선을 행하는 분량과 행복으로 주어지는 상급의 정비례 관계를 다음과 같이 역설하였다.

"모든 세상의 즐거움은 속히 시들어가도 선을 행하는 기쁨은 중대하도다! 선을 행하라는 계명을 지키는 곳에 위대한 상급이 있습니다. 우리가 시간이 있는 한 모든 사람에게 선을 행합시다. 모든 힘을 다하여 모든 종류의 선을 행합시다. 따라서 우리가 더 많은 선을 행할수록 우리는 더욱 많이 행복할 것입니다. 배고픈 사람에게 우리의 빵을 더 많이 나누어주고, 헐벗은 사람에게 더 많이 입혀주고, 나그네를 더 많이 구제하고, 병든 사람과 갇힌 사람을 더 많이 돌보고, 여러 가지 인간의 악에 눌려 고통스러워하는 사람에게 더 많은 친절을 베풀수록 우리는 현재에도 더 많은 위로를 받을 것이며 장래에도 더 많은 상급을 받을 것입니다."

〈저널〉에는 세상에서는 부유하나 신앙에서는 빈곤하여, 결과적으로 행복하다고 할 수 없는 사람들이 등장한다.

1752년 7월 26일 일요일

브리스톨에서 본 적이 있는, 엄청나게 돈을 벌어들이고 있는 한 사람을 만났다. 그는 세상이 줄 수 있는 모든 것을 가질 수 있었지만, 전혀 즐거워하지 않았다. 계속되는 무기력함으로 그의 삶은 만만찮고 힘에 겨웠다. 그는 부분적으로는 자신의 상태를 이해하는 듯 보였다. 바라건대 유능한 의사가 그의 병을 고치기를!

1756년 7월 16일 금요일

우리는 마을에서 1마일 정도 떨어진 옛길을 걸어서 털러모어 경(당시에 그의 직함)의 집으로 갔다. 그의 정원은 너무나도 아름다웠다. 정원에는 과수원과 작은 초원, 화단, 채소밭, 작은 과목들 그리고 아름다운 도랑과 작은 물줄기로 꾸며져 있었다. 이 모든 것들이 소유주를 행복하게 할 수 있을까? 만일 그가 부정한 마음을 가지고 있다면, 그가 영원한 생명으로 솟아오르는 샘물을 그의 마음에 가지지 않았다면, 그는 행복할 수가 없다.

1767년 6월 15일 월요일

2-3시간 동안 상류사회의 사람들 속에 있어야 했다. 종교(기독교) 없는 삶이란 얼마나 단조로운 것인가! 나는 하나님을 모르는 모든 사람은 시간이 무료하게 느껴져서, 계속해서 마시면서 소란을 떨고 이것저것 서둘게 되는 것을 이상하게 여기지 않는다.

1776년 5월 6일 월요일

코커머스와 위그턴에서 설교하고 카라일로 가서 설교하였는데 청중은 대단히 진지하게 말씀을 들었다. 이곳에서 특이한 천재를 만났다. 그는 4살 때 눈이 멀었는데 털실을 짤 수 있을 뿐 아니라 평면의 천 위에 수를 놓아 자기가 만든 베틀이나 기계를 씌우기도 하였다. 평면의 천에 이름도 새기며 옷이나 일상생활에 필요한 물건들은 손수 만들어 썼다.

몇 년 전에는 오르간이 있는 방에 들어가 오르간 구석구석을 만져 본 뒤 혼자 힘으로 오르간 하나를 제작하였는데 전문가가 보고 대단히 훌륭한 솜씨라고 평해주기까지 하였다. 그 후에 그는 연주법을 익혀 찬송, 성가, 독주곡 등 듣는 대로 암기해 연주하였다. 나도 그가 대단히 복잡한 독주곡과 성가를 정확하게 연주해 내는 것을 들은 적이 있다. 이처럼 특이한 천

재는 유럽에서도 찾아보기 힘들 것이다. 그의 이름은 조셉 스트롱이다.

그러나 아직 그가 "세상에서 하나님과 함께 있지 않다면" 이런 일을 해낸다 해서 더 나을 게 있겠는가?

1780년 5월 5일 금요일

마을의 가장 유력한 유지는 이전에 지역 설교자였으나, 지금은 자신의 마차를 소유하고 있다. 이 사람은 자신의 부에서뿐만 아니라 거룩함에서도 성장하였는가? 만약 그렇지 않다면, 그는 잘못된 선택을 한 것이다.

1782년 7월 12일 금요일

볼턴 씨의 정원을 흥미롭게 산책했다. 그는 매우 완벽한 정도로 자신의 모든 소유를 옮겨왔다. 그리고 집 안에 약 500명의 남자와 여자들과 아이들을 고용하였다. 그의 정원은 언덕의 측면을 따라 이루어져 있으며 참으로 쾌적한 곳이다. 아래 쪽에 큰 호수가 있고 그 안에 나무로 우거진 두 개의 섬들이 있다. 만약 믿음과 사랑이 여기에 함께 있다면, 행복이 또한 있을 것이다. 그렇지 않다면, 이 모든 아름다운 것들은 지푸라기들과 깃털들만큼 불만족스러운 것이다.

웨슬리는 "부에 대하여"라는 설교에서 행복을 논했다 : 온 마음을 하나님께 드리라. 하나님 안에서만 행복을 찾으라. 부서지고 흩어지는 먼지가 되지 않도록 조심하라. 이 세상은 영원한 거처가 아니다. 헐벗은 거지처럼 이 세상 것들에 구걸하지 말라. 이 세상을 악용하지 말고 선용하라. 그리고 하나님과 함께 기뻐하라.

이 설교를 삶으로 보여주는 사람들이 있었다. 존 웨슬리는 하나님을 모르는 시각에서 볼 때, 행복하다고 할 수 없는 상황이지만, 함께 하시는 하나님으로 말미암아 행복한 신자들의 초상을 〈저널〉이 기록한다.

1739년 12월 11일 화요일

플라트(Plat) 부인을 방문했다. 그녀는 자기 생애의 과오 때문에 오랫동안 죽고 싶어 했었는데, 내 동생이 옥스퍼드에서 믿음에 대해 설교할 때, 위대하신 목자에게로 돌아온 사람이었다. 그녀는 극심한 가난과 고통, 병마 중에도 하나님 안에서 잠잠히 기뻐했다. 이러한 믿음으로 말미암아 구원을 받는 것이다! 그래서 옷도 먹을 것도, 건강도 친구도 없는, 수많은 유혹이 가득한 버거운 삶의 한복판에서도 "말할 수 없는 즐거움으로 기뻐한다."

1750년 4월 18일 수요일

하나님을 향하여 돌아서면서 모든 관계로부터 의절당하고 집 밖으로 쫓겨났던 한 훌륭한 개신교도 여인이 "손으로 지은 것이 아닌, 곧 하나님께서 지으신 집"으로 영접되었다. 우리는 저녁에 그녀를 통하여 넘치는 기쁨으로 즐거워하였다. 모든 것을 잃고 그리스도를 얻은 자는 복되도다!

1758년 9월 21일 목요일

집으로 오는 길에, 놀라운 광경을 보았다. 연주창으로 인해 극도의 고통 가운데 있는 어떤 여인이 머리 끝에서 발끝까지 조금씩 썩어가고 있고, 이미 피부가 썩어서 뼈가 몇 개 보이는데도, 자신에게 하나님이 자비로우시다고 눈물을 흘리면서 계속 하나님을 찬양하고 있었다.

1764년 4월 21일 토요일

침대에 누워 병을 앓고 있는 사람을 방문했다. 6개월 사이에 그녀의 가족 가운데 일곱 명이 죽었고, 그 이후, 여덟 번째로 그녀의 사랑하는 남편이 바다에 수장되었다는 소식을 들었다. 나는 그녀에게 물었다. "당신은 그런 일에 대해 어떤 번민이 없습니까?" 그녀는 창백한 뺨에 사랑스러운 웃음을 띠며 말했다.

"아, 아닙니다. 어떻게 제가 하나님의 섭리에 대해 슬퍼할 수 있겠습니까? 모든 것을 그의 뜻대로 하시게 해야 됩니다. 그분은 그 자신을 저에게 주셨습니다. 나는 그분을 사랑하고 매 순간 그분을 찬양합니다." 그리스도인의 완전(Christian Perfection)에 대한 어떤 불신을 가진 사람은 이와 같은 광경을 보아야 한다. 완전한 그리스도인은 이런 상황 속에서도 항상 기뻐하고 끊임없이 감사한다.

1766년 8월 8일 금요일

리즈 근처의 쏘너(Thorner)에 사는 데이비드 피른스(David Prince)는 오랜 세월을 앞을 보지 못하는 상태로 지냈었고, 지난 80년 동안 하나님 없이 살았다. 81세쯤에 그는 죄 용서를 받았고, 그때부터 그것을 결코 잃어버리지 않았다. 어떻게 그리했는지 질문 받았을 때, 그의 대답은 이랬다. "점점 더 행복합니다." 85세가 되었을 때, 그의 영혼은 하나님 품에 안겼다.

1766년 9월 9일 화요일

세인트 아이브스로 가는 도중에 한 사람을 방문했다. 나는 2년 전이나 3년 전, 그리고 20년 전에도 그 집에 묵었다. 그녀의 이름은 앨리스 다니엘(Alice Daniel)이고 로즈메리(Rosemary)에 살고 있었다. 그녀의 아들들은 그녀를 떠나 있고, 항상 아픈 딸 하나만 데리고 있다. 그녀의 남편은 죽었다. 그녀는 눈이 멀어서 더 이상 성경을 읽을 수 없다. 하지만 그녀는 결코 불평하지 않고, 자신에게 약속된 때가 오기를 즐겁게 기다린다. 인간은 잊고 있지만, 하나님 보시기에는 귀한 보화들이 여기저기 얼마나 많이 숨겨져 있는지!

1784년 9월 13일 월요일

자신의 침대에만 누워 있으면서, 굉장한 고통 속에서도, 말할 수 없는 행복 가운데 항상 기뻐하고, 쉬지 않고 기도하며, 범사에 감사하는 사람을 방문했다. 그렇다. 그녀는 지난 22년 동안 언제나 변함없는 행복을 누렸다고 증언한다.

1788년 5월 14일 수요일

나는 가난한 애슈턴 씨와 아침 식사를 같이 했다. 수년 전에 그는 런던 우리 교회의 성도였고 아주 부유했는데, 지금은 몹시 가난하다. 그러나 그는 지금 이 작은 오두막에서 훨씬 더 행복하다.

1790년 10월 2일 토요일

우리는 즐거운 산책으로 매우 기분 좋게 1시간을 보냈지만, 여전히 눈은 보는 것으로 만족스럽지 않았다. 불멸의 영혼은 하나님을 보는 것 이외에 아무것에도 만족할 수 없다.

행복을 설교하고 행복한 사람들의 모습을 기록한 웨슬리는, 수많은 고통으로 점철된 평생을 보내면서도, 미소를 잃지 않았다. 존 웨슬리는 삶에 대한 낭만적인 애호가였다. 그는 하나님을 사랑했고 사람을 사랑했으며 자연을 사랑했다. 지식을 사랑했고 행동을 사랑했으며 타고 다니는 말, 저물어가는 황혼, 스쳐가는 바람, 역사가 담긴 유적지를 사랑했다. 말을 타고 갈 때는 말 타기를 좋아했고 설교할 때는 설교를 좋아했다.

웨슬리는 수많은 사람들을 만나서 가르쳤지만, 가르치는 동시에 대화하고 교제를 나누었다. 그는 사람들과의 교제, 그들과 나누는 우정을 즐거워하며 행복을 느꼈다. 웨슬리가 친구들과 함께 있을 때면 언제나 유머와 웃음이 떠나지 않았다. 그의 친구 블랙웰은 존 웨슬리가 한 말을 다음과 같이 기억했다.

"우리는 음식이 나쁘고 침대가 딱딱하고 방이 초라하고 눈비가 내리고 길이 더럽다고 해서 결코 유머를 잃어버려서는 안 된다. 하나님의 은혜로 나는 무엇에도 근심하지 않으며, 아무것에도 불평하지 않는다. 무슨 일에든지 근심걱정하고 투덜거리는 사람은 마치 자기 뼈에서 살을 뜯어내는 것과 같다. 나는 세상에서 나에게 무슨 일이 일어나도 영원하신 왕좌에 앉으셔서 모든 것을 바르게 통치하시는 하나님을 바라보기 때문에 걱정하지 않는다."

존 웨슬리는 동료들과 함께 전도여행을 할 때, 저녁식사 후에 한 시간씩 이야기 보따리를 풀었다. 독서와 경험에서 얻은 재미있고 유익한 에피소드를 쏟아냈는데, 누구든지 그의 이야기를 즐거워하였다. 교제를 끝낼 때는 그날의 분위기에 맞는 찬송가를 한두 곡 불렀다. 동료들은 존 웨슬리와 함께 지내는 동안, 인생을 얼마나 즐겁고 행복하게 살아야 하는지를 배웠다고 말하곤 했다.

웨슬리의 동생 찰스의 딸 사라도 큰 아버지 웨슬리에 대한 증언을 남겼다. "그분이 근엄하고 금욕주의자라고만 생각하는 것은 큰 실수입니다. 나는 그분의 말씀과 행동 하나하나에서 온화함과 친절함과 명랑함을 빼놓고는 아무것도 본 것이 없습니다."[32]

존 웨슬리는 메소디스트답게, 규칙을 지켜가며 행복했다! 그의 규칙은 "15분"이었다. 아무리 고통스러운 일을 겪어도 15분 이상은 괴로워하지 않고 슬퍼하지 않는다는 규칙이다. 이 규칙은 웨슬리의 약점이었던 남녀관계에도 적용되었다.

웨슬리가 이상적인 여성이라고 여기며 사랑했던 그레이스 머레이를, 자신이 길러냈던 제자 베넷에게 빼앗겼던 적이 있다. 평생을 함께 했던 동생 찰스도 그레이스와 베넷의 결혼을 속전속결로 진행함으로써, 형의 비극에서 중요한 배역을 담당했다. 사랑에 실패한 웨슬리는 비통에 잠긴 나머지, 땅바닥에 주저앉아서 펑펑 울었다, 딱 15분만! 15분 후에는 훌훌 털고 일어났다. 그리고 나서 말을 타고 약속된 설교 장소를 향하여 달려갔다.

Chapter 7

▲ 존 웨슬리 초상화

부흥운동의 초기에 웨슬리는 헤아릴 수 없이 많은 비난과 조롱, 그리고 핍박을 받았다. 그러나 웨슬리와 메소디스트 운동으로 개인이 변화되고 사회가 개혁되면서, 만년의 웨슬리는 전 국민의 존경을 받는 신앙의 아버지가 되었다. 그의 초상화는 동시대의 어떤 인물보다도 많아서 무려 53개가 그려졌다. 위의 작품은 가장 널리 알려진 웨슬리의 초상이다.

세상을 바꾸다① 타오르는 부흥의 불길

있는 그대로의 말씀

18세기의 영국은 타락으로 악명 높았다. 소돔과 고모라 또는 로마제국 말기의 시대상과 비교되기도 한다. 타락의 대명사는 음란이다. 당시의 극장에서 공연되는 프로그램은 음탕하고 저속했다. 극장가의 여성들은 대부분 매춘부였다. 존 웨슬리는 극장들을 가리켜 "음일 방탕의 소굴"이라고 하였다.

또한 외설적인 서적이 음란문화를 널리 퍼뜨렸다. 부유한 자들은 배불리 먹고 침대에 누워서, 사람을 고용해서 음탕한 소설을 읽게 하고, 밤에는 정부(情婦)를 찾아갔다. 거리에는 창녀와 술집들이 즐비하였다. 공원, 극장, 다방 그리고 사람이 모이는 곳에서는 어디든지 도박하는 소리가 들려왔다. 파산자와 실직자가 속출하였고 자살, 가정불화와 파탄이 빈번했다. 자신의 아내를 경매에 붙여서 팔기도 했다.

그 시절의 인기 있는 오락은 잔인한 동물싸움이었다. 동물들이 피를 흘리고 물어뜯으며 죽기까지 싸우는 모습을 관람했다. 동물들의 싸움을 즐기는 사람들은 사람들과도 싸웠다. 결투와 폭행이 난무했고, 도둑, 강도, 성폭행 등의 범죄가 들끓었다. 열 사람이 한 도둑을 막지 못한다는 옛말처럼, 경찰력으로 범죄를 막기에는 역부족이었다. 독한 술을 즐기는 음주 문화는 사회의 고질적인 유행병이었다. 웨슬리가 전도하면서 주정뱅이들의 난동으로 곤경에 처했던 적이 한두 번이 아니었다.

산업혁명기의 영국의 단면을 보여주는 지역으로 브리스톨의 킹스우드(Kingswood)를 들 수 있다. 당시의 브리스톨 인구는 3만여 명으로, 6만여 명이 거주하는 런던 다음으로 많았다. 브리스톨 근교의 킹스우드에서는 탄광이 개발되고 있었다. 광부들은 야만성과 술 취함, 무지와 불결함으로 악명이 높았다.

존 웨슬리도 1739년 11월 27일의 〈저널〉에 그들에 관한 기록을 남겼다. "잉글랜드 서부에 오래 산 사람 치고 킹스우드 광부들에 관한 이야기를 듣지 못한 사람은 별로 없을 것입니다. 그 사람들은 하나님을 두려워하지도 않고, 또 사람을 존중하지도 않는 악명이 높은 사람들입니다. 하나님의 일에 관해서는 매우 무지하기 때문에 멸망할 짐승같이 보이는 사람들이고, 배움에 대한 열망도 없을 뿐 아니라 배울 길도 전혀 없는 사람들입니다."

개탄스러운 광부들의 이야기에는 놀랍게도 반전(反轉)이 있다. 같은 날짜의 〈저널〉은 전혀 색다르게 이어진다. "상황은 이미 바뀌었습니다. 킹스우드는 이제 1년 전과 달라서 저주와 불경한 소리 때문에 소란스럽지 않습니다. 이제는 술 취함과 더러움, 게으름과 오락이나 즐기는 일 따위가 더는 흔하지 않습니다. 또 이제는 싸움과 다툼과 고함과 욕지거리와 분노와 시기 같은 것은 없습니다.

그 대신 사랑과 평화가 있습니다. 이제는 대다수의 사람이 점잖고 온유하고 도움을 청하기도 용이한 사람들이 되었습니다. 그들은 '다투지도 아니하며 들레지도' 아니하며 '길거리에서 그들의 목소리를 듣기'가 어려울 정도고, 심지어는 일터에서조차 그들의 큰 소리를 들을 수 없게 되었습니다. 다만 예외는 그들이 보통 저녁에 한가해질 때 구세주 하나님께 찬양을 드린다는 것입니다."

어떻게 이런 변화가 일어났을까? 존 웨슬리와 메소디스트들의 활약이 있었기 때문이다. 킹스우드의 변화는 웨슬리가 주도한 메소디스트 부흥의 대표작이다.

부흥은 말씀에서 시작된다. 죽고 또 죽어서 살은 다 썩어 없어진 채로 쌓여있는 마른 뼈들을 살려낸 것은, 선지자가 선포한 하나님의 말씀이다(에스겔 37장). 비바람과 폭풍우를 온몸으로 견디며, 폭력과 욕설과 저주를 온몸으로 받아내며, 우범지대와 빈민촌을 누비면서 웨슬리는 말씀을 선포했다. 그의 입에서 선포된 하나님의 말씀은 바윗덩어리를 부수는 망치, 양날의 검, 부드러운 초목에 내리는 이슬과 비, 그리고 불로 임했다. 말씀의 역사에 관한 〈저널〉의 기록이다.

1740년 9월 18일 목요일

공중의 권세를 잡은 자는 무너지고 있는 자기 왕국을 지키기 위해 또 다른 조치를 취했다. 많은 사람이 파운더리 중앙에 난입하여 소란스럽게 큰 소리로 떠드는 바람에, 당시 사도행전 11장을 낭독하던 내 목소리가 거의 들리지 않았다. 그러나 곧바로 말씀의 망치가 바윗덩어리를 조각조각으로 박살냈다. 다시 말해서 모두가 조용히 구원의 기쁜 소식을 듣게 되었다. 그중에 몇은 결실할 것으로 믿는다.

1745년 4월 28일 일요일

더비셔에 있는 봉스(Bongs)의 높고 경사진 산 옆의 외딴집으로 갔다. 거기에 수많은 사람이 우리보다 먼저 와 있었다. 나는 "경건치 아니한 자들을 하나님께서 의롭다 하시는 것"에 대해 설교했다. 그 말씀은 부드러운 초목 위에 내리는 이슬 같았다.

1769년 4월 16일 일요일

콕 힐 근처 초원에서 귀를 기울이는 회중에게 설교를 했다. 그런데 비가 내려 집회를 방해했다. 풀들은 젖었고, 나는 평탄한 길에 서 있었고, 많은 사람이 근처 집들 처마 밑에 서 있었다. 하나님의 말씀이 부드러운 풀 위에 내리는 비처럼 임했다.

1770년 7월 10일 화요일

헤어우드로 갔다. 우드하우스에서 역사한 동일한 영을 지닌 거대한 회중에게 설교했다. 여기서도, 하나님의 말씀은 신속하게 역사했다. 많은 사람이 회개하였고, 하나님께로 돌아섰다.

1779년 8월 16일 월요일

저녁에 시장터에서 매우 진지한 회중에게 다시 설교하였다. 그들 중 많은 이들이 눈물을 흘렸고, 하나님의 말씀이 양날의 검보다 더 예리하다는 것을 느꼈다.

1788년 6월 23일 월요일

6시와 7시 사이에 로마서 13장 12절 말씀으로 요크에서 설교하기 시작하였다. 말씀은 불과 같았다. 그리고 그 말씀을 들은 모두는 하나님의 말씀의 능력을 느끼는 것 같았다.

능력 있는 말씀은, 그냥 말씀이었다. 듣기 좋도록 포장되지 않고, 시대를 구실로 문화를 핑계 삼아서 타협하지 않고, 신학이라는 명목으로 사람의 생각을 섞지 않은 원색적인 말씀이었다. 웨슬리는 "불쾌하지 않은 말씀"을 경고했다. 네덜란드의 암스테르담을 방문했던 1786년 8월 20일에 기록한 〈저널〉이다 : 나는 내 생애에서 가장 형편없는 설교를 들었다. 그 설교는 마치 모여 있는 유대인들, 터키인들, 이교도들을 전혀 불쾌하게 하지 않으려고 하는 것 같았다.

죄의 본성을 지닌 인간을 불쾌하지 않게 하는 설교는 죄를 그대로 내버려두는 설교요, 죄인의 삶을 지속하도록 하는 설교이며, 계속해서 죄를 생산해내는 설교이다. 살아있는 말씀의 설교는 필연적으로 상처를 준다. 죄를 죄라고 말하는 설교를 들으며 상처를 받아야, 사람이 산다.

엄밀하게 말하면 상처를 받는다기보다, 이미 죄로 상처받은 상태에 있는 자신을 깨닫는 과정이다.

웨슬리의 성경적인 설교는 사람들을 분노하게 했다. 죄를 지적하고 지옥을 선포하는 설교에 사람들은 격분했다. 웨슬리 때문에 술도 못 마시고 도박이나 음란과 같은 즐거움도 누리지 못하게 되었다고 노골적으로 비난하기도 했다. 웨슬리는 그러한 비난을 당연하게 생각했다. 그것은 성경이 증언하는 십자가의 걸림돌이었다. 십자가는 유대인에게는 거리끼는 것이요 이방인에게는 미련한 것이었다(고린도전서 1.23). 십자가는 결코 환영받지 못했고, 지금도 환영받지 못한다.

살아있는 말씀이 상처를 주는 것과 동시에 있는 그대로의 말씀은 상처를 고친다. 죄로 상처받은 자신의 실상을 깨닫고 상처 난 심령으로 부르짖는 사람들을 치료한다. 웨슬리가 선포한 말씀은 상처를 주고, 상처를 고쳤다. 1760년 9월 16의 〈저널〉이다 : "주님은 상한 갈대를 꺾지 않으시고 꺼져가는 등불을 끄지 않으신다"는 말씀으로 설교했다. 하나님께서는 또다시 말씀으로 상처를 입게 하셨고, 이미 상처받은 자들은 고쳐주셨다.

웨슬리의 기도생활

부흥은 부르짖음에서 온다. 기독교의 부르짖음은 이방종교와 다르다. 이방종교는 기도의 초점이 자신에게 있다. 빌고 또 빌어서 초월적인 대상을 감동시켜야 한다. 비는 것만으로는 부족할 때, 바치고 또 바쳐야 한다. 빌고 바치는 행위를 통해서 신령한 대상을 움직여야 한다.

하지만 기독교의 기도는 다르다. 하나님께 내가 필요로 하는 것이 무엇인지 알려드리기 위해서 기도하는 것이 아니다. 구하기 전에 하나님은 이미 알고 계신다. 나의 정성으로 하나님을 움직이기 위해서 기도하는 것도 아니다. 주권자이신 하나님은 스스로의 뜻에 따라서 역사하신다.

기도의 중요한 목적은 참여에 있다. 하나님은 우리로 하여금 기도하게 하심으로써, 그분의 일에 참여하게 하신다. 따라서 기도하는 것 자체가 은혜이다. 피조물이 창조주의 일에 참여하고 쓰임 받는 은혜이다. 나의 기도를 통해서 전능하신 하나님께서 일하시니, 말로 표현할 수 없는 영광이다. 웨슬리는 "산상설교(6번)"에서 말했다. "하나님은 언제나 우리가 구하는 것보다 더 많이 준비하고 계신다. 기도는 하나님을 움직이는 것이라기보다 오히려 우리 자신이 변화되어 하나님께서 준비하신 것들을 받을 만한 사람이 되게 하는 것이다."

웨슬리는 일생 동안 기도의 삶을 살았다. 그는 국교회에서 중시하는 예전 기도(liturgical prayer), 곧 기도문을 따라서 하는 기도(formal prayer)와, 기도문 없이 자유롭게 하는 즉흥 기도(informal-extemporary prayer)의 두 방법을 모두 사용했다. 메소디스트들에게도 두 가지 기도 형태의 장점과 유익을 모두 얻기 위해서, 두 방식을 병행하라고 강조했다.

웨슬리는 기도문이 하나님과 신앙에 대한 성경적인 표현을 제공함으로써 열광주의의 위험을 피하게 하고, 하나님에 대한 신자의 마음과 지식을 바르게 조형하도록 하며, 올바른 즉흥 기도를 위한 언어와 방향을 준다고 생각했다. 또한 쓰여진 기도가 교회의 일치와 질서를 증진시킨다고 보았다.

하지만 웨슬리는 쓰여진 기도문에 의한 기도만을 고집하지는 않았다. 그는 자유와 자발성, 그리고 성령의 영감이라는 즉흥 기도의 유익을 충분히 인식하고 있었다. 따라서 쓰여진 기도와 쓰여지지 않은 기도, 기도문에 따른 기도와 즉흥적이고 자유로운 기도를 선택적으로 병행하여 조화와 균형을 지키도록 하였다.

메소디스트답게, 그는 규칙에 따라서 기도했다. 특별한 일이 없는 한 하루에 6번 개인적 경건의 시간을 가졌다. 매일 아침 4-5시 사이에 그리고 저녁 9-10시 사이에 기도하였다. 이 두 번의 기도는 웨슬리의 가장 중요한 개인기도 시간이었다. 오전 9시와 12시 그리고 오후 3시와 6시에는 토마스 크랜머가 쓴 국교회의 기도문인 "매일의 기도(the Cranmerian collects and lections)"를 사용하여 기도하였다.

웨슬리는 『개인기도집』, 『가족기도집』, 『어린이기도집』을 출판했다. 세 권의 기도집은 주일부터 토요일까지 한 주간의 매일 아침기도와 매일 저녁기도를 위한 기도문을 담고 있다.[33]

〈저널〉은 다양한 기도의 순간을 기억한다. 고통과 중압감, 뜨거운 햇빛과 병으로 인한 고통을, 웨슬리는 기도하면서 이겨냈다.

1752년 10월 29일 금요일

오늘은 내 영혼에 아주 유익한 날이다. 나는 몇 번이나 고통과 중압감을 느꼈다. 그러나 내가 하나님의 이름을 부르자, 주님은 나에게 그의 길을 가는 데 대한 분명하고 전적인 승인을 해주셨고, 감사한 마음으로 고요히 그의 뜻을 묵묵히 따르게 해주셨다.

1755년 4월 24일 목요일

우리는 뉴웰 헤이(Newell-Hay)까지 8마일을 4시간 안에 도착했다. 내가 설교를 시작하자마자 해가 떴고 뜨거운 햇빛이 내 머리 위로 내리쬐었다. 만일 이 상태가 이렇게 계속된다면 나는 오래 말하지 못할 것이기 때문에 하나님께 내 마음을 아뢰었다. 1~2분 안에 구름이 덮였고, 설교가 다 끝날 때까지 계속되었다. 누군가는 이것을 우연이라고 말하겠지만, 나는 이것을 기도의 응답이라고 하겠다.

1756년 10월 3일 일요일

나의 병이 전보다 더 심해졌다. 그러나 크게 신경 쓰지 않았는데, 왜냐하면 오전에 스노우스필드에서 이어서 스피탈필즈에서 예배를 인도해야 하기 때문이었다. 내가 성찬식을 인도하려고 할 때에 "너는 왜 병이 심할 때가 아니라, 병이 시작할 때 주님께 의지하지 않느냐?"라는 생각이 마음에 떠올랐다. 나는 주님께 의지하였고 즉시로 나음을 얻었다. 그 후에는 더 이상 약이 필요하지 않았다.

1759년 7월 2일 월요일

말을 타고 더럼으로 가서 1시에 내가 2년 전 설교했던 강가 풀밭으로 갔다. 회중은 그때보다 반 정도 늘어있었다. 햇빛은 내 머리를 태워버릴 듯이 뜨거워서 거의 말을 할 수가 없었다. 나는 잠시 멈추고 만약 그것이 하나님의 영광을 위한 것이라면 하나님께서 햇빛을 가려주시기를 소원했다. 그런데 그 일이 즉시 이루어졌다. 한 조각 구름이 햇빛을 가려서 우리는 더 이상 어려움을 겪지 않았다.

존 웨슬리는 정기적인 금식기도를 강조했다. 메소디스트들은 금식 기도를 통하여 능력을 받고 위기를 돌파했다. 특별히 웨슬리와 메소디스트들은 국가를 위한 금식기도의 날을 지켰다.

금식은 전적인 의존의 표현이다. 우리에게 힘과 영양분을 공급하는 근원인 음식물마저도 차단함으로써, 오직 하나님께로부터 오는 힘만을 공급받겠다는 결단이다. 동시에 금식은 전적인 집중의 표현이다. 생명체의 가장 본능적이며 기본적인 행위인 먹는 것마저도 중단함으로써, 오직 하나님께만 집중하겠다는 결단이다. 시들어가는 교회와 위기에 처한 대한민국을 위하여, 우리에게도 정기적인 금식기도가 절실하게 필요하다. 〈저널〉은 금식과 기도의 날을 기록한다.

1767년 7월 10일 금요일
오늘을 금식과 기도의 날로 지켰다. 우리 기도들이 응답된 것을 발견한 것은 마지막 모임에서였다. 마치 하늘의 창들이 열린 것 같이, 은혜의 성령이 부어졌다. 많은 사람에게 위로가 넘쳤고, 약해졌던 많은 사람이 새롭게 출발하기로 다짐했다.

1768년 10월 30일 금요일
우리는 이날을 금식과 기도의 날로 지켰다. 그리고 이날은 많은 사람이 부르짖자마자 하나님께서 그들의 마음을 기쁨 가운데서 응답하시는 좋은 날이었다.

1769년 5월 19일 금요일

금식과 기도의 날로 지켰다. 많은 사람이 5시, 9시, 1시 집회에 참석했다. 철야집회에는 훨씬 더 많은 사람이 참석했다. 그리고 그때 하나님께서 사람들의 마음을 만지셨다. 심지어 "죽고 또 죽어 뿌리까지 뽑힌 열매 없는 가을 나무" 같은 사람들의 마음도 만지셨다.

1779년 2월 10일 수요일

국가적인 금식의 날이다. 전에 이처럼 장엄한 금식을 보지 못하였다. 도시의 이쪽 끝에서 저쪽 끝까지 길거리에는 어떤 사람도 보이지 않았다. 공적인 예배를 드리는 모든 장소는 보통 때와는 다르게 많은 사람으로 가득 찼다. 대부분 사람들의 얼굴에는 보통 때와는 다른 경외심이 보였다. 소돔을 위해 간구하는 아브라함에게 "나는 그로인하여 성읍을 멸하지 않을 것이다"라고 말한 하나님의 말씀에 관하여 설교하였다.

1781년 12월 21일 금요일

잉글랜드 전역에서 금식과 기도의 날로 지켰다. 죄지은 나라를 위하여 하나님께 간청할 것이 확실하다!

부흥을 담아내기 위한 조직

웨슬리를 통해서 원색적인 말씀이 기도와 결합되어 선포될 때, 놀라운 역사가 일어났다. 그러나 그것이 전부가 아니었다. 설교의 현장에서는 대단해보였는데, 그것이 장기간 지속되지는 않았다. 오히려 뜨거웠던 마음이 식어가고, 변화된 것 같았던 사람들이 원래의 모습으로 돌아갔다.

존 웨슬리는 노스썸버랜드에서 여러 번 설교하였고 많은 사람들이 회심했다. 그러나 그들을 연합하게 하고 서로 섬기며 돌보는 아무런 조직도 만들지 않은 결과, 좋은 밭에 떨어진 것처럼 보였던 씨앗들이 길가에 떨어진 것으로 판명이 났다.

뉴캐슬 신도회에서는 여러 가지 문제가 일어났다. 웨슬리는 복음을 따라서 행하지 않는 자들이 누구인지를 면밀하게 살폈다. 그리고 50명 이상을 신도회에서 쫓아냈다. 이런 우여곡절을 겪으면서 깨닫게 된 사역의 원리를 1743년 3월 13일의 〈저널〉에 기록했다.

"여기에서 경험한 끔찍한 사건들을 통해 내가 더욱더 확신한 사실은, 마귀가 원하는 오직 한 가지는 어디서든지 사람들이 반쯤 각성한 상태에서 다시 잠들게 내버려 두는 것이다. 그러므로 하나님의 은혜로, 내가 마귀의 반격을 계속 지켜볼 수 없는 장소에서는, 한 번만 타격을 가하고 떠나지는 않기로 했다."

설교만 하고 떠나는 것은 마귀에게 한 번만 타격하는 것과 같다. 마귀는 잠시 주춤하고 위축될 수 있지만, 설교자가 떠남과 동시에 다시 활개를 친다. 설교를 통해서 반쯤 각성한 영혼들을 다시 죽음의 잠에 빠지게 한다. 따라서 한 번의 타격에 그치지 않고 계속해서 마귀의 진지를 타격해야 한다. 계속된 타격이 계속된 각성을 일으킨다. 존 웨슬리는 말하였다. "나는 하나님의 은혜를 힘입어 내가 후속조치를 할 수 없는 곳에서는 한 사람도 회심시키지 않기로 결심하였다."

이후로 존 웨슬리는 회심자가 생기면 곧 신도회 조직에 가입하도록 인도하여, 철저히 돌보는 사역을 강화하였다. 일회성 집회의 한계에 대한 인식과 계속적인 사역의 필요성에 대한 깨달음은 이후에도 계속된다.

1749년 7월 2일 일요일

8시에 포탈링턴에서 다시 2시에 설교하였다. 모든 사람은 너무 깊게 영향을 받은 것 같아 나는 어떻게 거기를 떠나야 할지 몰랐다. 우리 신도회의 숫자는 이제 100명이 넘게 되었고 모두 열정적이며 선한 열심을 가진 자들이다. 한 주 만에 그 도시 전체가 변화되었다. 사악함은 이제 사라지고, 하나님을 두려워하는 마음이 가득 찼다. 가난한 사람이나 부자나 할 것 없이 모두 "우리가 어찌해야 구원을 얻을까?"를 물었다.

나는 "이런 분위기가 얼마나 오래 계속될까?"궁금했다. 대부분 사람에게 찾을 수 있는 이 복음의 씨앗은 새들이 날아와서 쪼아 먹을 때까지만 있을 것이고, 그 나머지 중 또 많은 사람은 환난이나 비난이 닥쳐오면 곧바로 그 씨앗을 잃어버릴 것이며, 마지막으로 남은 소수의 사람 가운데에서도 그 복음의 씨앗은 세상의 재리의 염려와 사악함 그리고 이 세상에서의 욕망 등의 문제 때문에 결국 사라지게 될 수도 있다.

1763년 8월 25일 목요일

깨달은 자들을 모아 하나님의 뜻에 맞게 훈련을 시키지 않고, 사도처럼 설교만 하는 것은 아기를 낳아 살인자에게 맡기는 것과 같다는 생각이 절실하게 느껴진다. 지금까지 20여 년 동안에 펨브로크셔에서 얼마나 많은 설교가 행해졌던가! 그러나 그동안 조직적인 집회도, 훈련도, 지시도, 모임도 없었다. 그 결과 한 번 회심한 자들 가운데 열 사람 중 아홉 사람은 어느 때보다 빨리 시들어 버린다.

1785년 5월 6일 금요일

이제 막 시작된 이 불길이 어떻게 코크에서만이 아니라, 이 나라 전체에서 계속해 타오르도록 할 것인가? 그저 가만히 앉아 있어서 되는 일이 아니다. 그들 안에 주어진 하나님의 은사를 북돋워 줌으로, 늘 깨어있음으로, 모든 이에게 경고하며 권면함으로, 기도의 모든 능력으로 보좌를 에워싸므로 이루어지는 일이다.

마귀에게 계속해서 타격을 가하고, 깨어난 영혼들이 계속해서 각성하게 하며, 하나님이 주신 부흥의 불길이 계속해서 타오르게 하기 위한 방법으로 웨슬리는 조직을 정비했다. 오늘날 감리교회를 대표하는 소그룹 모임인 속회(屬會, class meeting)가 그 대표적인 모델이다.

존 웨슬리는 브리스톨에서 야외 설교를 시작한 지 한 달 만에 니콜라스 신도회와 볼드윈 신도회가 부흥하는 것을 보고 이들이 모일 수 있는 집을 건축했다. '뉴룸'(New Room)이라고 이름을 붙인 이 집이 역사상 최초의 메소디스트 예배당이 되었다. 그러나 건축의 후유증이 만만치 않았다. 가난한 신도들이 빚을 져서 건축했는데, 빚을 갚지 못해서 곤경에 처했다. 존 웨슬리가 빚쟁이들에게 멱살을 잡히기도 했다.

1742년 2월 15일 부채를 갚기 위한 회의가 열렸다. 이때 은퇴한 선장 포이(Captain Foy)가 빚을 갚을 때까지 모든 메소디스트 회원들이 1주일에 1 페니씩 헌금하자고 제안했다. 그러자 대부분의 회원들이 가난해서, 돈을 낼 수 없다는 의견이 나왔다. 포이는 "그렇다면 회원 중에서 가장 가난한 사람 11명을 내게 맡겨 주시오. 나는 그들을 매주 1회 방문하겠습니다. 만일 그들 중에 누가 내지 못하면 내가 대신 그들의 몫을 내겠습니다."라고 다시 제안하였다.

이에 다른 회원들도 각각 11명씩 맡겠다고 나섰다. 결국 포이 선장의 의견에 전체 회원이 동의했다. 그래서 신뢰할만한 사람들이 11명씩 맡아서 매주 1회 회원들을 방문하여 1주일에 1페니씩 모으는 일을 시작하였다.

모금의 책임자로 시작했던 평신도 지도자들은 모금보다 더 중요한 사역을 하게 되었다. 그들은 매주 회원들을 방문하면서 자연스럽게 그들의 생활 형편과 영적인 상태를 파악하게 되었다. 그리고 힘이 닿는 대로 그들을 돌보고, 웨슬리에게 회원들의 사정을 보고하였다.

발로 뛰며 현장에서 파악한 정보는 목회에 귀중한 도움이 되었다. 웨슬리는 이들의 보고를 신중하게 듣고, 신도회를 더욱 세심하게 지도했다. 그리고 평신도 지도자들의 보고를 목회적 보고(pastoral report)로 인정하고, 그들의 사역을 목회적 제도로 채택했다. 이 제도를 속회(class meeting)라고 부르고, 지도자는 속장(class leader)이라고 불렀다.

1742년 말에 이르러 속회는 메소디스트 신앙과 생활 훈련을 위한 핵심적인 기구로 정착하였다. 이는 일찍이 홀리클럽을 결성하고 메소디스트를 지도했던 웨슬리의, 조직의 귀재다운 조치였고 솜씨였다. 속회는 1주일에 1회 모여서 모든 회원이 서로에게 한 주간의 영적인 생활을 고백하고 용서와 위로와 권면의 말씀을 주고받았다. 또 기도와 사랑으로 서로를 지켜주었으며, 언제나 '마음 뜨거운 친교'(warm-hearted fellowship)로 신도들을 연결해주었다.[34]

1942년 말에 속회제도를 실시한 웨슬리는 1943년 돌봄의 조직에 가입시키지 않으려면, 아예 회심시키지 않겠다고 굳게 결심했다. 이 결심이 메소디스트 부흥에 결정적으로 기여했다. 동시에 웨슬리와 휫필드의 중요한 차이점이 되었다. 두 사람이 모두 탁월한 설교가였지만, 야외설교가로서의 능력은 휫필드가 더 뛰어났다고 보는 평가가 많다. 그러나 휫필드는 조직을 만들지 않았다. 그의 화려한 설교만큼이나 화려하게 피어났던 부흥의 꽃은 어떻게 열매를 맺게 되었는지 확인할 길이 없다. 그냥 시들어버렸다는 냉정한 평가도 있다.

이와는 대조적으로 웨슬리는 탄탄한 조직을 만들었다. 회심한 신도들이 성도들의 공동체에서 성경적인 교제를 나누도록 했다. 그것이 성경이 강조하는 성령의 교통하심이요 코이노니아이다. 부흥이 불이라면 조직은 불을 지속시키는 연료의 역할을 한다.

기독교계의 혁명 : 평신도와 여성의 사역

최초의 속회가 평신도인 포이선장의 제안에서 시작되었듯이, 속회를 이끌어갈 리더들은 평신도들이었다. 당시는 성직자의 권위를 중시하여, 국교회 사제로 안수 받은 웨슬리가 야외에서 설교하는 것조차도 끊임없이 핍박을 받던 시절이었다. 그런 시대에 평신도를 설교자로 세운 것은 엄청난 사건이었다. 한 걸음 더 나아가 웨슬리는 여성 평신도에게 설교를 맡기기도 했다. 그것은 기독교계에 일으킨 혁명이었다.

일찍이 웨슬리의 어머니 수잔나가, 남편이 없을 때 엡워스의 교회에서 말씀을 전한 적이 있었다. 이 사건을 근거로 수잔나 웨슬리를 최초의 여성 설교자로 평가하기도 한다. 어머니는 여성으로서 최초로 설교했고, 아들은 더 많은 여성들이 설교할 수 있도록 길을 열었으니, 교회사의 선각적인 모자(母子)이다.

평신도 사역자들은 메소디스트의 부흥에 혁혁하게 기여했다. 웨슬리는 평생 동안 영국 전역을 순회하였기에, 각 지역의 신도회를 돌볼 여력이 없었다. 그 역할을 평신도들이 감당하여 사역의 공백을 채워갔다. 조직의 대가답게, 웨슬리는 그냥 맡겨놓지만은 않았다. 평신도 설교자들을 계속해서 체계적으로 훈련했다.

전도인의 기본 자격은 신앙이지만, 그 다음은 지식의 함양이라고 가르친 웨슬리는 1766년 리즈회의에서 독서의 필요성을 다음과 같이 역설하였다 : 가장 유익한 서적을 읽을 것이며, 꾸준한 노력으로 아침 시간을 독서에 쓰며, 24시간 중 적어도 5시간은 독서에 쓰라. 그리고 독서의 취미를 기르라. 그렇지 못하겠거든 전도 사업을 그만 두고 그대의 본래 직업으로 돌아가라.

메소디스트답게, 그는 평신도 사역자들을 위한 규칙을 제정했다. 하루에 5시간 독서하도록 했고, 1주일에 2회 이상 설교를 시켰으며, 신도회, 속회 및 연회를 통하여 철저하게 지도하고 훈련했다. 평신도 설교자들은 1740년부터 순회를 시작하였다. 1749년부터는 지역의 신도회를 관리하고 후원하는 '감리사' 제도가 확립되었다.

평신도 사역자들이 설교를 하기 위해서는 교과서가 필요했다. 존 웨슬리는 『신약성서 주해』를 1755년 출판하여 교리적 기준으로 삼았다. 그후 『표준설교(Standard Sermon)』를 출간하여 죄와 회개, 칭의와 믿음, 성화, 그리스도인의 완전을 강조하는 메소디즘(Methodism)의 중심 교리서로 활용했다.

웨슬리를 미워하던 국교회에서는 평신도 채용을 맹렬히 비난했다. 국교회의 감독이 찰스 웨슬리에게 노골적으로 물었다. "평신도들은 무식한 사람들이 아닌가?" 찰스는 정곡을 찌르는 대답을 했다. "물론 그런 사람도 있지요. 그러나 그들은 무식할지라도 영혼을 건지는 일에 대해서는 무식하지 않습니다."

1760년 『런던 매거진(London Magazine)』은 영국의 국교회가 세계 최고의 지적인 목사를 보유하고 있다고 보도했다. 이와 대조적으로 감리교 평신도 설교자의 교육 정도가 수준 이하라고 폄하했다. 그들의 말이 맞을 수도 있다. 원래 그렇다. 하나님에 대한 최고의 지식을 자랑했던 바리새인들이 하나님의 아들을 죽였다. 영혼을 살리지 못하는 신학은 하나님의 아들을 죽이고 하나님의 교회를 핍박하는 흉기일 뿐이다.

평신도들에게 맡겼다고 해서, 웨슬리가 목양을 배제하고 순회설교만 한 것은 아니다. 평신도는 각 지역의 속회와 신도회를 돌보는 역할을 했고, 웨슬리는 여러 지역의 속회와 신도회를 관리하고 감독했다. 특히 문제가 있는 속회와 신도회에는 직접 찾아가서 상황을 파악하고, 사람들을 권면하고 위로하며, 치리했다.

속회든 신도회든 교회든, 사람이 모인 곳이다. 사람은 천사가 아니다. 문제가 있는 사람들이 모인 곳에 문제가 없을 수 없다. 천하의 웨슬리도 골치가 아팠다. 1763년 5월 2일의 〈저널〉에 이렇게 썼다 : 며칠 동안 나는 신도회를 방문해서 1천 가지 오해로 혼란스럽고 고통 받는 사람들을 안정시키는 일에 전적으로 몰두했다. 진실로 중상과 악의적 모략의 홍수가(쉽사리 예측할 수 있었듯이) 여러 방면에서 쏟아져 나왔다.

위대한 부흥이라고 일컬어지는 메소디스트 부흥운동시기에도, 1천 가지의 오해가 있었고 중상과 악의적 모략이 홍수처럼 쏟아져 나왔다! 사람이란, 별 수 없이 사람이다. 기념비적인 개혁에 의해서 임명된 평신도 사역자들은 오히려 오랜 병폐를 계승하기도 했다. 그들이 신도회의 인원이 늘어났다고 보고했지만, 사실이 아닌 경우도 있었다. 웨슬리는 1778년 4월 29일의 〈저널〉에서 탄식했다 : 오, 언제 메소디스트들은 과장하는 일을 그만두게 될까?

허위보고는 어느 조직에나 있고, 교회에도 있다. 한국 교회의 신도 숫자를 모두 합치면 남북한 주민과 해외동포를 합친 것보다 많다는, 농담 아닌 농담도 있다. 중요한 점은 웨슬리가 성실하게 현장을 찾아가서 직접 허위를 적발해냈다는 점이다. 그는 양들을 부지런히 살피고 돌보는 목자였다. 웨슬리는 마음이 약한 자, 신자들이 친절하게 대우받지 못한 문제, 과장된 보고, 부주의한 말 때문에 생겨난 갈등, 거짓말로 사람들을 끌고 나가는 자들, 오해와 분노, 열심과 훈련의 부족, 시기와 질투의 문제와 씨름했다.

1748년 3월 16일 수요일

신도회의 상태를 더 잘 알아보고자 했다. 새로운 신도회 회원이 많이 늘어났다는 좀 과장된 보도도 있었다. 그래서 나는 대략 600명 내지 700명 정도는 된다고 생각하였다. 그런데 실제로 내가 살펴보니 394명 정도였다. 아마 지금쯤은 396명 정도나 남아있으려나?

이일은 우리가 실제보다 더 과장하는 잘못된 습관이라는 사실을 알게 해주고 주의를 하게 되었다. 우리는 무엇을 과장하는 습관이 있다. 하지만 우리는 좀 더 보수적으로 대할 필요가 있다. 진실보다 더 위로 말하지 말고, 더 낮게 겸손할 필요가 있다. 우리가 말하는 모든 것에 더 조심스럽게 접근한다면 우리의 말은 헛되게 땅에 떨어지지 않을 것이다.

1748년 10월 1일 토요일

대략 1시경 웨이워에서 설교하였고, 다시 말을 타고 브리스톨로 돌아왔다. 다음날부터 나는 한 주 동안 신도회를 점검하기 시작하였다. 나는 부주의한 사람이나 일부로 한 주에 한 번 이상 형제들을 만나지 않는 사람들을 모두 내보냈다. 그래서 숫자가 900여 명에서 730여 명 정도로 줄었다.

1749년 5월 5일 금요일

며칠 동안 마음이 약한 자를 돌보기에 힘썼다. 그들 중 대부분은 친절한 대우를 받지 못했다는 것을 알게 되었다.

1757년 11월 26일 토요일

런던으로 돌아왔다. 강한 신앙을 가진 것으로 보였던 어떤 사람이 부주의하게 던진 말로 인하여 많은 혼란이 일어났다.

1757년 11월 28일 월요일

나는 관련된 사람들을 일일이 면담했다. 그러나 고의적인 죄가 있는지, 서로 거짓말을 하는지, 또는 단지 인간의 연약함인지를 온전히 판단할 수 없었다. 현재로서는 마음을 감찰하시고 적당한 때에 모든 것을 빛 가운데로 이끌어 오실 분께 맡기기로 했다.

1757년 11월 30일 수요일

같은 일에 관련된 다른 사람들을 오랫동안 만났으나 성공하지 못했다. 한쪽은 순순히 시인했으나 다른 쪽은 완전히 부인했다. 참으로 이상하다. 그러나 더욱 이상한 것은 신앙이 강하게 보이는 사람들이 서로 간에 영적 일치를 이루지 못하는 것이다.

1757년 4월 21일 목요일

리버풀에 말을 타고 와서, 내가 떠난 이후에 신도회 회원의 반 정도가 남은 것을 발견하였다. 제임스...가 거짓말을 더 많이 하려고 나머지 사람들을 데리고 나갔다. 그러나 거짓말을 자기 피난처로 삼는 자는 번성하지 못할 것이다. 얼마 지나지 않아 그의 집은 무너질 것이다.

1765년 9월 18일 수요일

독에 있는 신도회는 때때로 어려운 상황에 놓이게 되었다. 품행이 나쁜 사람에 관련된 논쟁이 크게 일어났다. 그의 형제들과 반목하는 것처럼 각 사람은 칼을 품고 있었다. 나는 그들에게 사탄이 얼마나 그들을 갖기 원하였기에 그들을 밀 까부르듯 하고 있는지를 보여 주었다.

1762년 9월 21일 화요일

포트 아이작으로 말을 타고 갔다. 여기에서 동부 순회교구의 사역자들을 만났다. 1년 만에 일어난 변화가 컸다. 주님을 속이는 혐오스러운 행동들을 더 이상 우리 신도회에서 찾아볼 수 없다. 가증스러운 것들이 치워지자, 하나님의 일이 각처에서 성행했다. 특히 이 신도회는 두 배 이상 늘어났다. 그들 모두는 하나님을 향해 살아있었다.

1778년 4월 29일 수요일

코크로 돌아와 속회 사람들을 만났다. 오, 언제 메소디스트들은 과장하는 일을 그만두게 될까? 결국 신도회가 크게 증가되었다는 허풍 떠는 내용이, 실제는 결코 증가되지 않았으며 오히려 3년 전보다 좀 더 작아졌다. 그러나 회원들의 대다수는 하나님에 대한 산 신앙을 가지고 있다. 그들은 세상을 좋게 만드는 무거운 책임을 가지고 있다.

1779년 11월 13일 토요일

그 다음 주에 우리 신도회의 나머지를 점검하였다. 그러나 내가 기대하였던 것과 달리 회원의 증가를 발견하지 못하였다. 오히려, 상당할 정도의 감소가 있었다. 순전히 우리 설교자들 사이에 끼어 들어온 무분별한 질투 때문이다. 이것은 하나님의 성령을 근심하게 하였고, 성령의 활동을 크게 방해하였다.

1783년 12월 6일 토요일

나는 불쌍한 M씨의 이상한 사례를 더욱 조심스럽게, 그리고 특별하게 조사했다. 하지만 조사할수록 문제가 악화되는 것처럼 보였다. 많은 증인에 따르면 예외 없이, 그가 셀 수 없는 거짓말을 했었다는 게 분명했다. 인정했다가 부인하고, 다시 인정하고! 그리고 거짓말과 중상을 끊임없이 반복하면서 20년 이상 살아 온 이 남자는 자기가 하나님과의 교제를 끊임없이 즐긴다고, 그래서 하늘 외에는 아무것도 자기를 더욱 행복하게 만들 수 없다고 말하고 다닌다.

1784년 9월 20일 월요일

월요일, 화요일, 그리고 수요일에 나는 속회들과 모임을 가졌으나, 신도회가 전혀 성장하지 못했다는 것을 알았다. 왜냐하면, 훈련(discipline)이 완전히 무시되었기 때문에 당연한 일이었다. 그리고 훈련이 없이는 메소디스트들에게 어떤 선한 일도 일어날 수 없다.

아무리 열심히 찾아가고 권면하고 치리해도, 해결되지 않는 갈등이 있다. 그런 문제를 돌파하는 방법은 기도밖에 없다. 1767년 6월 26일의 〈저널〉이 기도의 힘을 증명한다. "신도회에서 가장 성실한 사람들 가운데 몇이 서로에 대해 깊은 편견을 갖고 있다는 사실을 알고 그들이 서로 대면함으로써 그 편견을 제거하도록 했다. 이를 위해 논쟁과 설득을 병행했지만 그 모든 것은 허사였다. 이성적인 노력이 아무 도움도 되지 못함을 인지하고 우리는 기도에 의존했다. 갑자기 하나님의 능력이 그들에게 임했다. 분노했던 양편의 사람들이 울음을 터뜨리며 서로의 목을 끌어안았다. 모든 분노와 편견이 사라졌고, 그들은 전처럼 가슴으로 연합되었다."

1784년 5월 3일의 〈저널〉은 웨슬리가 인정한 "진정한 메소디스트 신도회"의 모습이다 : 나는 던디와 아브로스 사이의 지역이 발전한 것에 정말 놀랐다. 우리의 설교집회장은 사람들로 가득 했다. 나는 이 신도회가 진정한 메소디스트 신도회라는 것을 발견했다. 즉, 이들은 모두가 철저히 서로에게 연합되어 있다. 그들은 우리의 규율을 사랑하고 지킨다. 이들은 사랑 안에서 완전해지기를 열망하며 고대한다. 만약 이들이 계속 그렇게 한다면, 이들은 은혜 안에서뿐만 아니라, 수적으로도 증가할 것이다, 반드시 그럴 것이다.

메소디스트의 부흥, 불의 기록

존 웨슬리와 메소디스트들은 있는 그대로의 말씀을 선포하고 간절하게 기도했으며, 회심자들을 담아낼 조직을 만들고 리더를 길러냈으며, 조직과 사람들을 점검하고 관리하고 돌보았다. 끊임없이 사역하는 현장에는 끊임없이 부흥의 불이 임했다.

존 웨슬리는 불과 인연이 깊다. 어린 시절, 화재에서 기적적으로 구출

되어, "불속에서 건져낸 타다 남은 막대기"로 불리웠다. 전도여행을 다니면서 숙소 인근에서 불이 난 적도 여러 번 있었다. 메소디스트 교회당에서 불이 나기도 했다. 땅에서 일어난 불을 자주 겪었던 존 웨슬리를, 하나님은 하늘에서 내리는 불의 통로로 사용하셨다. 〈저널〉은 부흥의 불길이 타오르는 순간들을 증언한다.

1741년 10월 25일 일요일

2시까지 킹스우드에 도착했다. 하나님의 말씀이 내가 그곳에서 말하도록 힘을 주셨다. 그 후 브리스톨에서 말씀은 망치와 불로 임했다(내 지혜 탓으로 하지 않기 위해 그렇게 표현해야 한다). 그것은 우리가 신도회 모임에서 보는 것과 똑같은 축복이었고 이어진 사랑의 식탁에서 더 풍성하게 부어졌다. 수개월 동안 그와 같은 일이 없었다. 성도들의 한끝에서 다른 끝까지 웅성거리는 소리가 퍼졌다. 슬픔이 아닌 넘쳐나는 기쁨과 사랑의 소리였다.

1749년 10월 11일 수요일

하나님께서 그분의 사역을 지속하시는 것을 발견하고 기쁘지 않을 수 없었다. 아침이고 저녁이고 많은 사람이 주님의 이름으로 모였고, 그들 가슴은 하나님의 말씀으로 불타올랐다. 하나님의 말씀이 모든 믿는 사람들에게 주시는 구원의 능력이 있다는 것을 그들은 느끼고 있었다.

1749년 10월 13일 금요일

특별히 고르고 뽑은 신도회 모임에서 이전에는 없었던 그런 성령의 불꽃이 타올랐다. 우리는 서로에게 표현할 수 없을 만큼 사랑을 느끼고 있었다. 하나님의 섭리 안에서 주시는 기쁨이 있었을 뿐 아니라 하나님이 우리에게 선한 것을 아무것도 아끼지 않으시리라는 확신이 우리에게 넘치고 있었다.

1750년 7월 3일 화요일
말씀은 불과 같아서, 회중 전체로 퍼져나가는 불꽃에 점화하였다.

1753년 5월 13일 일요일
나는 7시에 설교하기 시작했고, 하나님이 듣는 사람들의 마음에 말씀을 공급하셨다. 말하자면, 하나님이 내려다보시고 내려오셨다. 사랑의 불꽃이 그 앞에 있고, 바위들은 산산이 부서졌고 산들은 그 앞에서 녹아내렸다.

1759년 7월 26일 목요일
정오에는 길더섬에서 저녁에는 몰리에서 설교했다. 이곳에 갑자기 불길이 타올랐는데, 전혀 예상하지 못한 일이었다. 불길은 점점 더 퍼져나가고 있다. 하나님께서 일하실 때 누가 그 손을 멈추게 할 수 있겠는가?

1761년 7월 26일 일요일
7시에 "주여, 원하시면, 깨끗하게 하실 수 있나이다"라는 말씀으로 설교했다. 오, 하나님께서 붙이신 불꽃이여! 많은 사람이 "사랑 안에서 용해되어 불이 붙었다"

1762년 7월 24일 토요일

더블린으로 말을 타고 갔으며, 불꽃이 계속 타오를 뿐 아니라, 더 커지고 있는 것을 보았다.

1762년 8월 6일 금요일

나는 볼턴에서 타오른 불꽃에 대한 소식을 들었다. 퍼즈 씨에게 온 편지에서 이에 대한 설명을 볼 수 있다. "하나님께 영광을 돌립니다! 그분은 우리 가운데서 기적을 행하셨습니다."

1762년 9월 7일 화요일

내가 말씀을 전하기 시작하자마자 불꽃이 타오르기 시작해서 내가 설교를 계속하는 동안, 신도회 회합 내내 불꽃이 더 커졌다. 이 사람들의 마음이 얼마나 다정한가! 그와 같은 마음이 참된 그리스도인의 단순성이 갖는 유익한 점이다.

1762년 12월 25일 토요일

우리는 스피탈필즈에 있는 채플에서 하나님과의 언약을 새롭게 하기 위해 만났다. 그분은 정말로 회중 한가운데 나타나셨고, 불로서 응답하셨다.

1770년 3월 18일 일요일

1시 30분에 브로미치 히스에서 설교할 예정이었다. 그런데 집회소가 회중의 4분의 1조차도 수용할 수 없었다. 어쩔 수 없이 모여든 사람 모두를 수용할 수 있는 평지에서 설교했다. 그리고 나는 하나님께서 얼어붙은 많은 심령에게 불을 붙이셨다고 믿는다.

1770년 7월 9일 월요일

12시경에 리즈 근처에 있는 우드하우스에서 설교했다. 이곳에 갑자기 성령의 불이 임했다. 곧이어 죄인들을 하나님께로 전향시키는 하나님의 은혜가 신선하게 나타났다. 그리고 어린아이와 같은 단순한 사랑의 영이 모인 사람들 전체를 통해 역사했다.

1770년 7월 10일 화요일

헤어우드로 갔다. 우드하우스에서 역사한 동일한 영을 지닌 거대한 회중에게 설교했다. 여기서도, 하나님의 말씀은 신속하게 역사했다. 많은 사람이 회개하였고, 하나님께로 돌아섰다.

1776년 7월 14일 일요일

그링리에서 아침에 설교했는데 그곳에서 하나님께서 "그의 말씀의 망치로 때리셨고 돌 같은 마음을 부수셨다." 그 후에 우리는 애찬식을 가졌는데 그곳에서 불이 곧 붙더니 컨디 씨가 하나님께서 어떻게 그를 사랑 안에서 완전하게 하셨는지를 말하자 그 불이 아주 더 뜨거워졌다. 특별한 축복을 주는 간증이었다.

1778년 5월 17일 일요일

비록 날씨가 험하고 사나웠지만 모든 지역에서, 교황주의자들이나 개신교도들이나 모든 사람이 9시에 몰려들기 시작했다. 하나님께서 은혜의 비를 내리셨는데, 특히 배교자들에게 큰 은혜를 내리셨다. 저녁에는 법원 건물이 꽉 찼고, 그 가운데 사랑의 불꽃이 마음에서 마음으로 전달되어 불타올랐다.

1782년 5월 13일 월요일

쏜에서 설교하였다. 전에 여기에서 그와 같은 회중을 나는 결코 본 적이 없다. 엡워스의 불길이 여기가지 확산되었다. 7주 동안에 50명의 사람이 하나님과 함께하는 평안을 발견하였다.

1782년 6월 7일 금요일

우리는 북쪽에서 하나님의 역사에 관한 기쁜 소식을 들었다. 불쌍하고 둔한 케이스에서조차 하나님의 역사에 대한 불길이 타오르기 시작한다. 그러나 프레이저버그(Fraserburgh) 근처의 작은 마을에서는 훨씬 더 크게 타오르기 시작한다. 그리고 무엇보다도 뉴버그에서 그러하다. 뉴버그는 애버딘으로부터 15마일 떨어져 있는 작은 어촌인데, 신도회가 신속하게 늘어났다. 남자들뿐만 아니라 여자들도, 그리고 상당수의 아이까지 하나님을 기뻐하거나 하나님을 갈망한다.

1783년 10월 6일 월요일

신도회가 지난 몇 년 동안 그랬던 것보다 더 나은 모습을 갖추도록 한 후에 이들이 떠나서, 정오쯤에는 디바이지스에서, 저녁에는 새럼에서 설교했다. 웹 선장이 최근에 여기에서 불을 지폈다. 그리고 그 불은 아직 꺼지지 않았다. 몇몇 사람이 여전히 하나님을 즐거워하고 있었다. 그리고 대부분의 사람이 많이 각성되어 있었다.

1784년 4월 30일 화요일

헨리 그린(Henley_Green)에 있는 새 설교집회장에서 설교했다. 하지만 공간이 너무 좁아서 청중이 다 들어올 수가 없었다. 실로, 이 지역 전체가 불타고 있으며, 이 불꽃은 여전히 마을에서 마을로 번지고 있다.

1784년 7월 24일 토요일

저녁에 듀스베리 근처에 있는 작은 마을인 행잉 히턴(Hanging-Heaton)으로 갔다. 몇 개월 전에, 아주 특별한 하나님의 역사가 이곳에서 일어났다. 마을 전체가 부흥의 불길에 휩싸였다.

1784년 9월 8일 수요일

켄달셔에서 설교했는데, 거의 40년 만에 와 본 것 같다. 다음 이틀은 첼턴(Chelton)과 콜퍼드에서 설교했다. 콜퍼드의 열정에 찬 회중에게 설교한 후, 신도회를 만났다. 권면의 말을 하는 동안 자제하며 듣고 있더니, 내가 기도를 시작하자, 불이 붙었다. 많은 이가 큰소리로 울고, 많은 이가 바닥에 엎드렸으며 많은 이가 격렬히 몸을 떨었다. 하지만 모두가 하나님에 대해 매우 목마른 것처럼 보였으며 하나님의 능력에 압도당했다.

1787년 3월 5일 월요일, 플리머스 독

집회장은 위층 아래층 모두 다시 사람들로 가득 찼다. 아쉬운 작별을 한 후, 이전에 이렇게 뜨겁게 불이 붙은 적이 없는 성령의 불길을 뒤로 한 채, 우리는 6시에 마차를 탔다. 하나님이 그 성령의 불길이 결코 꺼지지 않도록 허락하시기를!

1787년 11월 6일 화요일

정오쯤에 미첨에서 말씀을 전했다. 우리는 여기서 여러 해 동안 말씀을 전했었다. 그러나 이곳에서 어떠한 선한 일도 나타나지 않는 것에 절망해서, 우리는 이곳을 완전히 떠났었다. 1~2년 전에 이곳에 불꽃이 시작되어 이제는 그 불길이 타오르고 있다.

1788년 6월 23일 월요일

포클링턴에서 1시 30분에 설교를 하였다. 그러나 그 집회장은 찜통과 같았다. 6시와 7시 사이에 로마서 13장 12절 말씀으로 요크에서 설교하기 시작하였다. 말씀은 불과 같았다. 그리고 그 말씀을 들은 모두는 하나님의 말씀의 능력을 느끼는 것 같았다.

1789년 9월 4일 금요일

저녁에는 쉐프턴에서 말씀을 전했는데, 그곳에서는 한때 불붙었던 불꽃이 아직도 꺼지지 않고 있다.

1790년 8월 30일 월요일

저녁에는 디치트의 새 집회장에서 말씀을 전했다. 집회장이 회중들을 모두 수용하지 못했지만 많은 사람이 창문에서 들을 수 있었고, 그들은 들으려는 의지가 있었다. 이곳에 이미 불꽃이 타고 있는 것처럼 보인다.

하나님이 이 교회의 존속과 확장을 허락하신다!

진정한 부흥의 열매, 변화

존 웨슬리는 꼼꼼하고 철저한 메소디스트였다. 그는 집회장의 뜨거운 열기와 열정에만 만족하지 않았다. 열기와 열정이 지속적이고 구체적인 변화로 이어지는 지를 세심하게 관찰했다. 이번에도 조직이 중요한 역할을 했다. 신도회와 속회를 통해서 실제적인 변화의 열매를 확인할 수 있었다. 있는 그대로의 말씀과 하늘에 사무치는 간절한 기도가 결합되고, 하늘에서 내린 불과 사람들의 최선으로 만들어낸 조직이 어우러진 결과는 진정한 변화였다. 〈저널〉은 수많은 지역에서 일어난 변화를 증언한다.

1747년 7월 30일 화요일

지난 1년 동안 콘월의 모습이 많이 변했다. 이곳은 이제 평화롭고 지조 있는 장소가 되었다. 우리가 가는 곳마다 사람들은 선한 말을 우리에게 하였다. 세상이 우리에게 그렇게 예의 바르게 하도록 우리가 무엇을 한 것인가?

1748년 6월 15일 수요일

성 바돌로매에서 한 번 더 설교했다. 그런데 얼마나 많이 변했는가? 우리가 10년 전 런던에서 설교할 때는 청중이 얼마나 우리를 무시했었는가? 이제 이 모든 것들은 조용해졌고 우리에게 주의를 기울이고 있으며 가장 어린 어린아이부터 어른에 이르기까지 모두 말씀에 귀를 기울인다.

1749년 4월 4일 월요일

12시에 란마이스에서 하나님보다 더 지혜롭기를 기대하지 않는 진실과 사랑이 넘치는 청중에게 설교하고, 저녁에는 카우브리지 다음에 있는 폰몬에서 설교하였다. 지난번 여기 와서 설교할 때와 비교해서 얼마나 상황이 달라졌는가? 그때에는 사방에서 돌이 날아오는 그런 광적인 상태에 있었다. 그런데 이제 이 도시는 진지하게 구원의 하나님 말씀을 듣기 위해 모여들고 있으며, 모든 도시가 아주 예의 바르고, 유머 감각이 있지 않은가!

1750년 5월 10일 목요일

성경의 서신서들을 읽었다. 한 유명한 술주정꾼이며, 욕쟁이가 서서 버티고 있다가, 전체 회중 앞에서 무릎을 꿇었다. 모든 사람이 큰 감동을 받은 모습이었다.

1757년 2월 22일 화요일

뎁포드에서 설교했다. 이런 황무지도 마침내 장미처럼 순이 돋고 꽃이 피었다. 이 작은 무리 가운데서는 이전에 그런 생명의 역사가 일어나지 않았고, 이만큼 청중의 수가 불어난 적도 없었다.

1757년 8월 30일 화요일

카멜퍼드로 말을 타고 갔고, 거기서 당밀을 뺨 위에 문질러서 치통이 나았다. 6시에 시장에서 설교했다. 이 마을에 사는 사자들이 양들이 될 수 있다니!

1757년 8월 31일 수요일
트레왈더에서 설교하고, 저녁에는 포트 아이작에서 설교했다. 이곳은 오랫동안 황무지였으나 마침내 열매를 맺기 시작했다.

1757년 9월 6일 화요일
캄본에 갔는데, 전에 맥스필드 씨를 괴롭히던 신사가 더 이상 메소디스트를 박해하지 않고 앞으로도 괴롭히지 않을 것이라는 기쁜 소식을 들었다. 그는 최근 기근에서 많은 가난한 사람들을 구제했고, 여러 가족을 죽음에서 구해줬다.

1759년 7월 20일 금요일
우리는 펜들 포레스트(Pendle Forest)의 가장 자리에 있는 높고 둥근 언덕 꼭대기에 위치한 (내 생각에 오래전 로마 식민지였던) 콜른에 갔다. 11시에 중심가에서 멀지 않은 트인 장소에서 설교했는데, 이들보다 잘 경청하고 예의 바르게 행동하는 회중을 거의 본 일이 없다. 마을의 술 취한 폭도들이 지역 전체의 골칫거리였던 때에 비하면 얼마나 큰 변화인가!

1761년 6월 14일 일요일

3시경 게이츠헤드 펠에서 그리고 5시에는 가쓰 헤즈(Garth-Heads)에서 설교했다. 두 군데 모두 전에는 보지 못했던 정도로 회중이 많이 모였다. 이 지역 전체에서 이러한 변화가 일어나다니! 온 왕국에서도 이러한 변화가 일어나지 않을까?

1761년 11월 14일 토요일

그로스베너 스퀘어 근처에 있는 작은 무리를 찾아가 1시간을 보냈다. 지난 여러 해 동안, 이곳은 런던 전체와 근교를 통틀어 가장 어둡고 가장 메마른 곳이었다. 그러나 하나님께서 이제 메마른 광야에 물을 대셨고, 그곳은 열매 맺는 들판이 되었다.

1767년 2월 16일 월요일

콜체스터에 갔을 때, 거기 수년 전보다 더 생명력이 넘친다는 사실을 발견하게 되었다. 우리는 왜 어떤 곳에서든 좋은 것이 이루어진 것을 보고는, 빨리 그렇게 되지 않았다고 실망하는지! 하나님은 어떻게 그렇게 빨리 광야를 비옥한 땅으로 전화시킬 수 있으신지!

1771년 8월 22일 목요일

22일 목요일에 밀퍼드 헤이븐(Milford-Haven) 입구에 있는 작은 도시(Dala)로 향했다. 내가 보기에 이곳은 설교자들이 주민들에게 많은 고통을 주었을 뿐, 그들의 목적은 이루지 못한 것 같다. 단 한 사람도 예외 없이 모두가 돌 같이 또는 죽어 있는 것처럼 너무나 조용했고, 관심조차 없어 보였다. 나는 생각한 것만을 전했다. 설교는 그들의 가슴에 비수같이 꽂혔다. 그들은 진리를 듣고, 비통하게 울었다. 어디서도 이런 하나님의 임재하심을 보지 못했다. 드디어 이곳에서도 열매를 볼 수 있게 된 것일까?

1772년 5월 5일 화요일

저녁에 아브로스(정확하게 말하자면 아브로쎅(Aberbrotheck))에 있는 새집회장에서 설교했다. 이 도시는 정말로 변했다. 이 도시는 주일 범하기, 악담하기, 욕설하기, 알코올중독, 종교에 대한 경멸 등 말 그대로 놀라울 정도로 사악했다. 그러나 지금은 그렇지 않다. 드러나는 사악함은 사라졌다. 어떤 욕설도 들어보지 못했으며, 거리에는 알코올 중독자도 보이지 않았다. 그리고 많은 사람이 나쁜 행동을 고치고 좋은 일을 하려고 노력할 뿐만 아니라 가슴으로는 '성령 안에서 의와 평강과 기쁨'인 하나님 나라의 증거자가 되었다.

1772년 6월 2일 화요일

우리는 티스데일에 있는 뉴 오리간(New Orygan)을 향해 말을 타고 갔다. 그곳 사람들은 매우 주의가 깊기는 했지만, 그렇게 감동을 받은 것으로 보이지는 않았다. 우리는 산 정상에서 웨어데일을 볼 수 있었다. 정말로 아름다운 광경이었다. 수정과 같이 맑은 작은 강의 양편으로 초록으로 부드럽게 펼쳐진 목초와 들판, 그 위로 헤아릴 수 없이 많은 작은 집들이 물방울을 뿌려놓은 것 같이 서있다. 네 집 중 세 집(열 집 중 아홉 집 정도가 아니라면)은 메소디스트가 이쪽으로 온 이후 생겨났다.

그 이후로 짐승들이 사람으로 변화되었고, 쑥대밭이 열매가 풍성한 밭으로 변화되었다.

1772년 6월 13일 토요일

토요일에는 선덜랜드로 다시 갔다. 우리는 저녁에 하나님의 사역이 확장되도록 하나님께 매달렸다. 기도를 마칠 즈음에 한 유명한 배교자가 내 마음에 강력하게 떠올랐다. 그래서 나는 다짜고짜 큰 소리로 외쳤다. "주님, 사울도 선지자에 속해 있지요? 제임스 와트슨(James Watson)이 여기에 있습니까? 그가 여기 있다면, 당신의 능력을 보여주십시오!" 제임스 와트슨은 돌처럼 엎드려서 크게 울부짖는 기도를 하며 자비를 구했다.

주님 이제 그의 방황이 끝나게 해 주소서.

그리고 그의 모든 발걸음이 당신을 향하게 하소서!

1774년 4월 28일 목요일

28일 목요일에는 웨이크필드에서 새 집회장을 시작했다. 우리 친구가 자기 집에서 설교해주기를 부탁했을 때 폭도들이 끌어낼까봐 두려워했었는데, 그 이후로 이곳이 얼마나 변했는지! 그래서 나는 대로에서 설교했다. 그리고 나서 첫 번째 열매를 보게 되었고, 그 이후로 풍성한 열매를 거두게 되었다.

1775년 8월 19일 토요일

19일 토요일에 카마던으로 갔다. 정말, 이 광야가 열매 맺는 들판이 되어 있었다! 1년 전 이 마을에서 다가올 진노로부터 도피하려는 의욕을 갖는 자가 하나도 없었음을 알았다. 그런데 지금은 우리 신도회에 80명이나 회원을 가지고 있다.

1775년 8월 28일 월요일

28일 월요일에 일찍 카티프를 떠나 8시경에 뉴포트에 도착했다. 조금후에 규모가 크고 진지한 회중에게 설교했다. 내가 믿기로는 이곳에서그때, 마치 곰과 같이 거친 사람들에게 설교한 지가 35년이 되었다. 그런데 얼마나 모든 정황이 은혜롭게 변화되었는가! 오, 하나님께는 어려운 것이란 도대체 무엇일까?

1776년 4월 16일 화요일

정오경에 그 부근에서 한때 가장 거친 장소였던 쵸벤트에서 설교했다.그러나 이제는 거친 것의 흔적도 보이지 않는다. 이런 것이 진정한 복음의 열매다.

1777년 3월 10일 월요일

저녁에 레딩에서 설교하였다. 우리가 이 도시에서 얼마나 많은 세월동안 힘들게 수고 하였던가! 황소처럼 미련한 사람들에게 얼마나 우리의손을 뻗었던가? 그러나 지금은 그렇지 않다. 그 세대는 사라지고 그들의자녀들은 더욱더 훌륭한 영혼의 사람들이다.

1778년 5월 19일 화요일

저녁에 슬라이고에 아주 공간이 넓은 오래된 법원 건물에서 설교했다.

이전에 이곳에서 이처럼 많은 회중을 본 적이 없다.(그들의 숫자를 생각해보면) 이렇게 잘 행동한 회중을 이전에 본적도 없다. 하나님께서 이 악한 시궁창에서조차, 그리고 그렇게 많은 죽을 고비를 넘긴 이곳에서 그의 사역의 열매를 보시기를 원하시는가?

조사해보니 여기에 얼마 동안 참된 부흥이 있었음을 발견했다. 회중이 상당히 증가되었고 신도회는 거의 두 배가 되었다.

1779년 6월 8일 화요일

나는 또 다른 따스한 환영을 네언 주의 장관인 던바 씨로부터 받았다. 10시가 약간 지난 후에 그의 교회에서 설교하였다. 이 교회는 끝에서 끝까지 가득 찼다. 나는 스코틀랜드의 회중이 그렇게 눈에 띌 정도로 감동을 받는 것을 거의 본 적이 없다. 참으로 하나님께서 바위들을 치셨고 돌과 같은 마음들을 산산이 깨뜨리셨던 것 같다.

1779년 8월 26일 목요일

5시에 설교하였고, 11시에 다시 설교하였다. 내 생각에 오늘이 가장 행복한 시간이었다. 가난한 사람들과 부유한 사람들이 똑같이 감동을 받은 것처럼 보였다. 예전에 카우브리지의 사람들이 내가 머물렀던 집을 에워싸고 사방으로부터 돌들을 던졌던 적이 있기 때문에, 이곳 상황이 참으로 바뀌었음을 느꼈다!

1781년 9월 20일 목요일

마그노츠 필드(Mangots-Field)로 갔다. 모든 종류의 사악함으로 유명한 곳이며, 킹스우드의 이웃에 있는 지역 중에서 우리가 전적으로 소홀히 하였던 곳이다. 그러나 이 짙은 암흑에서도 갑자기 빛이 나타났다. 많은 이들이 구원받기 위하여 무엇을 해야만 하는지를 문의한다. 이들 중 많은 이들이 외적인 죄를 끊었고 내적인 구주를 진지하게 요청하고 있다.

1782년 4월 15일

나는 보기드문 광경을 보았는데, 즉 위건에 있는 설교집회장이 가득차고 넘쳤다! 아마도 하나님께서 이 황량한 곳에서조차 열매를 맺도록 하실 것이다.

1784년 5월 3일 월요일

나는 던디와 아브로스 사이의 지역이 발전한 것에 정말 놀랐다. 우리의 설교집회장은 사람들로 가득 했다. 나는 모래 위에 집을 짓는 것과 반석 위에 집을 짓는 것의 차이에 대해 아주 분명하게 말했다. 그들이 이런 것들을 실천하든, 안하든 이것들은 탁월한 것들이 무엇인지를 보여준다.

나는 이 신도회가 진정한 메소디스트 신도회라는 것을 발견했다. 즉, 이들은 모두가 철저히 서로에게 연합되어 있다. 그들은 우리의 규율을 사랑하고 지킨다. 이들은 사랑 안에서 완전해지기를 열망하며 고대한다. 만약 이들이 계속 그렇게 한다면, 이들은 은혜 안에서뿐만 아니라, 수적으로도 증가할 것이다, 반드시 그럴 것이다.

1985년 3월 24일

50여 년 전에 심긴 겨자씨가 어떻게 이렇게 놀라울 정도로 자라게 되었는지를 생각하고 있었다. 이 겨자씨는 대영제국 전체와 아일랜드, 라이트 섬과 맨섬, 그다음에는 아메리카까지, 리워드 제도(the Leeward Islands)로부터 대륙 전체를 거쳐 캐나다와 뉴펀들랜드(Newfoundland)에까지 퍼졌다. 그리고 이 모든 지역에서 신도회는 한 가지 규율, 즉 종교는 거룩한 성품이라는 것을 아는 것과 하나님을 예배하는 것은 형식에서만이 아니라, "영과 진리 안에서"라는 규율을 통해서 살아간다.

1786년 4월 25일 화요일에는 10시에 헵톤스톨 교회에서 설교했다. (내가 아는 가장 추한 교회다) 오후에는 토드모던 교회에서 설교했다. 내가 이들을 처음 본 이래로 장소와 사람 모두가 얼마나 변했는가! "보라 미소 짓는 들판들이 기뻐하누나. 야만인들이 길들어 있도다!"

1787년 3월 29일 목요일

정오에 레인 엔드에서 설교를 했다. 밖에 서 있기에는 너무 날씨가 추워서, 대부분의 신자들이 설교집회장 안으로 비집고 들어가야 했다. 여기를 떠나 우리는 불이 내린 것 같은 도시로 들어갔는데, 그곳은 버슬렘과 경계가 닿아있는 곳이었다. 설교자들과 사람들은 서로 사랑하고 좋은 일을 하라고 서로 격려했는데, 나는 이런 일을 전에 본 적이 없다.

그들 중 한 명인 옹기장이의 아들이 우리에게 말했다. "기도 시간에 저는 제가 지옥으로 떨어지는 것을 경험했습니다. 그래서 저는 하늘 아버지께 부르짖었고, 주님께서 나를 사랑하심을 친히 보여주셨습니다.

그러나 사탄이 즉시 와서 나에게 내 팔 길이만큼이나 큰 돈 주머니를 주겠다고 했습니다. 그러나 저는 '내 뒤로 물러가라, 사탄아'라고 말했습니다." 여러 사람이 예수님 보혈의 피로 그들의 모든 죄가 깨끗이 씻기었음을 간증했다. 두 명의 사람들이 아주 슬프게 울고 나서 그들의 죄가 어린양 보혈의 피로 깨끗이 씻기었음을 선포했다. 그리고 나는 더 알아보면, 죄 씻음을 받은 사람들이 더욱더 많을 것이라는 것을 의심하지 않는다. 참으로 한동안 성령님의 부어주심이 가득했으며, 이것은 왕국의 다른 지역에서는 없었던 일이다. 특히 기도하러 모일 때 이런 역사가 일어났다. 15명에서 20명 정도가 매일 구원을 받았다. 그들 중 몇 명은 전국에서도 가장 악명 높은 믿음을 떠난 죄인들이었다.

1787년 4월 15일 일요일

뉴룸에서 처음으로 설교를 하고, 베데스다에서 그 후에 설교했다. 우리는 아름답게 만개한 꽃들을 이곳에서도 볼 수 있었다. 곧 머지않아 열매가 맺히리라!

1787년 4월 23일 월요일

에어코트에 위치한 교회는 크지도, 사람이 많지도 않았다. 나는 10시와 11시 사이에 많은 무관심한 관중들에게 설교한 후에, 비르로 갔다. 최근에 여기 있는 마른 뼈들을 흔들어 깨우는 엄청난 일이 있었다. 사람들이 엄청나게 증가했고, 매우 집중해서 말씀을 들었다. 그래서 그곳에 성도들의 숫자가 증가했다.

1787년 9월 27일 목요일

정오쯤에 캐슬 캐리에서 말씀을 전했다. 시간이 얼마나 빨리 사람들을 변화시키는지 모르겠다! 첫 번째 우리 설교자들이 이곳에 왔을 때, 과격한 군중은 말에게 물을 먹이거나 말을 씻기는 연못에 그들을 던져 넣었다. 그러나 이제는 높은 자들이나 낮은 자들이나 그들의 영혼을 구하기 위해 말씀을 열심히 듣는다.

1788년 3월 18일 화요일

10시에 페인스윅에서 말씀을 전했다. 이곳에서도 사람들에게 말씀을 전할 공간이 필요했다. 그들 모두는 밤과 같이 조용했다. 아침 6시에 나는 글로스터에서 설교를 시작했다. 이곳에서는 십자가 걸림돌이 (그것이 하나님의 뜻이었다) 멈춘 듯했다. 지위가 높든 낮든 부유하든지 가난하든지, 모두 모였고 그들은 엄청난 열정으로 말씀을 빨아들이는 듯이 들었다.

1788년 5월 23일 금요일

새벽 5시에는 더욱더 그러했다. 하나님께서 이 마른 뼈들 가운데에서도 역시 그 능력을 나타내실까? 말씀을 전하자마자 우리는 출발했다. 이 나라의 모습이 몇 년 만에 얼마나 많이 바뀌었나! 20년 전에 이곳은 아주 음울했었다. 그러나 이제는 쾌적한 정원처럼 바뀌었다.

1788년 9월 11일 목요일

우리는 프롬에서 밤과 아침 5시에 사랑스러워 보이는 성도들에게 말씀을 증거했다. 이 광야와 같은 곳에서 오랜 시간이 지나서야 마침내 장미가 봉오리를 맺고 꽃이 피기 시작하였다.

1789년 4월 21일 화요일

10시쯤 순회법원의 교회에서 설교했는데 내 추측하기로는 전에 없이 많은 사람이 많이 모였다. 그들 중 많은 이가 말씀을 깨닫는 듯했다. 그리고 우리는 비르로 갔다. 얼마나 이곳이 바뀌었는지! 아일랜드에서 가장 침체한 도시 중의 하나였는데 이제는 가장 생동하는 곳 중의 하나가 되어 있다니!

웨슬리는 영국 전역을 순회하며 설교했다. 초기에는 많은 지역에서 모욕을 당하고 공격을 받았다. 그 정도로 맞았으면 죽을 수도 있었을 텐데 죽지 않았다. 그 정도로 당했으면 꺾일만도 한데, 꺾이지 않았다. 죽지도 않고 꺾이지도 않은 불굴의 사도는 돌에 맞았던 곳에 다시 가고, 물에 던져졌던 곳에 다시 갔다. 타고 가던 말이 쓰러지면 새로운 말을 타고, 말이 죽으면 걸어서 갔다. 가고 또 가서, 말씀을 전하고 또 전하는 사이에, 하늘에서 불이 내렸다. 불을 받은 사람들을 조직의 그릇에 담았더니, 불은 계속해서 타올랐다. 마침내 그 불길이 영국 전역으로 번져갔다. 대서양을 건너 아메리카에까지 부흥의 불길이 치솟았다. 이것이 시대를 바꾼 진정한 혁명이요 메소디스트 부흥이다.

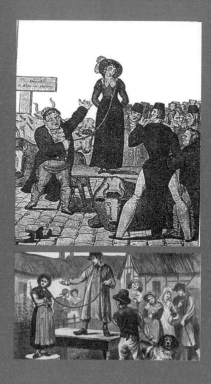

Chapter 8

▲ 웨슬리의 시대, 아내를 매매하던 영국

18세기 영국의 타락상은 소돔과 고모라를 방불케 했다. 대중이 짐승처럼 곤드레만드레 취했으며, 사람들을 노예로 수출하고 팔기 위해 유괴했고, 도박에 널리 퍼져서 중독자가 속출했으며, 음란한 문화와 매춘이 성행했다. 위의 그림은 아내를 매매하던 당시의 풍습을 보여준다.

세상을 바꾸다②
사회개혁과 노예해방

위기의 시대, 산업혁명기의 영국

18세기의 영국은 산업혁명의 시기였다. 농업과 목축 위주였던 사회에서 공업이 새롭게 발전하면서 공장 지역이 생겨났다. 영국의 중북부에는 기계공업, 방직공업, 제철공업, 그리고 탄광업이 발달하여 버밍험, 맨체스터, 리버풀, 쉐필드, 요오크, 돈카스터, 뉴캐슬 등 거대한 산업도시들이 형성되었다. 공업에 필요한 자원을 채굴하기 위하여 잉글랜드 북부 지역에 석탄, 납, 주석, 알루미늄, 철, 구리 등을 채취하는 광산이 개발되었다.

당시의 영국 사회는 네 개의 계층으로 구성되어 있었다. 인구의 극소수밖에 안 되면서 부(富)와 권력을 독점하던 왕족 계급(royal class), 왕족에게 충성하면서 역시 부와 권력을 행사하고 호화로운 생활을 하는 상류 계급(upper class), 전문 직업인들과 고급 공무원들과 지방의 부유한 사람들인 중류 계급(middle class), 그리고 전 인구의 약 80%를 차지하는 하류층에 속하는 노동자 계급(working class)이 있었다.

노동자 계층은 산업혁명 이후에 본격적으로 형성되었다. 그들의 대부분은 농업의 급격한 변화로 고통을 받은 농촌 출신이었다. 그 이전의 농업은 땅을 소유한 지주들이 농부들에게 소작을 주어서 농사를 짓게 하는 방식이었다. 그런데 농업에서도 자본주의적 경영이 도입되면서 지주들이 더 많은 이익을 얻기 위하여, 토지와 공동 경작지를 소작농이 아니라 자본가들에게 위탁했다.

자본가들은 새로운 기계영농을 도입하여 대규모적인 농업생산 체제로 전향했다. 이는 농업 생산기술을 발전시키고 생산량을 증대시키며 지주와 자본가에게 이득이 되었지만, 남의 땅을 부쳐서 먹고 살던 농부들에게는 치명적인 고통이 되었다. 농민들은 지주로부터 소작 받았던 땅을 잃게 되었다. 그들 중 일부는 자본가들에게 농업노동자로 고용되었다. 하지만 많은 사람들이 실업자가 되어, 산업도시로 밀려갔다. 가난한 농민들이 광부와 노동자로 대거 이동했다.

왕족이나 상류층이 이동했다면, 그들이 살아가기 위한 환경이 갖추어졌을 것이다. 하지만 땅을 잃어버리고 일자리가 없어 쫓겨난 가난한 농민들이, 가난한 광부와 노동자가 되는 이주의 과정에, 그들을 위한 복지와 환경은 준비되지 않았다. 인간다운 삶을 누리기 위한 기본적인 준비

도 없는 상태에서 갑자기 밀려든 사람들의 물결은 빈민촌으로 고여 갔
다.

  치솟는 실업률은 노동자들의 처지를 더욱 열악하게 만들었다. 증기기
관, 목면기계와 방직기계가 발명되어 사람이 하던 일을 기계가 대신하
면서, 실업률이 급증했다. 실업자가 많은 산업도시에 농민들까지 빈민
이 되어 밀어닥쳤으니, 일자리는 더욱 부족해졌다. 자리는 없고 사람은
많으니, 낮은 임금에 시달릴 수밖에 없었다.

  산업도시의 빈민 지역에는 가난한 사람들만 많고, 다른 모든 것들이
부족했다. 주거와 생활환경, 식량, 의료, 어린이와 청소년 교육, 무지
한 성인들의 교육, 고용과 임금, 열악한 노동 조건, 처참한 수준의 생활
환경 등 다양한 사회 문제가 생겨났다. 영국 정부는 한꺼번에 닥친 사회
문제들을 해결할 준비가 되어 있지 않았으며, 손쓸 겨를도 없었다.

  빈민 지역의 거리마다 일자리를 찾아 헤매는 노동자들, 집 없는 사람
들, 알코올 중독자들, 버려진 아이들이 떠돌았다. 가난한 자들의 사회는
무질서해졌고 강도, 절도, 강간 등의 범죄가 기승을 부렸다.

  노동자 계층은 가난하고 무식하고 교양이 없었으며, 귀족들에게 무시
와 천대를 받으며 노동력을 착취당하였다. 가난한 계층의 어린이들과
여자들이 광산과 공장에서 심한 노동으로 고통당하고 병들어 죽는 일이
허다했다. 막다른 골목까지 몰린 사람들은 폭력적인 행동을 하여 사회
의 문제가 되었다.

  신분을 구분하고 차별을 정당화하는 귀족과 상류층은 노동자들을 혐
오했다. 지금처럼 인권이 존중되지 못했던 시대, 힘 있는 자들은 혹시나

있을 지도 모를 힘 없는 자들의 저항을 두려워하여, 그저 힘으로 누르려고 했다. 노동자들의 작은 잘못도 가혹하게 처벌했다. 사소한 범죄에도 막대한 벌금과 감옥형이 선고되었다. 노동자들이 빌린 돈을 갚지 못하면, 무조건 감옥에 보내기도 했다.

이러한 신분차별과 가혹한 처벌은 억울한 희생자들을 만들어냈다. 귀족과 상류층에 의해서 억울하게 종신형을 선고받고 사형당하는 사람들도 많았다. 매일 수십 명씩 사형당해서 감옥을 비웠지만, 또 다른 수십 명이 빈 자리를 채워서, 영국의 감옥은 늘 만원이었다.

하류 계층의 불만은 용수철과 같다. 누르면 눌러지는 것 같지만, 반발력이 커진다. 누르는 힘이 약해지면 용수철처럼 튀어나온다. 하층민들의 누적된 불만이 폭발하면, 시체가 산처럼 쌓이고 피가 강같이 흐르게 된다. 산업혁명기의 영국은 유혈혁명의 가능성을 내포하고 있었다. 인구의 대다수를 차지하는 노동자 계층이 부유층에 대해서 품은 불만과 증오는 무섭게 커지고 있었다. 언젠가는 폭발할 지도 모르는 민심을 수습해야 했는데, 상류층과 정부는 적절한 대책을 제시하지 못했다. 이럴 경우에 종교의 역할이 중요하다. 사회 구성원들의 갈등을 조정하고 통합하며 하층민들을 포용해야 하는, 종교의 사회적인 사명이 있다.

그러나 국교회는 상류층의 편이었다. 애초에 국교회가 생겨날 때부터, 교회의 으뜸이 국왕이라고 선언했으니, 권력 친화적일 수밖에 없는 태생적인 한계가 있었다. 가톨릭적인 의식과 명예, 격식을 중시하는 국교회의 성직자들은 헐벗고 굶주려서 격식이고 명예도 따질 겨를이 없는 노동자들에게 관심이 없었다.

국교회의 신학적인 경향도 문제였다. 영국 교회는 냉철한 이신론

(Deism)과 합리주의 신학의 영향을 받아 이성을 중시하는 지적인 신앙을 추구하고 있었다. 그러니 배우지 못한 다수의 가난한 사람들은 소외될 수밖에 없었다. 영국 왕 조지 2세가 이러한 사실을 안타깝게 여겨서 캔터베리 대주교를 불렀다. 그에게 왜 노동자들이 국교회에 들어오지 않느냐고 질문했다. 대주교는 국교회가 한 번도 노동자 계층에게 관심을 가져본 적이 없다고, 솔직하게 대답했다.

존 웨슬리, 개혁은 개인으로부터

이 위기에 순간한 등장한 인물이 존 웨슬리이다. 빈부의 격차가 심각하고, 사회 갈등이 폭발 직전인 상황에서 영국을 구해낸 개혁의 시발점이 웨슬리와 메소디스트였다. 사회개혁의 출발은 개인이며 개인이어야 한다. 개인적인 실천이 없이, 사회만 바꾸겠다는 발상은 위험하다. 개인적으로는 부유한 생활을 즐기면서, 사회적으로는 약자를 돕겠다는 행태는 위선으로 전락하게 된다.

웨슬리는 가난한 시골 목사의 아들로, 가난을 겪으면서 자라났다. 학창 시절에 이발할 돈이 없어서 머리를 기르고 다녔고, 교통수단을 이용할 돈이 없어서 걸어서 다녔다. 그의 아버지가 빚을 갚지 못해 감옥에 가기도 했다. 가난 속에서 성장한 웨슬리는 늘 빈곤하고 소외된 이들에게 관심과 애정을 가졌다. 옥스퍼드에서 결성한 홀리클럽에서도 빈민구제와 감옥 방문을 정기적인 규칙으로 정하여 실천했다.

웨슬리가 옥스퍼드 대학의 연구교수 생활을 시작할 즈음에, 잊지 못할 경험을 했다. 어느 날 길거리에서 구걸하는 어린 소녀와 마주쳤다. 웨슬리는 그 소녀를 돕고 싶었지만 도울 수 없었다. 왜냐하면 자신의 방에서 사용할 가구를 구입하느라 많은 돈을 썼기 때문이다. 어린 소녀거지의 불쌍한 모습을 바라보며, 웨슬리는 심한 죄책감을 느꼈다.

그는 언제나 메소디스트였다. 그냥 불쌍하다고, 가구를 사서 후회스럽다고 느끼고 지나가지 않았다. 돈을 사용하는 방식을 반성하면서 규칙을 만들었다. 자신을 위해서 과도하게 돈을 지출하여 다른 사람을 돕지 못하는 일을 다시는 반복하지 않기 위한 규칙이었다. 그때부터 일평생, 웨슬리는 규칙을 지켰다. 자신을 위해서 사용하는 돈은 꼭 필요한 필수품으로 제한했다. 그 외에는 가능한 많이 하나님과 이웃을 위해서 사용했다.

웨슬리는 "더욱 좋은 길(The more excellent way)"이라는 설교에서, 옥스퍼드의 어떤 청년에 대해 소개하였다. 그는 1년 수입 30파운드 가운데에서 28파운드는 자신을 위해 쓰고 2파운드는 가난한 사람에게 주었다. 그 다음 해에는 60파운드를 받았으나 역시 28파운드만으로 생활하고 32파운드를 가난한 사람들에게 주었다. 또 다음 해에는 90파운드를 받았고 62파운드를 가난한 사람들에게 주었다. 또 다음 해에 그는 120파운드를 받았으나 그는 여전히 28파운드 만을 자신을 위해 쓰고 92파운드를 가난한 사람들에게 주었다.

웨슬리가 이름 모를 청년으로 소개한 주인공은 바로 자신이다. 웨슬리는 자신이 저작 출판한 책의 판매를 통해서 수입이 증가했지만, 평생 동안 자신을 위해서는 1년에 28파운드 이상 소비한 적이 없었다. 그 외의 모든 돈은 하나님과 이웃들을 위해서 사용했다. 웨슬리가 평생 동안 선행을 위해서 사용한 돈을 계산하면, 1년에 평균 1,000파운드 정도이다. 계산기를 두드려보면, 1년 수입 가운데 자신을 위해서 쓴 28파운드는 2.7%, 하나님과 사람을 위해서 쓴 1,000파운드는 97.3%에 해당된다. 웨슬리야말로 거룩한 부자였지만, 스스로 거룩한 가난을 실천한 성자라고 할 수 있다.

옥스퍼드에 다닐 때부터 웨슬리의 동료들 중에는 상류계급 출신들이 많았다. 친구들과 동료들이 호화롭고 사치스럽게 산다면, 그 모습을 보면서 열등감을 느끼고 신세한탄을 하게 될 수도 있다. 기본적인 의식주가 해결되지 않던 절대빈곤에서 탈출한 오늘날의 대한민국에서도, 오히려 상대적 빈곤의 문제가 더욱 심각하다.

그러나 웨슬리는 동료들과 자신을 비교하여 열등감에 빠지지도 않았고, 상류층을 동경하지도 않았다. 그는 비교를 따라서 살지 않고 규칙을 따라서 살았다! 하나님 앞에서 정한 규칙에 따라 일평생 검소하게 살았다. 평신도의 친구가 되었고 민중의 벗이 되었다. 성직자요 지식인이요 부자였지만, 일평생 노동자, 빈민, 광부, 수인, 노예들과 생활하였다.

웨슬리는 그의 유명한 설교 "부의 위험"에서 말했다. "당신이 세상을 떠난 뒤에 아무것도 당신의 소유로 남겨 두지 말아야한다. 돈을 남겨 두고 떠나는 것은 돌이키지 못할 영원한 수치가 된다. 죽기 전에 당신의 모든 재물을 세상 나라에서 하나님 나라로 옮겨 놓아야 한다."

설교는 그대로 삶이 되었다. 그가 세상을 떠날 때 남긴 것이라고는, 목회자용 가운과 수저뿐이었다.

웨슬리의 문제의식 : 돈과 신앙

돈과 신앙은 오랜 주제이다. 구약성서는 계속해서 이스라엘의 우상숭배를 질타한다. 그들을 사로잡았던 대표적인 우상이 바알이었다. 바알은 풍요와 재산의 신이다. 여기에서 주의할 점이 있다. 이스라엘이 바알신을 섬겼다고 해서 야훼 하나님을 버린 것은 아니었다. 애굽의 노예로 채찍질 당하던 그들을 구출해주신 야훼의 밤과 유월절을, 이스라엘은 결코 잊지 않았다. 야훼는 부인할 수 없는 출애굽의 하나님이요, 40년의 광야 세월 동안 낮에는 구름기둥으로 밤에는 불기둥으로 동행하신 하나님이었다.

그들에게 문제가 된 점은 "양다리"였다. 출애굽과 광야의 하나님은 야훼였고, 새롭게 정착한 가나안 땅에서 다산(多産)과 풍요를 보장해줄 신은 바알이라고 믿었다. 야훼는 야훼대로, 바알은 바알대로 숭배했다. 이런 양다리가 바로 우상숭배이다.

일주일에 6일은 한 사람과 마지막 하루는 다른 사람과 지낸다면, 수학적인 비율로 볼 때 7분의 6의 헌신이 된다. 하지만 이런 행태를 헌신이라고 말하지는 않는다. 연애 상황이라면 양다리이고, 결혼 상태라면 외도이고 불륜이다. 왜냐하면 참된 사랑은 나눌 수 없기 때문에, 비율로 계산되지 않는다. 사랑은 전부를 주고 전부를 받는다. 하나님을 향한 신앙과 헌신 역시, 전부를 드리고 전부를 받는다.

구약의 백성들이 하나님과 바알을 섬겼던 것처럼, 신약의 이스라엘은 하나님과 맘몬을 섬겼다. 돈의 우상을 뜻하는 맘몬은 하나님의 자리를 차지하려고 했다. 오늘날에도 마찬가지이다. 마음을 다하고 뜻을 다하고 힘을 다하여 하나님을 섬기기보다, 마음을 다하고 뜻을 다하고 힘을 다하여 돈을 벌려고 한다.

돈은 돌고 돌아서 결국에는 돈이다. 부모들이 자식들을 들들 볶아서 명문대학에 집어넣으려고 그토록 애쓰는 핵심 동기도, 결국에는 돈이다. 젊은이들이 배우자를 위한 기도를 많이들 하지만, 상대방의 돈이 아니라 신앙만을 보는 남자도 여자도 드물다. 자본주의 시대의 교회에서 열리는 숱한 간증집회에는 정직하게 신앙을 따라서 살다가 망한 간증은 찾아볼 수 없다. 좌파는 민주를 외치면서 돈을 챙기고 우파는 애국을 부르짖으며 돈을 번다. 촛불혁명과 태극기 집회의 지도부들은 모두 청년들을 동원했지만, 자신들의 자식들은 외국에 유학 보내고 경력을 관리해주느라, 촛불에도 태극기에도 참여시키지 않았다.

돈은 돌고 돌아서 하나님의 자리까지 탐낸다. 하나님이 전부를 요구하시듯, 돈도 전부를 요구한다. 하나님이 주인이신데, 돈이 주인 행세를 하려고 한다. 그래서 예수님이 날카롭게 경고하셨다. "한 사람이 두 주인을 섬기지 못할 것이니 혹 이를 미워하고 저를 사랑하거나 혹 이를 중히 여기고 저를 경히 여김이라 너희가 하나님과 재물을 겸하여 섬기지 못하니라(마태복음 6.24)"

하나님을 추구한다면 돈을 추구하지 않는다. 하나님과 돈을 동시에 추구한다면, 사실은 돈을 추구하는 셈이다. 하나님과 돈을 함께 추구한다는 것 자체가 신성모독이다. 하나님과 돈을 함께 추구한다면, 사실은 하나님을 이용해서 돈을 벌려는 속셈이다.

웨슬리가 일생동안 집필했던 〈저널〉에서, 돈과 신앙에 대한 문제의식이 처음 나타나는 대목은 회심 이전, 조지아 선교의 시기이다. 웨슬리는 백인들의 행태에 대한 인디언들의 의문을 그대로 기록했다.

1736년 7월 1일 목요일

인디언들을 만날 기회를 가졌고, 저녁 식사 후 나는 백발인 추장에게 당신은 무슨 목적으로 창조되었느냐고 물었다. 그는 말했다. "위에 계신 분은 무엇을 위해 우리를 만드셨는지 알고 계십니다. 하지만 우리는 아무것도 모릅니다. 우리는 어둠 속에 있습니다. 그러나 백인들은 많이 알고 있습니다. 그런데도 백인들은 마치 그들이 여기 영원히 살 것처럼 큰 집을 지었습니다. 그러나 백인들은 여기서 영원히 살 수 없습니다. 조금 있으면 백인들도 역시 흙이 되어 버리고 말 것입니다."

하나님에 대해서 많이 알고, 이 땅에서의 삶이 끝난다는 것도 알고, 우리의 본향이 영원한 천국임을 알면서도, 여기에서 영원히 살 것처럼 큰 집을 지었다면, 과연 아는 것인가? 영원히 살 것처럼 큰 집을 짓는데 돈을 썼다면, 인생도 모르고 영원도 모른다는 증거가 된다. 이처럼 돈은 신앙의 척도가 된다. 어떻게 돈을 버는가, 어디에 쓰는가를 보면 사람을 알고 신앙을 알 수 있다.

젊은 날 아메리카의 인디언에게 들었던 흙, 영원이라는 단어와 집이라는 주제가 훗날의 설교에 나타난다. 존 웨슬리는 "산상설교(8번)"에서 다음과 같이 설교했다. "재물은 영원한 것이 아니기에 어느 때라도 날개 돋친 듯이 날아가 버리고 만다. 재물이 이미 숨이 끊어진 진흙덩이를 다시 살릴 수 있으며, 질병과 죽음을 피하게 할 수 있는가? 당신이 애지중지하던 것 하나라도 저 바다를 건널 때에 가지고 갈 수 있는가? 인생은 빈손으로 와서 빈손으로 간다.

그대의 땅과 집, 그리고 아름다운 아내와도

이별해야만 하는 것은 자연의 숙명이요,

그대가 아끼던 삼나무도 그대의 무덤을 기다릴 뿐,

새로 지은 궁정에도 슬픔이 닥치고 금빛 찬란한 지붕에도 검은 구름이

드리우네."

웨슬리의 보도 : 가난한 자들의 실태

당시의 부자들은 가난한 자들을 멸시했다. 그들은 게으르고 성품이 나쁘고 행실이 좋지 않아서 가난하다고 주장했다. 이런 말을 하는 이유는 가난한 자들을 모르기 때문이었다. 부자들은 그들만의 세상에 살고 있기에, 가난한 이들의 고통과 슬픔과 처절한 몸부림을 몰랐다. 사실은 알고 싶어 하지도 않았다.

웨슬리는 가난을 알았고 가난한 사람을 알았다. 빈곤 지역에 찾아가 어려운 사람들과 대화하고 이해하려고 애썼으며, 실제로 그들을 도와주었다. 〈저널〉은 빈민들에게 일자리를 제공하는 웨슬리의 실험을 보여준다.

1740년 11월 25일 화요일

하는 일이 없는 자들에게 일자리를 제공하는 방안에 대해 여러 제안을 받고서, 우리는 여러 교우가 추천한 몇 가지를 시범적으로 먼저 시행해 보기로 했다. 우리 목적은 가능한 한 적은 비용으로, 그들을 가난과 게

으름에서 벗어나게 하려는 데 있었다.

이를 위하여, 가장 가난한 열두 사람과 지도 교사 한 사람을 신도회 사무실로 인도해서 4개월 동안 일자리를 제공했다. 봄이 올 때까지 실을 손질하고 뽑는 일을 하게 한 것이다. 계획대로 되었다. 즉 그들은 일과 생계유지를 이어가는데, 단지 자기 노동의 결과 이외에는 거의 아무것도 더는 필요가 없다는 것을 보여줬다.

일자리를 제공한 실험의 결과, 가난한 사람들이 결코 게으르지 않다는 점이 입증되었다. 그 후로도 계속해서 웨슬리는 빈민의 곁에서 그들과 함께 호흡했다. 병이 깊거나 불구인 사람들이 어떻게 해서든지 일하는 애절한 모습, 아무리 열심히 일을 해도 자신과 가족을 부양하기 어려운 안타까운 장면을 수도 없이 목격했다.

현장에 있던 웨슬리는 현장이 없는 통념을 맹렬히 비난했다. 가난한 사람들이 단지 게으르고 일하기 싫어하기 때문에 가난하게 되었다는 부유층의 멸시에 분노했다. 그는 1753년의 일기에서 다음과 같이 썼다. "나는 금요일과 토요일 가능한 많은 가난한 사람들을 방문했습니다. 그들 중 더러는 지하 골방에 있으며, 더러는 다락방에 있으며, 춥고 굶주릴 뿐 아니라 질병과 고통으로 반쯤 죽은 것 같았습니다. 그러나 나는 그들 중 한 사람도 취직을 못할 만큼 되어 방에서 기어 다니는 것을 보지는 못했습니다. '그들은 게으르기 때문에 가난하다'고 하는 이런 공통적인 멸시는 사악하고 악마적인 거짓입니다."

웨슬리는 1773년에 "식량 부족에 대한 고찰(Thoughts on the Present Scarcity of Provisions)"이란 논문을 통하여 영국에서 가난한

자들을 희생시키는 사회 구조를 비판하였다. 웨슬리의 논문은 빈민들의 비참한 상황을 적나라하게 묘사한다. 썩어 가는 물고기를 주워서 자신과 그 자녀들을 위하여 집으로 가져가는 사람, 개들이 먹다 버린 뼈들을 길에서 주워서 묽은 스프를 만들어 생명을 이어 가는 사람, 집안에 먹을 것이 하나도 없는데 기르는 강아지가 밖에 나가서 뼈다귀 하나를 물어 오자 그 개의 입에서 그것을 빼앗아 저녁을 만들어 먹는 사람들이 있다. 그런데, 부자의 부엌에서는 음식이 낭비되고 있음을 지적하였다.

1776년에는 상류층의 여성 신도에게 다음과 같은 편지를 보냈다. "나는 당신이 가장 가난한 사람들과 더 많은 대화를 하기를 바랍니다. 비록 그들이 당신의 취향에 맞지 않는다 하더라도 당신은 그들을 하나님의 나라로 인도해야 하기 때문입니다. 내가 알기로 그들은 누구보다도 하나님에 대한 믿음과 사랑을 더 많이 가지고 있습니다.

그들이 더럽고 수백 가지 혐오스런 환경에 처해 있다고 해도 그들 가운데로 들어가 보십시오. 그리고 당신의 그 귀부인 의식을 벗어버리십시오. 당신의 대화를 귀족적이고 우아한 사람들에게만 제한하지 마시오. 나도 당신들만큼이나 이런 것들을 좋아합니다. 그러나 나는 이런 선례를 우리 주님의 생활이나 사도들의 생활에서 찾아 볼 수 없습니다. 나의 사랑하는 친구들이여, 당신들이나 나나 주님께서 걸어가신 대로 걸어 가십시다."

돈과 신앙이 연결되어 있는 것처럼, 가난한 자에 대한 태도와 신앙도 연결되어 있다. 가난한 자들에게 찾아가는 일은 예수님과 사도들이 하셨던 바로 그 일이다. 나를 따르라고 명령하신 그리스도, 그리스도를 따라가면서 나를 본받으라고 권면한 사도 바울의 길은 가난한 자들에게 향하고 있다.

웨슬리의 〈저널〉은 신앙적인 유익과 함께, 역사적 가치로도 높이 평가된다. 그 중요한 이유 는 산업혁명기의 풍경을 고스란히 담고 있기 때문이다. 그것은 그리스도를 따라서 낮은 곳으로 갔던 웨슬리가 목격한 시대의 초상이다.

1787년 12월 1일 토요일

흔하지 않은 궁핍을 목격했다. 한때 마차까지 가지고 잘 살던 한 여인이, 이제 생필품도 거의 없이, 어둡고 더러운 방 안에 그녀의 네 아이와 기거하고 있다(그녀의 남편은 빚 때문에 감옥에 감금된 상태였다). 삶보다 죽음을 선택했다 해도 그리 놀랄 일은 아니다.

1789년 3월 20일 금요일

우리는 버밍햄으로 갔는데, 아직 도시는 각 분야에서 성장하고 있었다. 이렇게 잉글랜드 대부분의 다른 무역 도시들과 마찬가지임에도 불구하고, 사람들이 일을 찾아 절규하는 소리를 들으면서, 그 의미가 무엇인지를 생각해 보았다. 그리고 그 경우는 분명히 이런 것 같았다. 2~3년 전에 기업들이 버밍햄으로 쏟아져 들어왔고, 따라서 더 많은 일손이 필요했다. 그러나 산업이 보통의 수준으로 되돌아가자 더 이상 인력이 필요 없게 된 것이다. 그러므로 이 사람들은 꼭 일하기를 원했고, 도시에 흩어져 구직을 외치고 있다. 한동안 무역으로 번성한 맨체스터와 리버풀 그리고 많은 다른 도시들이 이 같은 경우임에 틀림없다. 이런 현상이 다시 진정되고 나서 구직의 외침이 일어나야 한다.

1789년 8월 18일 화요일

12시에 설교하기로 약속한 트루로로 갔다. 그러나 여기서 예상치 않은 문제가 일어났다. 설교집회장으로 가는 주도로를 통해서는 갈 수가 없었다. 동쪽으로는 군인들로, 서쪽으로는 수를 셀 수 없는 양철공들로 길이 차단되었다. 거의 굶주리는 엄청난 수의 양철공들이, 살아갈 수가 없어서 임금인상을 탄원하거나 요구하러 나왔다. 그래서 우리는 도시의 다른 끝으로 물러날 수밖에 없었다.

웨슬리의 보도 : 부자들의 실상

복음과 함께 세상을 떠돌면서 다양한 사람들을 섬겼던 웨슬리는 부자들도 많이 만났다. 겉으로는 안정되고 화려했지만, 그들의 내면에는 하나님 나라를 향한 갈증이 부족했다. 많은 부자들이 세상에서 누릴 것 다 누리고 사는 삶이 너무 좋아서, 굳이 하나님의 나라를 사모해야할 이유를 찾지 못했다. 웨슬리는 재물이 신앙생활에 얼마나 치명적인지를 뼈저리게 목격했다.

초기의 메소디스트 운동은 "하층계급의 종교운동"이라고 불리울 만큼, 탄광 노동자, 금속공, 소농 출신 등 가난하고 소외된 이들이 많이 참여하였다. 그러나 시간이 흐르면서 점차 부유해지는 신도들이 생겨났다. 그런데 배부르게 된 성도들 역시 영적인 갈망을 잊어갔다. 웨슬리는 또 다시 부의 위험을 경험하게 되었다. 세상의 부자이건, 메소디스트 공동체의 부자이건, 풍요와의 싸움에서 무너지기는 마찬가지였다.

하나님 나라에 대한 갈망을 잃어버린 그들은 돈에 대한 갈증에 사로잡혔다. 웨슬리는 "부의 증가의 위험" 이라는 제목으로 설교했다 : 돈을 사랑하는 사람은 '황금을 찾는 지긋지긋한 배고픔'에 걸려 더욱 불행해진다. 돈이 증가하면 돈 사랑도 증가한다. 돈 사랑은 마치 알코올중독자가 날마다 술을 마시다가 병들어 죽는 것과 같다.

〈저널〉은 부유해지면서 약해진 신도회를 고발하고, 하나님을 향한 집중에서 멀어지게 하는 부의 위험성을 경고한다.

1785년 4월 25일 월요일

티럴패스에 있는 신도회 뿐만 아니라, 이곳(아그림)의 신도회 역시 거의 사라질 지경이었다! 이 모든 게 악한 부의 영향 때문이다! 이런 영향을 우리는 여러 곳에서 보게 된다. 가진 게 늘어날수록, (거의 예외 없이) 은혜는 더욱 줄어든다.

1788년 7월 7일 월요일

사랑스러운 성도들과 작별인사를 한 후 피닝리로 가서 오전 11시에 신약, 누가복음 19장 42절을 근거로 설교하였다. 저녁 식사 후 H씨의 수목원이라는 곳을 방문하게 되었는데, 나는 이렇듯 작은 마을에서 이와 같은 놀이터를 본 적이 없었다. 그곳에는 토끼, 사슴, 거위, 꿩들의 사육장이 가득하였다. 게다가 그곳에는 연못과 잘 꾸민 정원도 있었다. 정말 다양한 볼거리로 가득한 곳이었다. 그러나 그 때문에 사람들의 마음이 "한 가지 필요한 것"으로부터 멀어질 위험성은 없을까?

존 웨슬리는 부자를 "자신과 가족의 먹을 것과 입고 덮을 것 이상을 소유하는 자", "생활의 필수품과 상식적 편리함보다 더 많은 것(More than the necessaries and conveniences of life)을 소유하려는 자"라고 정의했다.

그 당시에는 기본적인 의식주의 문제도 해결하기 어려운 사람들이 많았다. 그런 배경에서 의식주가 해결되고 "상식적 편리함"을 누릴 수 있다면, 부자의 범주에 들어간다는 주장이다. 경제적으로 지금과 비교할 수 없을 정도로 열악했던 사정을 감안하더라도, 웨슬리가 정의하는 부자의 범주는 대단히 넓다. 필수품이 부족하지 않고 상식적인 수준에서 편리하게 살 수 있다면, 부자인줄 알고 만족하라는 권면과, 더 이상 욕심 부리지 말라는 경고가 담긴 정의이다. 가질 것 다 가지고 누릴 것 다 누리면서도, 나보다 더 가진 사람들을 보면서 박탈감에 괴로워하는 현대인들이 기억해야할 정의이다.

부자가 되려는 것이 곧 죄는 아니다. 그러나 하나님과 이웃을 위한 선한 일에 사용하기 위해서가 아니라, 부의 축적 자체를 목적으로 삼는다면 죄가 된다. 이웃의 가난이나 고통을 외면하면서, 부를 통하여 자신의 행복만을 누린다면, 역시 죄가 된다.

웨슬리는 인류의 역사에서 반복적으로 제기된 질문을 던진다 : 가장 부한 자가 가장 행복한가? 사람의 부가 증가하는 만큼 행복도 증가하는가? 이 질문에 대해서는 이미 정답이 나와 있다. 동서고금을 막론하고 수많은 부자들이 불행하게 살다가 불행하게 죽었다. 부와 권력을 누린 이들은 예외 없이 뼛속 깊은 허망함과 허무함을 토로했다. 그러나 사람들은 여전히 정답을 믿지 못한다. 그만큼 재물의 유혹은 치명적이다.

웨슬리는 돈으로부터 행복을 구하는 자를 텅 빈 컵으로 물을 마시려는 자에 비유했다. 그렇다고 부자가 절대로 행복할 수 없는 것은 아니다. 부자가 행복해지는 방법이 있다. 그것은 부를 사용하는 방식이다. 부를 쌓아서 행복해지는 것이 아니고, 부를 바르게 사용해서 행복해진다. 부가 증가하는 만큼, 하나님과 이웃을 위한 선행도 증가해야, 행복도 증가한다.

그렇지 않다면, 부의 증가는 곧 환난의 증가가 된다. 웨슬리는 강경하게 경고한다. "세상에 보물을 쌓아 두는 것은 살인이나 간음과 마찬가지로 하나님이 분명하게 금지하신 일입니다. 그렇게 하는 것은 '진노의 날 곧 하나님의 의로우신 심판이 나타나는 그날에 임할 진노'를 쌓고 있는 것입니다."[35]

하나님의 뜻대로 사용하지 않는 재물을 축적하면 환난과 진노도 축적되고, 하나님의 뜻대로 재물을 사용하면 축복이 축적된다. 웨슬리는 영예로운 이자가 붙는 천국의 은행을 소개한다. "이 세상의 은행에 넣어 둔 돈은 모두 파묻어 놓은 것입니다. 그러나 가난한 사람들에게 준 돈은 모두 천국의 은행으로 들어갑니다. 그것은 영예로운 이자가 붙고, 영원토록 축적될 것입니다."[36]

웨슬리, 돈을 말하다

메소디스트에게 돈의 사용 방법은 신앙생활의 중심적인 문제였다. 이 주제에 대한 웨슬리의 설교 "돈의 사용(the use of money)"은 가장 널리 알려진 설교가 되었다. 이 설교는 소책자로 만들어져서, 그가 살아있는 동안에만 일백 번 이상 출판되어 불티나게 팔렸을 정도로, 많은 사람들에게 읽혔다. 설교자들에게도 널리 인용되었고, 기독교인이 아닌 일반 대중도 이 설교를 잘 알고 있었다.

"돈의 사용"에서 웨슬리는 먼저 돈에 대해서 바르게 이해하도록 가르친다. 돈 자체가 악한 것이 아니라 사용하는 사람에 의해서 악해질 수 있다. 반대로 사용자에 따라서 얼마든지 선한 일을 할 수도 있다. 따라서 돈에 대한 선과 악은 돈 자체의 문제가 아니라 사용의 문제요 사용자의 문제이다. 바르게 사용될 때는 선을 만드는 편리한 도구가 되고, 잘못 사용되면 악의 도구가 된다. 돈이 하나님의 뜻을 이루는 도구가 되는 측면을 웨슬리는 다음과 같이 설명한다.

"하나님의 자녀들의 수중에 있는 돈은 배고픈 자에게 먹을 것을, 목마른 자에게 마실 것을, 헐벗은 자에게 입을 것을 제공할 수 있습니다. 또 돈은 나그네들이나 타국인들에게 거처할 곳을 마련해 줍니다. 돈은 과부들에게는 남편과 같은 역할을, 고아들에게는 아버지와 같은 역할을 대신해 줍니다. 우리는 우리가 가진 돈으로서 억눌린 자들을 보호할 수 있으며, 병든 자들에게 건강을, 고통 받는 자들에게는 안위를 줄 수 있습니다. 돈은 눈먼 자에게는 눈이 되어주고, 절름발이에는 발이 될 수도 있습니다. 또한 죽음의 문턱에서 구해낼 수도 있습니다."

역시, 메소디스트였다. 돈의 이론을 전개한 웨슬리는 돈에 대한 규칙을 제시한다. 돈이 영광스러운 목적을 위한 선한 도구가 되려면, 사람이 세 가지 규칙을 지켜야 한다.

1) 할 수 있는 대로 많이 벌어라(Gain All You Can!) : 다만 정직하게

벌고, 자신의 건강을 상하지 않는 범위에서 벌고, 남에게 해가 되지 않으며 자연환경에도 해가 되지 않는 방법으로 벌어야 한다.

2) 할 수 있는 대로 많이 저축하라(Save All You Can!) : 자신과 가족의 생활에 꼭 필요한 것을 위해서 사용하는 돈 이외에는 모두 저축하여야 한다. 존 웨슬리는 낭비하는 자도 비판했고, 자신과 가족에게 꼭 필요한 것을 지출하지 않는 수전노도 비판하였다.

3) 할 수 있는 대로 많이 주어라(Give All You Can!) : 저축한 돈은 필수적인 지출을 제외하고는 모두 하나님과 이웃을 위해서 사용해야 한다.

사람은 창조자가 아니다. 창조주이신 하나님으로부터 위탁받은 청지기요 관리인일 뿐이다. 그러므로 사람이 살아가는 목적은 선한 청지기가 되기 위해서이다. 존 웨슬리는 "선한 청지기(The good steward)"라는 제목의 설교에서 다음과 같이 말했다.

"우리는 이 세상에서 하나님의 청지기입니다. 우리가 가진 모든 것은 하나님께로부터 얻은 빚입니다. 청지기는 자기 손에 가진 것을 자기가 원하는 대로 사용할 자유와 권리가 없으며 오직 그 주인의 기쁘신 뜻에 따라 사용해야 합니다. 우리는 이 모든 재물 중에 어느 한 가지에 대해서도 주인이 아니고 오직 위탁받은 관리인일 뿐입니다."

청지기가 자신의 신분을 기억하지 못하고 재물을 잘못 사용하는 것은 심각한 범죄행위가 된다. 범죄의 사례로 웨슬리는 고가(高價)의 옷을 구입하는 행위를 지적한다. "당신은 분명히 이 사실을 인정해야만 합니다. 사치스런 고급 옷을 구입하는 그 행위에 죄악이 가득하다는 것 말입니다. 바로 당신의 이런 행위는 하나님과 가난한 사람들에게서 도적질하는 것입니다. 또한 이런 행위는 고아들과 과부들의 것을 속여 빼앗은 것과 같습니다. 당신의 욕망대로 소비하는 행위는 배고픈 자가 먹을 음식을 허비하는 것이고, 헐벗은 자의 옷을 빼앗는 것과 같습니다."

웨슬리의 만년(晩年)에 메소디스트들이 부유해지면서, 그는 이 문제에 대해서 더욱 강력하게 경고했다. 웨슬리는 여성들의 모자를 비롯하여, 값 비싼 재료들을 사용한 의복을 입는 사람들을 혹평하였다. 웨슬리는 비싼 고급 옷을 입고 화려하게 치장하는 것이 주는 해악을 상세하게 지적했다.

첫째로 교만을 파생시키고 이미 교만이 자리 잡고 있을 때는 그것을 증가시킨다. 둘째로 자연적으로 허영을 낳고 조장하는 경향이 있다. 셋째로 자연적으로 분노와 모든 광포하고 근심스러운 격정을 낳는 경향이 있다. 넷째로 직접적으로 욕망을 낳고 불 지르는 경향이 있다. 다섯째로 선행으로 치장하는 것과 정면으로 배치된다.

돈은 무한하지 않다. 아무리 부자라도 무한정 재물을 소유할 수는 없다. 한정된 재물을 한계 내에서 사용해야 하는데, 옷차림에 너무 많은 돈을 쓰면 다른 곳에 쓸 돈이 없어진다. 웨슬리는 설교했다. "여러분이 자신의 의상을 마련하는 데 돈을 드릴수록 여러분은 벗은 자를 입히고, 가난한 자를 먹이고, 나그네들에게 숙소를 제공하고, 병들고 감옥에 있는 사람들을 위로하는 등 이 눈물의 골짜기에서 우리가 당해야 하는 무수한 상처들을 경감시키는 데 더욱 적은 것이 남게 될 것입니다."

옷에 과도하게 쓰지 말아야하는 것처럼, 자녀에게 과도하게 돈을 주지 말아야 한다. 필요 이상의 돈을 자녀에게 주는 것은 잘못된 사랑이다. 웨슬리는 무섭게 경고한다. "자녀들에게 돈을 낭비하게 하지 마십시오.

만일 당신이 그들에게 돈을 주어서 그들이 육신의 정욕, 안목의 정욕, 인생의 허영심을 만족시키기 위해서 돈을 사용한다면 그것은 자녀들과 당신의 영혼이 함께 멸망하는 함정을 파놓는 것입니다. 당신의 사랑하는 자녀들을 우상에게 제물로 바쳐서는 안 됩니다. 당신의 자녀들을 불쌍히 여겨야 합니다. 자녀들을 지옥의 불 속으로 뛰어들게 만드는 얼빠진 부모가 되려는 것입니까?"

가난하고 소외된 벗들을 위한 사역

웨슬리는 가난의 원인을 다양한 차원에서 분석했다. 첫째로 구조적인 측면에서 가난은 사회적인 불의, 그리고 잘못된 경제 구조에 의해서 나타난다. 둘째로 각 사회계층의 역할을 보면 가난은 일반 대중의 무지와 지도자들의 무능에 의해서 발생한다. 셋째로 개인적인 차원에서 가난의 원인은 게으름과 낭비, 그리고 사치이다.

다양한 측면에서 가난을 이해했던 웨슬리는 다양한 차원에서 문제를 해결하고자 노력했다. 자유를 남용하여 사치를 일삼고, 밀수를 하며 부를 축적했던 부유층들과 양조업자들 그리고 판매업자들에게 사회의 가난에 대한 책임성을 호소했고, 국가의 개입을 요청했다. 정치인들에게 재화의 공정한 분배와 생필품의 보급, 직업 알선을 위해 법과 제도를 정비할 것을 요구했다. 국민의 생활이 안정되기 위해서는 국가의 역할이 필요하다. 웨슬리는 물가안정, 사치 풍조의 근절, 독점 상인과 독점 농업의 근절을 위한 국가의 책임을 강조하였다.

더글라스 믹스(M. Douglas Meeks)의 지적처럼, 웨슬리는 가난한 자들을 입히고 먹이는 것, 직장을 알선해 주고 필요한 책을 나누어 주는 것뿐만 아니라, 가난한 자들을 만들어 내는 경제 구조에 질문을 제기했다. 그리고 가난한 자들을 섬기는 것뿐만 아니라 그들과 함께 사는 것이 더 중요하다고 가르쳤다.[37]

일평생 가난한 자들을 섬겼던 웨슬리는 노년이 되어서도 멈추지 않았다. 81세에서 82세로 넘어가는 겨울, 웨슬리는 빈민들을 돕기 위해서 직접 모금에 나섰다. 집집마다 찾아다니면서 기부해주기를 호소했으니, 구걸에 가까운 행동이다. 〈저널〉은 눈 젖은 길을 걸어 다니는 늙은 웨슬리를 보여준다.

1785년 1월 4일 화요일

이때쯤 우리는 보통 신도회에 속한 가난한 사람들 가운데 석탄과 빵을 나누어준다. 그러나 나는 그들이 음식뿐만 아니라 옷을 원한다고 생각했다. 그래서 이날과 이후 나흘 동안, 나는 마을을 걸어 다니며 가장 필요한 사람들에게 옷을 주기 위해 200파운드를 모금했다. 하지만 이 일은 힘든 일이었는데, 대부분의 거리가 녹는 눈 때문에 발목까지 잠겼으며, 내 발은 아침부터 저녁까지 눈이 녹은 물속에 잠겨 있어야 했다. 나는 토요일 저녁까지는 아주 잘 버텼다. 하지만 심한 설사로 인해 꼼짝없이 누워 있어야만 했고, 매시간 더 심해져서 결국 아침 6시에는 화이트헤드(Whitehead) 의사가 나를 방문했다. 그가 준 물약을 한 번 먹고나니 훨씬 편해졌다. 그리고 서너 번 먹으니 완전히 나았다.

웨슬리의 구제사역에서 주목할 점은 그것이 단순히 사역의 한 분야만이 아니었다는 점이다. 웨슬리 영성의 핵심인 성화는 마음에서 시작하지만 결코 마음에 그치지 않는다. 그는 성화를 마음과 함께 삶의 성화라고 강조했다. 삶은 전인적인 것으로, 우리는 삶에서 하나님 사랑과 이웃 사랑의 두 차원을 함께 실천해 나가야 한다.

이웃 사랑, 형제 사랑은 자비를 베푸는 사역을 동반하며, 웨슬리는 이것을 은총의 수단으로 보아서 성화를 추구하는 메소디스트의 삶에서 필수적인 실천이 되게 했다.[38] 따라서 웨슬리에게 이웃 사랑은 이웃에게만 도움이 되는 사역이 아니라, 본인이 하나님의 은혜를 받고 성화되는 과정이기도 했다. 웨슬리의 성화론은 개인적 성화와 사회적 성화, 경건의 행위와 자비의 행위를 종합하고 있다. 사회적 성화와 자비의 사역을 위해서 존 웨슬리는 메소디스트답게, 규칙을 만들었다. 본인도 평생 지키고 모든 메소디스트에게도 끊임없이 가르쳤던 "그리스도인의 생활 규칙"은 다음과 같다.

> 네가 할 수 있는 모든 선을 행하라.
> 모든 힘을 다하여 모든 방법을 다하여
> 모든 처지에서 모든 장소에서
> 모든 기회에 모든 사람에게
> 네가 살아 있는 동안 모든 선을 행하라.

모든 선을, 모든 힘을 다하여, 모든 장소에서, 모든 기회에 행하라는 가르침 그대로 웨슬리와 메소디스트들은 사회의 전반적인 분야에 사랑의 발자취를 남겼다. 그들은 어느 곳에서나 가난하고 약한 자들을 돌보았다.

초기 메소디스트의 집회소들 대부분이 신앙훈련의 장소인 동시에 다양한 형태의 도움을 제공하는 사랑의 거점이었다. 빈민들이 친교를 나누고 도움과 정보를 얻는 센터요, 빈곤층의 학교이며, 병든 사람들을 위한 약국과 병원이요, 영세 상인들을 위한 신용협동조합이었다.

존 웨슬리는 병들어 갈 곳 없이 죽어가는 사람들과 집 없는 사람들을 위하여 "병자 방문과 구제를 위한 연합회"를 결성하여 활동했다. 이 연합회는 떠돌아다니는 노숙자들에게 숙소와 음식을 제공하고 영혼과 몸을 돌보아주는 "나그네 공동체(Strangers'Friendly Society)"를 세웠다. 나그네 공동체는 메소디스트 신도회의 핵심적인 사역으로 추진되었고, 사람들에게 감동을 주며 왕실의 지원을 받기도 했다.

1757년 요크셔에서 존 웨슬리의 사랑의 실천에 감동받은 한 메소디스트 노동자는 자기의 집을 개조하여 50여 명의 집 없는 나그네들을 모아서 함께 살았다. 신도회의 존 프리처드는 자신이 지도하는 반회(band)의 회원들과 함께 나그네 공동체를 결성하여 공동생활을 하였다. 이와 같은 공장지대의 노동자들을 위한 존 웨슬리의 섬김은 그의 사후(死後) 메소디스트 노동조합운동(trade unionism)으로 발전하여, 산업노동자들의 삶의 질을 향상시키고, 노동자들을 전도했다. 그래서 성인교육과 나그네 공동체와 노동조합운동은 북부 산업지대에서 메소디스트 3대 사회봉사로 널리 알려졌다.

존 웨슬리는 1743년의 메소디스트 총회에서 감옥방문을 신도회의 규칙으로 정했다. 1778년 총회에서는 설교자들을 죄수들의 목회자로 파송했다. 죄수들은 웨슬리의 설교를 듣기 원했고, 특히 처형을 앞둔 사형수들은 마지막 길에 웨슬리와 동행하기를 간청했다. 웨슬리는 젊은 시절부터 계속해서 죄수들을 방문했고, 말씀을 증거하며 기도해주었으며, 사형수들이 죽기까지 함께 있었다. 복음의 사도였던 웨슬리는 사형수들의 목자이기도 했다.

18세기 영국은 의료가 발달하지 못한 상태였다. 더욱이 가난한 사람들은 질병에 걸리면 더욱 비참한 상태에 떨어졌다. 존 웨슬리는 병자들을 돌보는 박애 전도를 구체적으로 실행하였다. 부흥운동 초기인 1741년부터 그는 신도회 내에 "병자 방문인(visitors of the sick)"을 따로 두어 이 일을 하게 하였다. 이들은 매주 1회 정기적으로 신도회 지역의 병자들을 방문하여 병의 증상을 조사하고 의약을 제공하고 영적인 도움을 주었다. 또한 웨슬리는 파운더리, 뉴룸, 뉴캐슬 고아원에 무료진료소를 운영하였다.

당시 영국에는 다양한 이유로 남편들이 죽었다. 전쟁에서 죽고 노동현장에서 죽고, 감옥에 투옥되어 사형당했다. 남겨진 과부들에게 삶은 너무나 가혹했다. 존 웨슬리는 오갈데없는 처지의 과부들을 위한 "과부의 집"을 여러 곳에 세웠다. 훗날 과부의 집은 "노인의 집"으로 발전하여 과부 뿐만 아니라 홀로 된 노인들을 섬기는 공동체가 되었다. 이것 역시 메소디스트의 선구적인 사역으로 사회인들의 존경을 받으며 전국적으로 확산되었다.

프랑크 베이커(Frank Baker)는 메소디스트를 "돌보는 사람들(Caring methodists)"이라고 부르며 그들의 전인적 사역에 대해서 언급했다.[39]

"메소디스트는 먹이면서, 입히면서, 치유하면서, 교육하면서 설교하였다(Methodists preached feeing, clothing, healing, and teaching)." 그야말로 총체적인 사랑이요 삶으로 실천된 복음이었다.

어린이들을 위한 사역

교회든 정부든 한 결 같이 개혁을 부르짖는다. 정권이 바뀌어도 개혁이고 교단의 지도부가 선출되어도 개혁이다. 그토록 오랫동안 개혁을 외쳤으니, 그대로 되었다면 이제는 더 이상 개혁을 안 해도 될 텐데 여전히 개혁이다. 말로만 개혁이고 실천이 없으며 현장이 부재(不在)한 개혁이기 때문이다. 펜대를 놀리며 지식의 유희를 즐기는 탁상공론의 사대부식 개혁이요, 자신은 저 높은 곳에서 군림하면서 아랫것들에게 지시하는 양반식 개혁이다.

웨슬리의 사역은 철저히 현장경험에서 출발했다. 말을 타고 다니고 비를 맞고 걸으며 폭풍우를 견디고 바다를 건너면서 현실을 겪었고 현장을 체험했다. 현실의 모순과 현장의 문제점을 있는 그대로 파악하고 개선하기 위해서 도전했다. 그것은 현장에서 추진된 개혁이었다.

가난한 사람들을 위해서 일자리를 제공하고 함께 땀을 흘리면서, 가난한 자들은 게으르고 악하다는 통념을 반박했다. 길거리에서 설교하여 수많은 사람들이 회심하도록 섬기면서, 영적인 사역은 오직 교회당 안에서 이루어져야 한다는 국교회의 이론을 뒤집었다. 평신도를 설교자로 기용하는 시도를 눈부시게 성공시켜서, 또 하나의 종교개혁을 추진했다.

어린이들을 위한 사역 역시 현장에서 시작되었다. 존 웨슬리는 아무도 돌보지 않는 어린이들이 있는 곳으로 갔고, 그 아이들을 보았다. 1743 년 3월 8일의 〈저널〉이다 : 나는 우리가 킹스우드 바로 북쪽에 있다는 것을 알았다. 20명 혹은 30명의 야만스러운 아이들이 우리가 오자마자 놀란 것처럼 쳐다보며, 우리 주위를 돌아가며 뛰었다. 그들이 옷을 입었는지 벌거벗었는지 정확히 말할 수 없었다. 가장 큰 아이 중 하나는(약 15세 정도의 소녀) 한 조각의 넝마와 더러운 담요를 몸에 적당히 걸쳤으며, 머리 위에는 같은 색, 같은 천의 모자를 썼다.

내 심령은 그들을 향하여 크게 열렸고, 그들은 마치 나를 삼킬 것처럼 쳐다보았다. 특별히 내가 "그러므로 형제들아! 너희가 알 것은 이 사람을 힘입어 너희에게 죄 사함을 전하는 이것이라"는 말씀을 전하는 동안 그들은 집중하여 설교를 들었다.

1743년에 뉴캐슬에서 넝마를 걸친 야만스러운 아이들을 만났던 존 웨슬리는, 1743년 뉴캐슬에 고아원을 설립했다. 그야말로 전광석화처럼 빠른 실천이다. 이 최초의 고아원은 영국 북부 산업지대에서 버려진 고아들 중 거의 대부분을 돌보게 되었다. 이때부터 메소디스트회는 "고아와 과부의 교회"로 불리게 되었다.

당시의 국교회는 가난한 자들에게 무관심했듯이, 어린이들에게도 무관심했다. 웨슬리는 어린이 사역에서도 선구자였다. 그는 신도회에 어린이들을 위한 주일학교를 만들어서 신앙으로 교육했다. 메소디스트 주일학교는 점차로 빈곤계층의 어린이들과 버림받은 아이들의 학교로 성장했다.

웨슬리는 어린이들을 사랑했고, 주일학교 사역을 좋아했다. 인류 역사에 주일학교만큼 좋은 일을 많이 한 곳이 없다고 말 할 만큼, 그 가치를 높이 평가했다. 웨슬리의 주일학교 사랑은 아메리카에도 전해져서, 주일학교의 거대한 부흥을 일으키기도 했다.

"한 책의 사람"으로 불리웠던 웨슬리는 주일학교 교육에서도 "한 책"에 초점을 맞추었다. 1741년 1월 28일의 〈저널〉에 이렇게 썼다 : 나는 성경이 인도하는 길보다 하나님께 나아가는 더 좋은 길이 있다면 그 길을 받아들인다. 하지만 내가 그토록 유념해왔던 교육은 성경 외에 더 나은 길이 있다는 생각은 못하므로, 나는 여전히 성경의 길 위에서 기다리고 있다.

존 웨슬리의 어린이 사역은 풍성하게 열매 맺었다. 메소디스트의 초기 시절, 신도회의 회원들보다도 주일학교 어린이들이 더 많았다. 80대가 된 할아버지 웨슬리는 어린이들 가운데 임했던 부흥의 기록을 〈저널〉에 남겼다.

1784년 6월 8일 화요일

스톡턴 어폰 티스에 이르렀다. 이곳에서 하나님의 놀라운 역사가 아이들 가운데 일어나는 것을 목격했다. 6살부터 14살에 이르는 아이들 대부분이 깊은 감동을 받아 자신들의 영혼을 간절히 구원하고 싶어 했다. 60명이 넘는 사람들이 자신들의 삶을 검토받기 위해 계속해서 찾아왔는데, 영적 각성을 얻는 것처럼 보였다.

정오에는 "하나님 나라가 가까웠느니라"에 대해 설교했고, 모두가 한 말씀, 한 말씀을 받아들이는 것 같았다. 설교단에서 내려오자마자, 일단의 아이들이 나를 둘러 쌌다. 한 명씩 차례대로 무릎을 꿇더니, 결국 모든 아이가 다 무릎을 꿇었다. 그래서 나 역시도 무릎을 꿇고서 이들을 위해 기도하기 시작했다. 많은 아이가 다시 집회장 안으로 뛰어 들어갔다.

불이 붙었고, 마음에서 마음으로 번져갔다. 이 불길에 휩싸이지 않은 이는 거의 없을 정도였다. 이런 일은 지상에서 새로운 일이 아닌가? 하나님은 아이들 안에서도 역사하신다. 따라서 이것은 콘월, 맨체스터, 그리고 엡워스에서도 그랬다. 그러므로 불길이 익은 알곡 같은 사람들에게로 번진다.

메소디스트의 부흥에 참여했던 어린이들은 메소디스트들이 경험했던 변화도 체험했다. 가난하고 돌봄을 받지 못해서 야만적이었던 아이들은 좋은 집안에서 잘 자란 아이들처럼 달라졌다. 메소디스트들의 사역은 어린이들에게도 그대로 계승되었다. 노래하는 백성들의 자녀답게 어린이들도 노래했고, 돌보는 사람들의 후예답게 아이들도 아프고 가난한 사람들을 돌보았다. 철저했던 메소디스트답게, 그들도 대충하는 법을 몰랐다. 메소디스트 운동은 이처럼 세대를 이어가며 전개되었다. 웨슬리의 나이가 85세에 가까웠던 무렵, 어린이 메소디스트들을 묘사한 〈저널〉이다.

1788년 4월 20일 일요일

3시쯤에 우리 주일학교에 속해있는 약 900명에서 1천 명의 아이들을 만났다. 나는 이런 광경을 전에 본 적이 없다. 그들은 모두 깨끗하고 소박한 옷을 입고 있었다. 모든 어린이가 진지하고 예의가 발랐다. 많은 남자와 여자 어린이들의 얼굴은, 내 생각에 잉글랜드와 유럽에서 여유

있게 사는 아이들처럼, 아름다웠다.

그 아이들이 모두 함께 노래했을 때, 아무도 음이 틀린 아이들이 없었고, 그 선율은 어느 극장의 음악보다 더 아름다웠다. 그리고, 무엇보다도 최고는, 많은 아이가 하나님을 진심으로 경외하고 있었고, 어떤 아이들은 주님이 주신 구원을 기뻐하고 있었다. 이것은 모든 마을에 귀감이 되고 있다.

그들의 주요한 활동이란, 몸이 아프고 가난한 이들을 방문하여 (때로는 6명, 8명 또는 10명이 함께) 권면하고 위로하고 그들과 함께 기도하는 것이다. 종종 10명 또는 더 많은 숫자의 아이들이 함께 모여 노래하고 그들 스스로 기도한다. 때로는 30명에서 40명이 그렇게 한다. 그리고 그들은 매우 진지하게 참여하고 교대로 노래하고 기도하고 울어주며, 그래서 그 아이들은 대충 일하는 것을 모른다.

결국에는 사람이다. 아무리 잘 지은 집도 사람이 살지 않으면 이내 잡초가 무성하고 동물들의 배설물로 더럽혀진 흉가가 된다. 아무리 잘 만든 조직도 새롭게 가입하는 사람이 없으면 고인물처럼 썩다가 사라진다. 아름답게 단장된 캠퍼스를 갖추고, 선진국에서 박사 학위를 취득한 교수들이 즐비한 한국의 대학들도, 학생 수가 줄어들면서 존폐의 위기를 겪고 있다.

조직의 귀재였던 웨슬리는 조직의 생존을 위해서 가장 중요한 사역을 탁월하게 해냈다. 계속해서 사람을 길러냈기 때문에, 메소디스트의 생명력은 다음 세대로 이어질 수 있었다. 존 웨슬리가 세상을 떠날 때에는 메소디스트 주일학교가 1,000여 개나 되었으며, 주간학교(day school)

는 700여 개나 되었다. 웨슬리가 소천하고 나서 10년이 지난 1800년 전후 메소디스트 주일학교 어린이 수는 10만여 명에 달했다. 그 후 100년이 지난 1900년에는 100만여 명이나 되었다. 신앙으로 길러진 아이들이 사회 곳곳에서 기독교정신으로 활약하면서, 대영제국의 황금시대가 열렸다.

교육과 저술 사역

1800년대에 들어서면서, 북부 산업지대의 메소디스트 신도회들은 비교적 규모가 큰 공장에 '공장학교(Factory school)'를 세웠다. 노동자들과 그들의 자녀들이 그곳에서 교육을 받았다. 좋은 일은 하지 않으면서 좋은 일 하는 사람들을 비웃는 세상의 풍조는 이때에도 어김없이 발휘되었다. 공장학교는 가난한 아이들의 학교라는 이유로, '누더기 학교(Rugged school)' 또는 '거지 학교(Begger's school)'라고 불리기도 하였다.

그러나 일자리를 찾아서 몰려드는 산업 노동자 가족과 그들의 자녀들을 위한 교육시설이 전혀 없는 상황에서, 공장학교를 만들어 어린이들과 성인들을 가르친 것은 장하고도 위대한 일이었다. 메소디스트 역사가 그린(J. R. Green)의 논평처럼, 웨슬리와 메소디스트는 영국에서 노동자 계급과 보통 사람들을 위한 대중교육의 시발자였다.

존 웨슬리는 인류 역사를 통틀어 최대의 저술가 중의 한 사람이다. 그는 일생 동안 총 391권의 책을 저술하여 출판했다. 그중에 웨슬리가 직접 저술한 책이 233권이고 100권은 다른 사람의 저작으로부터 번역하고 발췌하거나 편집한 것이었다. 당시에는 오늘날과 같은 저작권이나 지적소유권의 개념이 없었기에, 타인의 저작을 자유롭게 활용하는 것이 허용되었다. 동생 찰스와 공동 저작한 책이 30권이고, 찰스가 저술한 책이 20권이다. 8권은 다른 사람의 저작에 서문을 써주거나 해설을 붙인 것이다.

웨슬리는 1733년부터 책을 쓰기 시작했다. 세상을 떠날 때까지의 기간을 고려하여 계산하면, 매년 7권 이상의 책을 저술했다. 영국 전역을 돌아다니며 일 년에 800번 이상 설교하고, 수많은 지역의 신도회를 지도하며, 학교를 세우고, 빈민들과 어린이들을 도우면서 엄청난 분량의 책을 썼으니, 초인적인 헌신이다. 그는 말을 타고 마차로 이동하면서 책을 읽고 글을 썼다. 바쁜 일정 가운데 틈만 나면 읽고 쓰는 일에 몰두했다.

풍부한 지식과 경험, 지성과 영성과 감성을 겸비했던 웨슬리의 저작은 다방면에 걸쳐 있다. 그는 성서주해, 설교, 여행 일기, 서간, 신학, 철학, 역사, 시와 찬송, 언어학, 각종 교과서를 저술했다.

그 중에서 제일 인기 있었던 책은 다섯 권의 설교집이었다. 그의 설교집은 이루 셀 수 없을 정도로 많이 팔렸다. 출판된 웨슬리의 설교는 총 151편으로, 기독교 교리와 생활에 관한 다양한 주제를 다루고 있으며, 명쾌하고도 평이한 문체로 쓰여졌다. 웨슬리의 설교집은 메소디스트 교리와 생활의 표준이기 때문에, 설교자들과 속장들의 필수적인 교과서였다. 동시에 다른 교파에 속한 신자들에게도 폭넓은 사랑을 받았다.

웨슬리가 출판한 책들은 가격이 저렴했다. 늘 가난한 사람을 염두에 두고 있던 웨슬리는 그들이 책을 구입할 수 있도록 가격을 낮게 책정했다. 싼 값에 팔았지만, 너무 많이 팔려서 웨슬리는 부자가 되었다. 저술에 대해서 웨슬리는 이렇게 회고했다. "나는 가난한 보통 사람들이 누구나 마음대로 사볼 수 있도록 세상에서 가장 짧고 쉽고 값싼 책들을 많이 써서 출판하였다. 나는 많은 종류의 소책자들을 출판하여 '무조건 한 권에 1페니'에 팔도록 하였다. 이것들 중에 어떤 것들은 상상을 초월하는 부수로 팔려나가서 나는 나도 모르는 사이에 부자가 되었다."

저술은 여러 가지로 유익이 되었다. 책을 통해서 복음을 전하고 신앙을 교훈하며 대중을 계몽하고 돈까지 벌었다. 출판으로 벌어들인 돈은 모두 하나님의 선한 일을 위해서 사용되었다.

어린 시절, 불타는 집에서 극적으로 구조된 웨슬리는 "불속에서 건져낸 타다 남은 막대기"로 불리웠다. 막대기는 거대한 나무가 되어서 삶에 지친 나그네들에게 시원한 그늘을 드리웠다. 존 웨슬리는 복음을 나누고 지식을 나누고 재물을 나눈, 아낌없이 주는 나무였다.

소위 "기독교 국가"의 죄악, 노예제

노예제는 오래전부터 어느 곳에서나 있었다. 하지만 기독교 국가라고 자부하고 공언했던 근대의 유럽과 미국에서, 일찍이 볼 수 없었던 잔인한 노예무역과 제도가 시행되었다는 점에는 문제가 있다. 이러한 죄악이 저질러졌던 이유는, 돈이었다. 유럽의 열강들이 개척한 아메리카의 식민지 농장에서 일할 노동력이 필요했다. 식민지의 경제는 노예를 얼마나 확보하느냐에 달려 있었다.

노예무역은 1500년경 포르투갈에 의해서 시작되었다. 그들은 아프리카의 서쪽 해안에서 흑인 노예들을 잡아서 아메리카로 수송했다. 포르투갈의 영향력이 약화되면서 신흥강국 영국이 노예무역을 거의 독점했다. 노예제를 통해서 얻은 이익이 막대했기에, 영국 정부는 노예무역을 보호하고 진흥시켰다.

나쁜 짓을 하면서 돈을 벌면 더 나빠지게 될 수 있다. 왜냐하면 나쁜 짓을 나쁘지 않다고 합리화시키기 때문이다. 소위 "기독교 국가"들은 기독교와 노예제를 양립시키기 위한 다양한 이론을 개발했다. 존 스토트는 다음과 같이 폭로한다.

"더욱 나쁜 것은, 기독교의 가르침을 실천하고 있는 사람들이 사회적/경제적 필요(식민지에는 유럽의 산업 혁명에 필요한 원료를 제공해 줄 다른 노동력의 원천이 없었다), 인종적 우월감(검둥이들은 더 잘 대접해 줄 필요가 없다), 성경적 허용(성경은 노예제를 규제하지만 어느 곳에서도 정죄하지는 않는다), 인도주의적 유익(노예매매는 노예들을 아프리카의 야만 상태에서 미국의 문명 세계로 옮겨 가게 해주었다), 심지어 선교적 기회(아프리카인 이교도들은 신세계에서 기독교를 소개받을 것이다)를 근거로 노예 제도에 대한 정교한 변명을 개발했다는 것이다. 노예 주인들의 뻔뻔스러운 합리화에 오늘날 우리는 당혹감으로 얼굴이 붉어진다."[40]

존 스토트가 부끄러워한 뻔뻔스러운 합리화에는, 참람하게도, 하나님의 이름까지 동원되었다. 에드워드 롱(Edward Long)은 『자메이카의 역사(The History of Jamaica, 1774)』에서 창조의 과정을 설명했다. 창조주의 "흙 한 덩어리로부터 완벽한 사람에까지 이르는 연속 과정 혹은 진

행"에서, 아프리카 흑인은 인간보다 열등한 존재로 만들어졌다고 주장
했다. "그들이 나머지 인류와 상이한 점을 곰곰이 생각해 볼 때, 우리는
그들이 동일한 속(屬)에 속하긴 했으나 종(種)은 다른 존재라고 결론 내
려야 하지 않겠는가?"

존 웨슬리와 신학적인 논쟁을 벌였던 칼빈주의자들도 노예제를 옹호
했다. 휫필드는 실제로 노예를 소유했으며, 노예가 많아진 것을 하나
님의 은혜로 여기고 감사했다.[41] 제임스 케네디(James Kennedy)가 주
장하는 대로, 칼빈주의자들이 미국의 건국에 기여한 점은 널리 알려
져 있다.[42] 미국 건국의 아버지들 가운데는 노예 소유주들이 다수 있었
다. 초대 대통령 조지 워싱턴(George Washington), "제퍼슨 민주주의"
라는 용어가 있을 만큼 민주주의의 선각자로 존경받는 토머스 제퍼슨
(Thomas Jefferson)이 모두 노예 소유주였다. 제퍼슨은 흑인 하녀와의
사이에 사생아들을 낳기도 했지만, 그들은 오랫동안 제퍼슨의 후손으로
인정받지 못했으니, 미국판 홍길동이었다.

남아프리카 공화국은 오랫동안 인종차별로 악명을 떨쳤다. 인종차
별 공화국을 세운 주역들은 네덜란드계 백인들이며, 하웃즈바르트
(Goudzwaard)는 그들이 극렬 칼빈주의자라고 지적한다.[43] 태어날 때부
터 지옥에 가도록 예정된 사람들이 있다는 믿음과 태어날 때부터 차별
당하도록 예정되어 있다는 주장은 논리적으로 연결될 수 있다. 김진두
박사는 다음과 같이 논평한다. "선택의 교리는 사람들 마음속에 특권의
식, 우월의식, 선민의식, 차별주의를 갖게 한다."[44]

당시의 영국 국교회 역시 노예제를 받아들였다. 비록 노예들이 그리
스도인이 되었다 해도 그것은 죄와 사탄으로부터의 자유이지, 사회적

인 지위도 자유케 되는 것은 아니라고 하였다. 그래도 양심적인 사람들이 있어서, 소수의 국교회 신자들이 회심한 노예들을 해방시켰다. 하지만 그것 때문에 감독으로부터 책망을 받기도 하였다. 또한 와버튼(Warburton) 감독과 몇몇 목회자들이 노예해방을 위하여 노력하기도 했다. 그러나 국교회 내에서는 노예제를 지지하는 신자들이 절대 다수였다.

존 웨슬리의 노예제 폐지운동

다른 견해들과 마찬가지로 노예에 대한 웨슬리의 입장 역시, 현장에서 출발했다. 존 웨슬리는 1736년 아메리카에서 흑인 노예의 비참한 모습을 보고 깊은 충격을 받았다. 그는 백인들이 쇠붙이 도장을 불에 시뻘겋게 달구어 노예들의 등이나 가슴에 불도장을 찍고, 부부와 부모 자녀를 갈라서 매매하며, 흑인들을 거세하고 손가락과 발가락을 자르며, 살가죽을 벗기고 소금이나 후춧가루를 뿌리고, 반항자들을 나무에 매달아 찢어 죽이는 현장을 목격했다.

웨슬리가 노예문제와 관련되어 공개적인 언급을 한 것은 1743년부터이다. 웨슬리와 메소디스트들은 국교회 성직자들에 의해서 고용된 폭도들, 관리들과 공장주들에 의해 선동된 깡패들, 술주정뱅이와 불신자들에게 핍박을 받았다. 웨슬리는 교회와 행정당국이 가하는 박해에 대해 반박하기 위하여 『이성적이며 종교적인 사람들을 향한 간절한 호소문(Earnest Appeal to Men of Reason and Religion, 1743)』과 『이성적이며 종교적인 사람들을 향한 더욱 간절한 호소문(Farther Appeal to Men of Reason and Religion, 1745)』을 썼다.

이 책들에서 웨슬리는 "모든 인간은 하나님의 피조물로서 자유에 대한 권리가 있으며... 하나님은 어떤 사람도 피부의 색깔이나 다른 어떤 구실로 사람에게서 자녀를 빼앗을 권리를 결코 주신 적이 없다."고 주장했다. 이는 메소디스트에 대한 박해의 부당함을 지적한 글인 동시에, 인종을 차별하고 흑인들의 자녀를 빼앗는 노예제의 불법성을 폭로한 저술이기도 하다.

웨슬리가 본격적으로 노예제 폐지운동을 벌인 것은 1770년부터이다. 그는 노예 제도를 "모든 악랄한 것의 저주스러운 총체"로 규정하고 노예제 반대에 앞장섰다. 위에서 소개한 바대로, 1774년에 에드워드 롱은 흑인이 인간과는 다른 종류로 창조되었다는 내용의 책을 출판했다. 같은 해에 웨슬리는 정반대로 주장하는 논문을 발표했다. 1774년, 웨슬리는 "노예제도에 대한 반박문"을 출판했다.

이 논문에서 그는 흑인들도 백인과 동일하게 하나님의 형상대로 창조된 동료 인간이라고 주장했다. 그러므로 그들의 인격과 자유를 파괴하고 빼앗는 것은 아무 잘못도 없는 사람들에 대한 가장 잔인하고 비인간적인 행위라고 비판했다. 웨슬리는 노예 매매의 실태를 적나라하게 묘사했다.

흑인들이 잡혀서 해안가에 도착하면 남녀구별 없이 모두 발가벗겨진다. 회사 이름이 새겨진 철인(鐵印)을 불에 달구어서 그들의 가슴에 지진다. 그것은 아프리카 사람들이 백인들의 소유물이 되었다는 표식이다. 그리고 배의 조그만 방에 그들을 가득 태운다. 노예들은 목마름과 온갖 악취로 고통당하며 항해하다가, 비위생적인 환경으로 병을 얻어 거의 절반이 죽게 된다. 배가 기독교 국가들에 도착하면 모두 옷이 벗겨진 채, 그들을 구입할 사람들 앞에서 갖가지 모욕과 수치를 당하며 물건처럼 검사를 받는다. 결국에는 팔려서 가족들이 뿔뿔이 흩어지게 된다. 엄마와 딸들이 서로 붙들고 울부짖으면 강력한 채찍질로 그들을 떼어 놓는다.

노예들이 가혹한 대우를 못 이겨서 탈출하다가 잡히면 무서운 고문을 당한다. 남자들은 거세당하고 여자들은 난소를 제거 당하거나 다리를 절단 당했다. 노예 주인은 그들의 살가죽이 벗겨질 때까지 채찍질을 한 후, 그 위에 소금 또는 후춧가루를 뿌렸다. 때로는 뜨거운 밀랍을 녹여 피부 위에 부었고, 때로는 귀를 잘라 불에 구워 강제로 먹게 했다. 노예들이 반항하면 사지를 갈고리에 걸어 놓고 뜨거운 불로 온 몸을 서서히 지졌다. 이러한 모든 행위가 합법적으로 시행되었다.

웨슬리는 이것을 살인이라고 규정한다. 그리고 사람이 짐승처럼 취급되는 것이 하나님의 뜻인가를 질문한다. 당시의 영국에서는 노예 제도를 옹호하는 법이 있었다. 하지만 웨슬리는 아무리 많은 법을 만들어도, 악은 악일 뿐이라고 주장했다. 그리고 노예제도는 돈벌이를 위한 것이라고 폭로했다. 식민지를 경작하기 위한 노동력으로 노예가 필요하다는 주장에 대해서 웨슬리는 "노예 없이 경작할 수 없다고 한다면. 그런 땅은 바다 밑에 가라앉아도 좋다"고 일갈(一喝)했다.

웨슬리는 노예제의 완전 폐지를 주장했다. 그는 노예 상인들을 도적과 강도와 살인자들이라고 비난했다. 성서를 인용하여 노예제를 정당화하는 사람들도 함께 비판했다. 웨슬리는 영국과 미국에서 행해지는 노예매매와 학대는 "해 아래서 볼 수 있는 가장 무서운 악"이라고 규정하면서 잔인한 백인들에게 하나님의 심판이 반드시 내려진다고 경고했다.

웨슬리는 노예 상인들에게 직접 그리고 강력히 촉구했다. "당신은 인간의 마음을 가져야 합니다. 당신은 그들에 대한 동정이 전혀 없습니까? 당신은 그들의 고통을 전혀 느끼지 않습니까? 하나님께서 당신들이 그들을 다루었던 것처럼 당신들을 다룰 것입니다. 오늘 그런 생활에서 도망쳐 나오도록 결단하십시오. 돈을 생각하지 마십시오. 그 어느 것도 당신들의 영혼을 잃은 것과 비교할 수 없는 것입니다. 그 잔혹한 노예무역 상업을 그만 두십시오."

웨슬리는 "노예제도에 대한 반박문"을 다음과 같은 기도로 끝맺는다. "오 사랑의 하나님, 이 땅 위의 배설물과 같이 짓밟히고 있는 버림받은 사람들을 불쌍히 여기소서. 일어나소서. 피를 물처럼 흘리는 자들을 도와주소서. 이들도 당신이 손으로 빚은 인간들이오며, 성자의 보혈로 사신 인간이 아니옵니까? 그들의 호소가 하나님 앞에 이르게 하소서. 그들을 잡아온 자들이 그들을 동정하게 하소서. 그들을 서로 떼어놓는 모든 차꼬를 깨드려 주소서. 만인의 구속자시여, 그들을 자유케 하소서. 그들에게 참 자유를 주소서!"

가난한 자들을 위한 구제와 정의를 외치기 전에, 먼저 개인적으로 구제에 힘썼던 웨슬리는 노예문제에 대해서도 동일하게 실천했다. 본인이 먼저 인종을 차별하지 않고 노예들을 사람으로 대우했다. 목회와 사역에서 백인과 흑인, 자유인과 노예 사이에 아무런 구별을 두지 않았다. 웨슬리는 노예도 세례를 받고 백인과 함께 성만찬에 참여하도록 했다. 대다수의 영국 국민들에 의해서 차별받는 노예들은 메소디스트 안에서는 같은 인간으로 인정되었으며, 믿음 안에서 형제와 자매로 받아들여졌다.

85세의 노인이 되고도 존 웨슬리는 여전히 용감했다. 그는 노예무역의 중심지였던 브리스톨에서 노예제를 비판하는 강력한 설교를 했다. 그리고 그 다음날을 노예들의 해방과 자유를 위한 금식기도일로 선포하였다. 그는 노예상들과 압제자들의 부와 권력이 무너지고, 노예들에게 묶여 있는 쇠사슬이 끊어져서 하나님의 정의가 이루어지기를 기도했다. 노예무역의 중심지에서 노예해방을 설교하던 날의 〈저널〉은, 그것이 사회적인 문제만이 아니라 영적인 문제임을 암시한다.

1788년 3월 6일 목요일

저녁 설교는 노예제도에 관한 (요즘 이것이 일반적인 화제인) 말씀을 전하고 싶다는 계획을 알렸다. 이 결과로 목요일에 집회장은 높고 낮은 지위를 막론하고, 부자이든 가난한 이들이든 집회장을 이 끝에서 저 끝까지 가득 채웠다. 나는 과거의 예언인 "하나님이 야벳을 창대하게 하사 셈의 장막에 거하게 하시고 가나안은 그의 종이 되게 하시기를 원하노라"는 말씀을 전했다.

설교 중간쯤에 모든 사람이 밤과 같이 조용한 가운데 집중을 하고 있는데, 격렬한 소리가 났다. 아무도 그 이유를 몰랐는데, 번개 같은 것이 성도들 사이를 번쩍하고 지나갔다. 공포와 혼동이 너무 강렬해서 이루

말할 수가 없었다. 폭풍이 이 도시를 사로잡은 듯 했다. 사람들은 극심한 혼란으로 서로 밟고 나가려 했다. 의자가 산산이 부서져 버렸고 회중 가운데 열에 아홉은 같은 공포에 휩싸인 듯했다. 약 6분 후에 폭풍이 멎고, 갑자기 그랬던 것처럼, 모든 것이 갑자기 조용해졌다. 그래서 나는 아무런 방해도 없이 계속 설교했다.

이것은 내가 기억하는 한 가장 이상한 사건인데, 나는 초자연적인 영향력을 고려하지 않고는, 이것을 설명할 방도가 없다. 마귀가 그의 왕국을 넘겨주지 않으려고 싸웠다. 우리는 하나님께서 이 불쌍한 버림받은 사람들을 기억해주시라고, 금요일 하루를 금식하고 기도하기로 했다. 그리고 그들의 부유하고 힘을 가진 압제자들을 생각한다면 사람들에게는 불가능한 일이지만, 그들이 도망할 길을 내어주시고, 그들을 옥죄고 있는 사슬을 산산이 부수시기를 기도했다.

윌버포스와 메소디스트의 연합

1774년은 노예제도와 관련하여 기억할만한 년도이다. 에드워드 롱이 흑인은 열등하게 창조되었다는 책을, 존 웨슬리가 흑인과 백인이 동등하게 창조되었다는 논문을 출판했다. 같은 해에, 훗날 노예해방의 주역이 되는 15세의 소년이 메소디스트를 떠났다.

그는 명문가의 후예였다. 그가 여덟 살 되던 해, 아버지와 누이가 잇달아 세상을 떠났다. 당시 임신 중이던 그의 어머니는 커다란 충격을 받아서 아들을 제대로 돌보지 못했다. 정상적인 생활을 할 수 없었던 그녀는 자신의 아들을 그의 큰아버지 부부였던 윌리엄과 한나에게 맡겨야 했다.

큰아버지 부부는 동생의 아들이었던 소년을 지극한 사랑으로 돌보았다. 그런데 그들은 상류층 가운데 드물게도 메소디스트였다. 소년은 큰아버지와 큰어머니의 영향으로 메소디스트의 신앙을 받아들이게 되었다. 그것은 당시의 상류층에게는 경악할 만한 사건이었다. 그들에게 메소디스트는 통제불가능한 열정에 휩싸인 광신자들이었다.

어느 정도 건강을 회복한 소년의 어머니는 아들이 "독약이나 다름없는 것을 흡수하기 전에" 큰 아버지 댁에서 아들을 빼내오고 싶어 안절부절이었다. 훗날 그는 "사실 그때 이미 나는 그걸 흡수한 상태였다"라고 말했다. 재력가로 시장을 역임했던 그의 할아버지도 메소디스트에게 반감을 품고 있었다. 할아버지는 손자에게 최후 통첩을 내렸다. "메소디스트가 된다면 내 재산은 단 한 푼도 물려받지 못할 것이다."

결국 15세의 소년은 어머니와 할아버지의 강요를 이기지 못하고 메소디스트의 신앙을 떠났다. 그때가 1774년이었고, 그의 이름은 윌리엄 윌버포스(William Willberforce, 1759-1833)이다. 훗날 윌버포스는 아들 로버트에게 그 시절을 회고하며 말했다. "메소디스트들이 그 당시 얼마나 미움을 받았는지 넌 모를 것이다."[45]

윌버포스는 캠브리지를 졸업하고 정치에 투신했다. 1780년 불과 21세에 지역구에서 당선되어 의회 의원이 되었다. 1784년 윌버포스는 케임브리지의 학장이었던 아이작 밀너(Issac Milner, 1750-1820)와 함께 유럽 대륙을 순회하는 여행을 떠났다. 밀너는 독실한 기독교인으로 기독교의 본질을 논리적으로 설득력 있게 설명하는 지성인이었다.

4개월에 걸쳐서 함께 여행하면서, 아이작 밀너는 윌버포스에게 커다란 영향을 끼쳤다. 밀너는 기독교 신앙에 대해서 진지하게 권유하며, 윌버포스와 논쟁을 벌였다. 어린 시절 메소디스트였지만, 어머니와 할아버지의 집요한 반대로 메소디스트 신앙을 버렸던 윌버포스는 밀너에게서 다시 메소디스트를 발견했다. 그는 다음과 같이 회고했다.

　"밀너의 원칙과 견해가 메소디스트라 불리는 목회자들의 그것과 똑같다는 사실을 알고 나는 적잖이 놀랐다. 이로 인해 우리는 거듭 논쟁을 벌였고, (자신의 입장을 공언하거나 신앙적 대화에 돌입함에 있어 절대 뒤로 물러서는 법이 없던) 밀너는 하나님의 말씀을 언급하면서 자기 원칙을 정당화시켰다."[46]

　아이작 밀너와의 만남 이후 윌버포스는 성경을 읽으며 기독교 신앙에 대해서 진지하게 탐구했다. 잃어버렸던 신앙을 되찾던 무렵인 1786년 1월 12일, 그는 일기에 썼다. "이제 내가 메소디스트라는 소문이 파다해질 것이다." 그의 어머니는 다시 경악했고, 윌버포스는 자신이 광신에 빠진 것이 아니라 성경에 빠졌다고 어머니를 힘들게 설득해야만 했다.

　다시 성서적 기독교로, 큰아버지 부부에게 배웠던 메소디스트적 신앙으로 돌아온 윌버포스는 기독교인으로서 어떤 정치를 해야 할지 고민했다. 그리고 세상을 바꾸게 되는 필생의 과업을 발견했다. 1787년 10월 28일, 그는 일기장에 적었다. "전능하신 하나님께서 내 앞에 두 가지의 목표를 놓아 주셨으니, 하나는 노예무역을 금지시키는 것이고 또 하나는 풍습(도덕)을 개혁하는 것이다."

　그때부터 윌버포스는 일생을 바쳐서 노예제 반대와 도덕성 회복을 추진한다. 그는 영국의 주요 수입원이자, 노동력 확보 방법이었던 노예제를 반대함으로써, 수많은 적들을 만들었다. 결국 대영제국의 수상이 될 수 있는 기회를 스스로 날려버렸다. 동시에 가고 오는 시대에 기억되는 위대한 인물의 반열에 오르게 된다.

메소디스트의 지도자 존 웨슬리와 메소디스트와 오랜 인연을 가지고 있던 윌버포스는 노예해방 운동의 주역이 되었다. 일평생 편지목회를 했던 웨슬리는 세상을 떠나기 36일 전인 1791년 2월 23일, 생애의 마지막 편지를 썼다. 수신자는 국회의원 윌리엄 윌버포스였다. 웨슬리는 편지에서 노예제도 폐지를 위해 하나님이 윌버포스를 세우셨으며, 하나님께서 그의 편이시라면 누가 그를 대적할 수 있겠느냐고 말했다. 그리고 노예제가 사라질 때까지 하나님의 이름과 능력으로 나아가라고 격려하고, 하나님이 힘을 주실 것을 축복했다.

윌버포스가 상정한 노예매매 폐지법안은 웨슬리가 소천하던 해인 1791년 하원에서 부결되었다. 그러나 윌버포스는 오랜 투쟁을 거쳐서 1807년 노예매매 폐지법을 통과시켰다. 그리고 그가 사망한 지 한 달이 지난 1833년에 노예해방 법령이 선포되어 영국과 영국의 모든 식민지에서 노예제도가 법적으로 금지되었다. 이때 약 80만 명의 노예들이 자유를 얻었다.

당시 국교도들은 노예를 소유했지만, 메소디스트들은 존 웨슬리의 가르침에 따라 노예들을 자신들과 동등한 형제로 여겼다. 그리고 많은 메소디스트들이 노예해방운동에 참여했다. 영국의 노예해방운동 그룹은 국교도이건 비국교도이건 웨슬리와 메소디스트 설교자들로부터 영향을 받고 지원을 받은 사람들로 구성되었다. 윌버포스가 국회에 노예제 폐지법안을 제출할 때, 서명자의 절반이 메소디스트들이었다.

존 웨슬리와 메소디스트들의 설교를 듣고 많은 노예상인들이 회심하여 사람을 파는 직업을 떠났다. 브리스톨과 런던에서는 노예상들이 회개하고 자신들의 재산을 교회와 사회에 바치기도 했다. 수많은 노예 신분의 흑인들이 메소디스트의 가족이 되었다.

브리스톨에 있는 한 교회의 묘지에는 주목할 만한 묘비가 세워져 있다. 그것은 노예로 팔려왔다가, 메소디스트들을 만났던 흑인의 묘비이다. 동시에 인류의 양심을 위하여 투쟁했던 메소디스트들을 기리는 기념비이기도 하다. 묘비이자 기념비에는 다음과 같은 글이 새겨져 있다.

나는 이 땅에 노예로 팔려왔으나
메소디스트 형제들의 따뜻한 사랑 안에서
행복한 순례자의 여정을 마치었노라.
나의 형제들과 함께 여기 누워 잠들어
나의 구주의 다시 오심을 기다리노라.

Chapter 9

J. Wesley Writes to W. Wilberforce

▲ 윌버포스에게 편지를 쓰는 웨슬리

웨슬리는 세상을 떠나기 36일 전인 1791년 2월 23일, 생애의 마지막 편지를 썼다. 수신자는 국회의원 윌리엄 윌버포스였다. 웨슬리는 편지에서 노예제도 폐지를 위해 하나님이 윌버포스를 세우셨으며, 하나님께서 그의 편이시라면 누가 그를 대적할 수 있겠느냐고 말했다. 그리고 노예제가 사라질 때까지 하나님의 이름과 능력으로 나아가라고 격려하고, 하나님이 힘을 주실 것을 축복했다.

위대한 생애의 황혼

불굴의 노익장(老益壯)

가는 세월을 잡을 수 없고, 오는 세월을 막을 수 없다. 부흥운동이 무르익어 가면서 웨슬리에게도 황혼이 찾아왔다. 온갖 비방과 핍박을 받으면서도 포기하지 않고 전진했던 메소디스트 운동은 전국적으로 열매를 맺어갔다. 신앙적인 각성과 도덕적인 개혁, 그로 말미암은 구체적인 생활의 변화가 개인적으로 그리고 사회적으로 일어났다.

일반 대중들도 웨슬리의 설교를 계속해서 들으면서 감화되어서 그를 존경하게 되었다. 존 웨슬리가 여러 번 방문한 지역의 주민들은 그를 오래된 다정한 친구나 아버지처럼 따뜻하게 대하게 되었다. 나이가 들어가는 웨슬리는 점점 더 유명해졌다. 그가 지나갈 때면 사람들이 그의 얼굴을 보기 위해 창문을 열었고, 인사하기 위해 길거리에 늘어섰다.

가장 놀라운 반전은 국교회에서 일어났다. 자신의 아버지가 평생을 바친 교회에서조차 설교와 성찬을 거부당했던 웨슬리였지만, 시간이 흐르면서 그에게 영향을 받은 성직자들이 늘어갔다. 일부 주교들과 성직자들은 공개적으로 존 웨슬리를 지지하였으며, 메소디스트 부흥운동에 협조하였다. 몰래 숨어서 웨슬리의 설교를 듣다가 가는 사제들도 있었다. 많은 영국 교회들이 그에게 강단을 개방하였다.

런던의 주교 로버트 로우스는 존 웨슬리를 저녁식사에 초대하여 대화를 나누었다. 그는 웨슬리의 겸손하고도 고매한 인격에 깊이 감화를 받아 이렇게 말하였다. "존 웨슬리 목사님, 제가 천국에서 당신의 발밑에라도 앉을 수 있을까요."

특별히 대도시의 가난한 지역과 북부 산업지대에서 메소디스트들은 일반대중의 생활 방식과 도덕을 개혁하여 사회적 성결을 이루었다. 그들은 가난하고 병든 사람들, 소외된 사람들, 고아, 과부, 가련한 처지의 노동자들, 죄수들과 불우한 환경의 아이들에게 사랑을 실천하여, 대중의 존경과 사랑을 받았다.

만년(晩年)의 존 웨슬리는 교회와 국민들로부터 존경받는 아버지가 되어 가고 있었다. 광부들과 하층민들은 물론, 주교들과 시장들, 사회 지도자들과 상류층도 존경하는 마음을 표현했다. 이쯤 되면 풍찬노숙(風餐露宿)해야 하는 생활을 중단할 만도 하다. 50년이 넘게 세상을 누볐고 나이도 80대 중반을 넘어섰으니, 쉴 때도 되었다. 그러나 웨슬리는 하나님이 주신 야외설교의 사명에 끝까지 충실했다. 오히려 5-6마일(8-9.5km) 정도의 거리를 걷기 힘들어하는 메소디스트들에 대해서 탄식했다. 85세가 되던 해의 〈저널〉이다.

1788년 9월 6일 토요일

하남에 있는 헨더슨 씨에게 걸어서 갔다가, 브리스톨로 갔다. 그렇지만 나의 친구들은 친절하기는 하지만 그리 지혜롭지는 않아, 오래 걸어가지 못한다. 5마일이나 6마일을 걷는다는 것을 슬픈 일로 여기다니! 건강한 상태에 있다면서 메소디스트 설교자가 5~6마일 걷기를 힘들어한다는 것은 부끄러운 일이다.

많은 사역을 오랫동안 철저하게 감당하면서도 웨슬리는 건강했다. 〈저널〉은 생일을 맞이할 때마다 건강하게 하신 하나님의 은혜를 찬양하는 노익장의 간증을 전한다.

1782년 6월 28일 금요일

나는 80세에 들어섰다. 그러나 하나님을 찬송하리로다. 나의 시간은 "고통과 슬픔"이 아니다. 나는 25세처럼 더 많은 고통이나 육체적 연약함을 발견하지 못한다. 이것은 다음과 같은 덕택이다. 1. 하나님의 권능 덕택이다. 이것은 하나님께서 나를 부르셔서 행하고자 하시는 일에 나를 적합하게 하신다. 2. 1년에 4-5천 마일을 여행한 덕택이다. 3. 내가 원할 때는 언제든지 낮이든 밤이든 잘 자는 덕택이다. 4. 정해진 시간에 일어나는 덕택이다. 5. 특히 아침에 꾸준히 설교하는 덕택이다.

1786년 6월 28일 수요일

내 나이 83세로 접어들었다. 내가 생각해도 나 자신이 신기하다. 피로감을 느껴 본지가 벌써 12년 전이다. 글쓰기든 설교든 여행이든 결코 지치는 일이 없다(그야말로 하나님의 은혜다!). 한 가지 자연적 원인이 있다면, 의심할 것 없이 지속적인 운동과 공기의 변화다. 공기의 변화가 어떻게 내 건강에 도움이 되는지 알 길이 없지만, 도움이 되는 것만은 확실하다.

1788년 6월 28일 토요일

나는 오늘로 85세가 된다. 일천 가지의 영적, 육적 축복을 받은 것으로 인하여 하나님을 찬양하여야 하지 않는가? "많은 세월의 흐름 가운데서도 고통이 거의 없지 않았는가!" 그러나 이전처럼 명석하지 못한 것은 사실이다. 이전처럼 빠르게 걷거나 달리지 못한다.

나의 시력이 약하여졌다. 나의 왼쪽 눈은 거의 볼 수 없어서 읽기가 매우 힘들다. 나는 오른 눈언저리 통증을 매일 느끼고 있으며, 오른쪽 관자놀이도 그러하다(몇 개월 전에 타격을 받은 이후부터다). 그리고 발목이 삔 것과 류머티즘으로 인하여 나의 오른쪽 어깨와 팔도 통증이 있다. 또한 최근에 만난 사람들의 이름과 상황에 대한 기억이 아물거리는 경향이 있다.

그러나 지난 20년, 40년, 60년 동안 읽고 들은 바에 대한 것은 결코 잊지 않고 있다. 나의 청각, 후각, 미각과 관련된 바는 여전하다(비록 나는 이전 음식의 3분의 1만을 먹기는 하지만) 그리고 여행이나 설교에 있어서도 연약함을 느끼지는 못하고 있다. 그러나 나는 설교 원고 작성에서도 기력이 쇠하여진 것은 아니다. 나는 언제나 설교를 손쉽게, 그리고 바르게 작성하고 있다.

오늘날 나의 이러함은 무슨 연고로 가능한 것일까? 첫 번째로 의심할 바 없이 주어진 사역을 할 수 있도록, 부르신 바를 내가 계속할 수 있도록 기쁘신 가운데 허락하신 하나님의 능력이다. 두 번째로 나를 위한 하나님의 자녀들의 중보기도 때문인데, 이는 결코 부차적인 것이 아니다.

평균 수명이 짧았던 당시에 85세라면 드물게 장수한 나이요, 정말 많은 나이였다. 가만히 있어도 힘이 들 노년이었지만, 여전히 웨슬리는 말 위에 있었다. 그는 자신을 가리켜 "이 땅에서 돌아다녀야 할 사람"이라고 불렀다. 돌아다니기 위해서 계속해서 말을 탔기에, 계속해서 사고가 났다. 85세와 86세에도 마차가 뒤집어져서 겨우 빠져나오는 사고를 겪었다. 그래도 웨슬리는 동역자들에게 전도여행을 계속하라고 권면했다. 그야말로 불굴의 노익장이다.

1788년 7월 3일 목요일

그 후 우리는 지상 낙원과 같은 레이쓰비로 가서 설교하였다! 이곳에서 며칠의 휴식을 취할 수 있다면 얼마나 기쁠까? 그러나 이곳은 내 자리가 아니다! 나는 이 땅에서 돌아다녀야 할 사람이다. 더욱더 좋은 곳에서 휴식을 취하도록 하자!

1789년 6월 11일 목요일

정오쯤 라스프릴랜드에서 설교했다. 그리고 2시 전에 탠더 레이지를 향해 출발했다. 그러나 30분쯤 지나자 마차의 앞쪽 굴대의 쇠로 된 부분이 부서졌다. 그래서 두 형제와 함께 걸어갔다. 걷는 것이 말을 타기 보다 쉬웠다. 그러나 우리가 로치 브릭랜드(Loch-Brickland)에 도착하기도 전에 나의 기력은 소진되었다.

1788년 7월 11일 금요일

우리는 이른 아침에 더비로 떠났다. 9시경 피콕(Peacock)에서 1마일 안에 있는 곳에서 우리 마차는 굴대가 떨어지는 바람에 전복되고 말았다. 말들은 제니 스미스(Jenny Smith)의 곁에 우두커니 서 있었고, 나는 앞문을 통해 가까스로 밖으로 빠져나올 수 있었다. 깨어진 유리로 인해 내 양손의 장갑들이 약간 찢어졌지만, 다른 외상은 없었다. 나는 곧바로 다른 마차를 조달하여, 더비로 가서 저녁에 말씀을 전하였고, 12일 토요일 오전 5시에 더비에서 설교를 다시 하였으며, 노팅엄으로 갔다.

국교회와 메소디스트의 분리 문제

부흥운동 초기인 1740년대에 메소디스트 신도회는 브리스톨, 킹스우드, 콘월, 런던, 뉴캐슬 등 특정 지역에 집중되어 있었다. 1760년대에 들어서 신도 수가 급성장하면서 전국적으로 확산되었다. 1767년에는 메소디스트 신도회원이 3만 여명에 달했다. 1768년부터 존 웨슬리가 세상을 떠난 1791년까지 신도 수는 매년 약 5%씩 성장하였다. 웨슬리의 말년에 메소디스트 신도회에 정기적으로 참여하는 신도 수가 8만 여명으로, 영국 전체 인구의 약 1%가 되었다.

하지만 이 숫자는 신도회에 직접 가입하여 활동하는 신자들만을 반영하는 것이다. 실제로 웨슬리의 영향력은 훨씬 컸고 광범위했다. 메소디스트 역사가 헨리 랙은 신도회 밖에 있는 웨슬리 추종자들이 신도회 안에서 활동하던 인원의 서너 배가 되었을 것으로 추측했다.

따라서 존 웨슬리가 죽던 1791년 정식 메소디스트 신도수와 추종자를 합하면 약 30만 명 정도가 되었을 것으로 추정한다. 메소디스트 주일학교와 주간학교도 빠르게 늘어났다. 1800년도에 메소디스트 주일학교 어린이 수는 약 10만 명에 달했고, 메소디스트 주간학교는 존 웨슬리의 말년에 약 700개로 늘어났다.

국교회의 탄압을 받았기에, 메소디스트가 국교회에서 분리되어야 한다는 의견이 계속 제기되었다. 그때마다 존 웨슬리는 단호하게 반대했다. 그는 생애 말년에 이를수록 신도들에게 간곡하게 당부했다. "모든 위험을 감수하고라도 나는 영국 국교도로 살고 국교도로 죽는다(I live and die as a church of England man).", "모교회를 떠나지 말라. 모교회를 버리는 것은 나를 버리는 것이다."

웨슬리는 메소디스트의 모든 집회가 공식적인 예배가 아니고, 국교회 예배를 보충하는 것이라고 규정했다. 따라서 주일에는 자신들이 소속한 국교회 교구교회(parish church)의 공식적인 주일예배에 참여하여 성만찬을 받으며, 국교회의 모든 교리와 규칙과 법에 복종하라고 엄하게 가르쳤다. 메소디스트들은 존 웨슬리의 명령에 순종했다.

그 결과로 메소디스트들이 국교회에서 가장 열심히 출석하는 신도들이 되기도 했다. 한번은 런던에서 가장 큰 국교회인 성 바울 성당의 담임 사제가 탄식한 적이 있다. "주일 성찬예배에 다른 교인들은 오지 않고 메소디스트들만 오니, 나는 메소디스트들의 사제가 되었구나!"

국교회에 충성하고 교회의 분열을 최대한 막으려는 웨슬리의 시도는 칭찬받을 만한 것이지만, 동시에 현실적으로는 문제가 있었다. 부흥운동 후반기에 핍박이 줄어들고 일부 국교회 사제들의 지지를 받기도 했지만, 여전히 편견을 가진 성직자들은 많았다. 그들은 자신들의 교구교회에서 메소디스트들을 차별하고 꺼려했다. 메소디스트들은 존 웨슬리의 명령에 순종하기 위해 매주일 성직자에게 차별당하는 대가를 치러야 했다. 따라서 국교회로부터의 분리를 요구하는 신도들의 목소리는 계속되었고 커져갔다.

존 웨슬리는 동료들과 함께 메소디즘의 미래에 대하여 오랫동안 진지하게 기도하며 연구했다. 드디어 1784년 2월 28일에 "행동강령"이라고 불리우는 중요한 선언을 했다. 평신도 설교자 100명을 메소디스트 총회의 대표로 임명함과 동시에 연합체의 법적인 대표로 임명하고, 같은 해 3월 9일 대법원에 등록하였다. 존 웨슬리는 이 100명을 법적인 "100인 위원회(Legal Hundred)"라고 불렀다.

이것은 메소디스트 연합체가 독립적인 법적 지위를 획득하게 한 조치로서, 국교회에 대한 사실상의 독립 선언이라고 할 수 있다. 이때부터 메소디스트 총회는 3년 임기로 설교자들을 일정한 설교당(예배당)에 순회 설교자(itinerant preacher)로 임명하고 파송하였다.

법적으로 독립된 조직이 되었고, 사실상의 교회에 사실상의 사제들인 설교자들까지 파송했지만, 웨슬리는 국교회로부터 분리되었다는 비난을 피하려고 했다. 따라서 절대로 메소디스트 예배당(chapel)을 메소디스트 교회(church)라고 부르지 못하게 엄히 명하였다.

존 웨슬리는 대적자들의 공격을 막고 메소디스트들을 보호하기 위해서 이러한 조치를 취하였지만, 앞뒤가 안 맞는 이율배반적인 면이 있었다. 사실상 독자적인 교회의 기능을 하고 있는데, 교회가 아니라 예배당이라고 부른다고 해서, 분리가 아닌 것인가! 웨슬리는 분리를 절대 반대하면서도 분리를 향해서 나아가는 과정을 밟고 있었다. 성직 임명(안수)만 하지 않았을 뿐, 법적으로나 제도적으로는 분리를 위한 준비가 완결된 상태였다.

"행동강령"과 100인 위원회의 결성은 메소디스트 부흥운동의 미래를 준비하는 동시에 웨슬리의 사후(死後)에 대비하기 위한 작업이었다. 웨슬리가 연로해지면서 많은 신도회원들과 설교자들이 웨슬리의 후계 문제를 걱정하게 되었다. 이에 웨슬리는 절친한 친구이자 후원자인 메델리의 교구 목사 존 플레처(John W. Fletcher, 1729-1785)를 후계자로 삼으려고 했지만, 그가 사양했다.

적당한 후계자를 찾지 못한 웨슬리는 "100인 위원회"를 통해서 집단 지도체제를 도입했다. 자신이 세상을 떠난 후 100인 위원회가 매년 모여서 의장 선택, 전도인의 파송과 전도인 지망생의 허입, 그리고 신도회 전체를 치리할 수 있는 권한을 주었다.

이 조치는 상당한 부작용과 반발을 초래했다. 당시 메소디스트 신도회에 191명의 설교자가 있었다. 그들은 모두 웨슬리와 함께 숱한 고난을 이겨내며 부흥운동을 전개한 역전의 용사들이었다. 따라서 당연히 총회의 대표(총대)로 지명되리라고 기대하고 있었다. 하지만 웨슬리는 100명만을 총대로 지명했다.

191명 가운데 91명을 제외시켰으니, 엄격한 기준을 적용하여 우수한 리더들을 선발했다고 볼 수도 있다. 동시에 절반에 가까운 인원을 제외시킴으로써 분란을 유발하기도 했다. 결국 존 아틀리, 윌리엄 일스, 존 햄스 부자, 조셉 필무어 등 5명의 설교자가 사임하는 사태가 일어났다. 또한 유능한 회원들이 메소디스트 공동체를 떠나기도 했다.

탁월한 인물들이 후계 문제까지 탁월하게 처리하는 사례는 드물다. 웨슬리라는 거인의 공백을 메우기란 그만큼 어려웠다. 웨슬리가 후계 문제에 대해서 더 많은 시간을 쏟고 연구하여 정교하게 처리했어야 한다는 생각도 든다. 100명이나 되는 인원을 임명해서 집단 지도체제라고 하면 너무나 허술하다. 91명이나 제외시킴으로써 리더들의 불만을 폭발시킨 것도 너무나 커다란 손실이다. 차라리 191명을 모두 총대로 임명하고, 충분한 시간을 두고 총회를 운영하면서 확인하여, 리더십의 은사가 입증되는 소수의 인원을 지도부로 선출하는 집단지도 체제 방식이 효과적이었을 것으로 보인다.

아메리카의 메소디스트 운동

본국이었던 영국에서 식민지 아메리카로 이민을 떠난 메소디스트들이 1760년 최초의 아메리카 신도회를 결성했다. 그들은 농부, 목수, 공장 노동자, 광산 노동자, 양복 수선공, 퇴직한 군인, 학교 교사, 구두 수선

공 등이었다. 영국에서 부흥을 경험했던 그들은 아메리카에서도 부흥이 일어나자, 선교사를 보내달라고 호소하였다.

이에 존 웨슬리는 조셉 필모어와 리처드 보드만을 평신도 설교자로 파송하였다. 그리고 1770년에는 프란시스 애즈베리(Francis Asbury, 1745-1816)와 리처드 라이트가 역시 평신도 설교자로 파송되었다. 이들은 존 웨슬리의 가르침과 모범을 따라서 말을 타고 북아메리카 전역을 달리면서 헌신적으로 순회전도 여행을 했다.

특히 애즈베리는 경건하고 헌신적인 전도자로서, "미국의 존 웨슬리"라고 불리웠다. 애즈베리는 북아메리카 전역을 말을 타고 돌며 미국의 복음화를 위하여 생애를 불살랐다. 45년 동안 16,500번 설교하였고 27만 마일(매년 6,000마일)의 전도 여행을 하였다. 그가 말을 타고 달린 거리는 20-25만 마일을 달린 웨슬리보다 더 긴 거리이다. 그는 1818년에 세상을 떠날 때까지 50년에 가까운 세월 동안 독신으로 살면서 복음전도에 헌신했다.

아메리카의 메소디스트 운동은 놀랍게 부흥했고 빠른 속도로 번져갔다. 하지만 곧 심각한 문제에 부딪히게 되었다. 회심자와 회원이 늘어나지만, 안수 받은 메소디스트 성직자가 없기 때문에 세례를 줄 수도, 성만찬을 베풀 수도 없었다. 더욱이 미국 독립전쟁이 일어나면서, 영국 국교회의 성직자들마저 대부분 귀국한 상황이었다. 아메리카의 설교자들은 성직자를 급히 보내달라고 간청했다. 존 웨슬리는 즉시 런던의 감독에게 아메리카의 메소디스트들을 위한 성직자를 파송해주기를 세 번이나 간곡하게 요청했지만, 모두 거절당했다.

세례를 주고 성찬을 집례 할 성직자도 없는 상태에서도 신대륙을 누비는 설교자들의 맹활약으로 부흥의 불길은 계속해서 번져갔다. 1783년 미국 독립 전쟁이 끝날 무렵에는 순회 전도자가 80여명, 신도가 1만 5천여 명이나 되었다. 그들을 언제까지나 성직자도 없는 채로 방치할 수는 없었다. 하지만 국교회의 법에 의하면 성직임명은 감독만이 할 수 있었고, 런던의 감독은 거절했다.

존 웨슬리는 고민에 빠졌다. 그는 성경과 관련 서적을 연구하면서 이 문제에 대한 하나님의 인도하심을 구했다. 그는 사도행전과 초대 교회의 전통을 깊이 살펴보고, 로드 피터 킹(Lord Peter King)의 저서 『초대 교회에 관하여(An Account of Early Christian Church)』를 읽은 후에 결론을 내렸다. 신자들의 영적인 유익과 교회를 위하여, 불가피한 상황에서라면, 감독이 아닌 목사도 성직 임명을 할 수 있다고 판단했다.

이에 따라 존 웨슬리는 국교회 소속 성직자였던 토마스 코크(T. Coke)를 '감리사'로 임명했다. 그리고 1784년 9월 1일 리처드 와트코트와 토마스 베이지를 성직자로 안수했다. 이것은 역사적인 결단이었다. 이미 메소디스트는 법적, 제도적으로 독립을 위한 준비가 완결되었고, 마지막으로 독자적인 성직 안수만을 남겨놓고 있었다. 그 마지막 단계를 통과함으로써, 그 후의 메소디스트는 분리와 독립의 길을 가게 되었다.

존 웨슬리가 코크와 애즈베리를 '감리사'로 임명한 것은 '감독' 명칭을 사용할 경우, 분리주의자로 지탄받을 수도 있기 때문이었다. 그래서 '감리사'라는 기술적인 용어를 개발했다. 명칭만 다를 뿐, 감리사의 권한과 직무는 사실상 영국 국교회의 감독과 같은 것이었다.

1784년 12월 24일에 미국의 볼티모어에서 열린 크리스마스 총회에서, 코크는 존 웨슬리의 의도를 설명하였다. "우리에게 감리사란 감독에 해당하는 것입니다. 우리의 감리사는 감독처럼 모든 일에 운영권한을 가집니다. 우리는 그 이름이 더 좋다고 생각합니다. 왜냐하면 오늘날 감독들은 마치 자기가 예수님이 된 것처럼 행세하며 양떼를 삼키고 사람들에게는 저주스런 존재들이고 그 이름만 들어도 지겹기 때문입니다."

코크는 대부분의 감독들은 삯꾼 목자들이고 정치만 일삼으며 교회에 백해무익(百害無益)한 존재들이라고 비판했다. 그러면서 "우리의 신앙의 아버지인 존 웨슬리가 감리사란 이름을 사용한 것이 얼마나 잘한 일인가" 라고 말했다.

그러나 이후의 행보는 애즈베리와 코크가 감리사의 이름을 버리고, 웨슬리의 리더십에서도 벗어나는 여정이었다. 1785년 켄터키 주에는 두 감리사의 이름이 붙여진 콕스베리 대학(Cokesbury College)이 세워졌다. 2년 후 1787년 총회에서 애즈베리와 코크는 감리사란 명칭을 감독(bishop)으로 바꾸었다. 그리고 자신들의 교회를 "아메리카 감독교회(Methodist Episcopal Church of America)"라고 명명하였다. 감독이란 이름만 들어도 지겹다더니!

존 웨슬리는 이 사실을 알고 극도로 분노했다. 즉시 애즈베리에게 편지하여 감독의 명칭을 취소하고 다시 감리사의 명칭을 사용하라고 명령했다. 하지만 통신수단이 열악했던 시대여서 편지는 몹시 늦게 전달되었으며, 이미 탄생한 아메리카의 감독교회는 독자적인 길을 가고 있었다.

존 웨슬리는 아메리카 메소디스트의 분리와 독립이 애즈베리보다는 코크의 의도였다고 생각한 듯하다. 영국 메소디스트의 주요 지도자들도 코크의 야심과 교만을 의심했다. 1784년의 크리스마스 총회에서 공개적으로 감리사란 명칭을 높이 평가하고, 웨슬리를 신앙의 아버지라고 부르며 감독직을 비판했던 그가 스스로 감독이 되었으니, 충분히 근거가 있는 의심이다.

찰스 웨슬리는 격분했다. 그는 코크와 애즈베리가 자신의 형이 늙었다고 무시하는 가운데 독자적인 행동을 했다며, 두 사람의 오만함을 통렬하게 비판했다. 9천편이 넘는 찬송가를 지었던 찰스는 그 뛰어난 재능을 발휘하여 코크를 비난하고 조롱하는 시를 지었다.

그렇게 쉽게 감독을 만들다니
남자의 변덕인가 여자의 변덕인가?
존 웨슬리가 코크에게 손을 얹다니
그렇다면 그에게는 누가 손을 얹었는가?
존 웨슬리 자신과 그의 친구들이 배신하다니
그들의 좋은 상식을 다 버리고
갑자기 손을 얹었다니
코크의 뜨거운 머리 위에
어떤 로마의 황제가
자기 사랑하던 말을 집정관으로 삼았다지
그런데 코크도 그런 짓을 저질렀다지
당나귀가 감독이 되어버렸구먼.

다가오는 죽음의 그림자

웨슬리는 85세가 되기까지 그다지 쇠약함을 느끼지 못했다. 그러나 86세가 되면서부터는 기력이 쇠약해짐을 느꼈다. 〈저널〉에서 웨슬리는 늙어가는 자신의 모습을 진술한다. 그에게도 죽음이 다가오고 있었다.

1789년 6월 28일 일요일

오늘로 나는 86세가 되었다. 나는 내가 늙어가고 있다는 것을 이제 알았다. 1. 시력이 쇠퇴하였다. 그래서 아주 밝은 빛이 없으면, 작은 글씨는 읽을 수가 없다. 2. 기력이 쇠퇴하였다. 그래서 몇 년 전보다 훨씬 천천히 걷는다. 3. 사람 또는 장소의 이름들을 기억하는 능력이 쇠퇴하여 다시 기억해 내려고 잠시 멈춘다. 만일 내일을 위한 생각을 한다면, 내가 두려워하는 것은 나의 몸처럼 나의 정신력이 위축되고, 나의 이해심이 줄어들어서 고집이 생기거나, 신체의 연약함으로 인한 질병으로 역정을 내는 것이다. 그러나 주께서 답을 주실 것이다. 오 주 나의 하나님.

1790년 1월 1일 금요일

나는 이제 머리부터 발끝까지 노화된 늙은이다. 눈이 어둡고, 나의 오른손은 많이 떨리고, 매일 아침 입은 뜨겁고 마른다. 나는 거의 매일 계속되는 열을 지니고 있으며, 내 동작은 약하고 느리다. 그러나 하나님께 감사할 것은, 나는 내 일을 태만하게 하지 않으며, 여전히 설교하고 집필할 수 있다는 것이다.

1790년 6월 28일 월요일

오늘 나는 88세로 접어든다. 86살이 될 때까지는 노년의 연약성을 전혀 몰랐다. 나의 눈은 왁스를 바른 것처럼 희미하지 않았고, 나의 타고난 기력도 약해지지 않았다. 그러나 작년 8월부터 갑작스러운 변화를 감지했다. 눈이 매우 침침해져서 안경을 써도 별 도움이 되지 않았다. 마찬가지로 나의 기력은 지금 상당히 바닥났고 아마 이 세상에서 다시 회복될 수 없을 것이다. 그러나 머리부터 발끝까지 통증은 없다. 다만 자연적으로 기력이 소진된 것 같고, 인간적으로 말해서 몸이 더욱더 계속 가라앉게 될 것이다. 삶의 지친 샘들이 드디어 조용하도다.

웨슬리는 1742년에 공언했다. "만일 내가 죽은 뒤에 1파운드의 돈이라도 남겨둔다면 모든 사람들이 나를 강도와 도둑이라고 증거해도 좋다." 웨슬리는 평생 투명하게 재정을 관리하여 자신의 돈 씀씀이를 공개하면서 살았다. 생활에 필요한 최소한의 경비를 제외한 전액을 하나님 나라를 위한 일에 사용했으니, 감출 것도 가릴 것도 없었다.

웨슬리는 할 수 있는 한 많이 저축하고 많이 나누어주어야 하며, 그리스도인은 행복한 존재라고 가르쳤다. 1790년 여름, 존 웨슬리는 회계장부 기록을 마감했다. 죽음이 1년도 남지 않은 시점에서 자신의 마지막 재정상황을 점검하면서 그는 일평생 가르쳤던 내용을 그대로 간증했다. "나는 할 수 있는 한 많이 저축하였고, 할 수 있는 한 많이 주면서 살아왔기에, 만족하고 행복하다."

남아있는 세월 동안, 그는 가난한 사람들에게 한 푼이라고 더 주기 위해서 차 마시는 것도 끊었다. 그리고 "이렇게 하는 것이 나의 죽음을 준비하는 일이요 메소디스트의 거룩한 죽음(holy dying)"이라고 고백하였다.

　말년의 존 웨슬리가 가장 많이 반복한 기도는 "주여, 나로 쓸모없는 사람이 되지 않게 하소서(Lord, let me not to be useless!)"였다. 마지막까지 그는 하나님의 일에 최선을 다했다. 말년의 존 웨슬리는 가는 곳마다 눈물어린 환영과 정성어린 대접과 뜨거운 존경을 받았다. 늙은 웨슬리의 음성은 연약하고 떨렸으므로, 사람들은 그 음성을 듣기 위해서 숨을 죽여야만 했다. 메소디스트들만이 아니라 일반 대중도 이 역사적인 인물의 설교를 조금이라고 더 듣고, 위대한 사도의 얼굴을 한 번이라도 더 보려고 하였다. 그를 본 사람들은 거룩한 사도의 존경스런 모습, 특히 야위고 주름이 많지만 환하게 빛나는 얼굴과 바람에 휘날리는 길고 하얀 머리카락과 한없이 따뜻하고 부드러운 모습을 오랫동안 기억했다.

　1790년 10월 7일 윈첼시아에서 87세의 존 웨슬리는 생애 마지막 야외 설교를 했다. 전국을 누볐던 불굴의 사도는, 이제 힘이 없어서 나무 그루터기에 앉아서 설교했다. 마을 주민들이 모두 모여서 사도의 마지막 야외설교를 경청하며, 많은 사람들이 성령의 감동을 받아 눈물을 터뜨렸다. 그는 생애 마지막으로 방문한 이곳에서도 평소와 같은 작별인사를 남겼다. "나의 자녀들이여, 서로 사랑하십시오."

　야외설교는 그것이 마지막이었지만, 그 후에도 설교는 계속했다. 교회에서 한 최후의 설교는 세상을 떠나기 10일 전 런던의 시티로드 예배당에서 했다. 그리고 죽기 9일 전 레터헤드에 있는 한 신자의 집에서 생애 최후의 설교를 하였다. 다음 날에는 윌리엄 윌버포스에게 기나긴 편지목회의 끝을 기록하는 서신을 썼다. 그는 윌버포스에게 사명감을 가지고 노예매매를 종식시키라고 촉구하였다.

찬란하고 아름다운 생(生)의 종말

존 웨슬리는 더 이상 설교할 수 없고, 글을 읽을 수 없고, 쓸 수도 없게 되었지만, 아직 찬양만은 할 수 있었다. 존 웨슬리는 기력이 소진했음을 느끼며 마지막 노래를 불렀다.

> 나는 내가 숨 쉬는 동안 나의 창조주 하나님을 찬송하리라.
> 비록 내가 죽어 내 목소리가 힘을 잃을 때라도
> 나의 찬양은 더욱 더 높이 울려 퍼지리라.
> 내 숨이 멎고 기억이 꺼져가도 나의 찬양은 영원하리라.

그는 이 찬송을 마지막 숨이 다할 때까지 부르려고 하였다. 그러나 그의 쇠진한 목소리는 더 이상 노래를 이어가지 못하였다. 그는 "이제 우리는 모든 것을 다 하였습니다. 이제는 작별합시다."라고 말하고 다음의 말을 두 번 외쳤다. "세상에서 제일 좋은 것은 하나님이 우리와 함께 계시는 것이다(The best of all is, God is with us)"

시시각각 임종이 다가왔다. 존 웨슬리는 숨이 가빠서 아무 말도 할 수 없었다. 그런 상황에서도 그는 찬송의 첫줄 "나는 내가 숨 쉬는 동안 나의 창조주 하나님을 찬양하리라."를 최후의 순간까지 부르고 있었다. 1791년 3월 2일 수요일 아침 10시에 존 웨슬리는 "안녕"이라는 작별 인사를 이 땅에 남기며, 위대하고도 찬란했던 나그네의 생을 마감했다. 웨슬리의 친구이며 주치의였던 화이트헤드 박사는 임종을 맞이하는 웨슬리의 상태를 진단하고 "이 사람의 몸은 늙어서 죽는 것이 아니라 전부 소모되었다"고 말했다. 하나님의 나라를 위해서 남김없이 드린 육체였다.

웨슬리의 장례식은 죽은 지 7일 뒤인 1791년 3월 9일에 치러졌다. 너무 많은 사람들이 모이는 것을 피하기 위해서 새벽 5시에 장례식이 열렸지만, 수많은 인파가 몰려서 눈물의 바다를 만들었다. 존 웨슬리는 자신의 유언장에 장례식 규정을 적어 놓았다. "나는 영구차나 마차나 가문의 문장이 새겨진 방패나 어떤 종류의 허례허식도 사용되지 않기를 바란다. 나는 다만 나를 사랑하고 아브라함의 품까지 나를 따라 올 사람들의 눈물만 있으면 족하다. 내가 하나님의 이름으로 나의 유언집행인들에게 엄숙히 간청하니 이것을 정확히 지켜주기를 바란다."

그의 유언을 따라서 웨슬리의 시신은 값싼 모직으로 싸여졌고 평소에 그의 사랑을 많이 받았던 가난한 사람들 여섯 명에 의해 운반되었다. 웨슬리는 그들의 수고비로 한 사람당 1파운드씩의 돈을 남겨 놓았다. 죽는 날까지 웨슬리는 가난한 벗들과 동행했다.

그는 죽기 전에 모든 돈과 물건을 가난한 사람들과 설교자들과 끝까지 자기를 돌보느라고 고생한 사람들에게 주고 갔다. 그가 남긴 것은 오로지 그가 입던 목회자 가운과 수저 한 개 뿐이었다. 그리고 설교 계획서가 남아 있는데, 1791년 3월에 죽은 그가 4월까지의 설교 계획을 작성해놓았음을 확인할 수 있다. 그야말로 마지막까지 철저한 메소디스트였다.

장례식에 참석한 사람들은 그의 초상화로 장식된 과자 한 개씩을 받았으며, 예배당 전체가 검은 색 천으로 장식되었다. 그 천으로 나중에 가난한 여인 60명의 옷을 만들어 주었다. 자신의 장례식 휘장까지도 가난한 사람들을 위해서 사용했던 성자의 삶이요 죽음이었다. 죽음이 이토록 아름다울 수 있다. 죽음마저도 베풂이 될 수 있다.

프란시스 애즈베리는 존 웨슬리의 소천 소식을 듣고 이렇게 말하였다. "인류의 자손 중에서 그에게 비교할 만한 사람도 없거니와 뒤에 올 아담의 자손 중에서도 그보다 뛰어난 인물은 없을 것이다."

다시, 웨슬리 혁명

프랑스 대혁명의 예언자는 장 자크 루소(Rousseau)이다. 그의 『사회계약론』은 혁명의 서문답게, 충격적인 문장으로 시작된다. "인간은 태어날 때는 자유로웠는데, 어디서나 노예가 되어 있다. 자신을 다른 사람들의 주인으로 생각하는 자들은 기실 그들보다 훨씬 더 노예가 되어 있다."[47]

흥미롭게도, 존 웨슬리가 루소에 대한 논평을 남겼다. 1770년 2월 3일의 〈저널〉에서 웨슬리는 "며칠간 시간적 여유가 있을 때마다. 루소의 교육에 관한 글을 읽었다."고 기록한다. 영국 기독교 혁명의 주역 웨슬리는 프랑스 대혁명의 사상가 루소를 어떻게 평가했을까? 웨슬리는 말한다. "나는 크게 실망했다! 해 아래 그보다 더 유능한 현학자가 또 있을까? 자만에 빠져 있는 모습이 놀랍구나! 그는 무슨 말을 하든지 신탁(信

託)을 내리듯 한다. 하지만 그가 내리는 신탁은 대부분... 명백히 거짓된 말뿐이다."

웨슬리는 루소의 거짓말을 비판한다. 그리고 더 깊은 차원에서 분석한다. "그는 단지 인간을 불신한다. 모든 것을 냉소한다. 사실 이단자 볼테르는 그의 형제인 셈이다. 그는 볼테르와 같이 현학적인 것처럼 멋을 부린다. 그러나 볼테르는 자신의 완고함과 무오(無誤)함을 좀 더 잘 감추고 있는 반면, 루소의 책은 계속 적나라하게 보여준다... 너무 똑똑해 성서를 믿지 못하는 사람들에게서 나는 언제나 이런 것들을 발견하게 된다."

너무 똑똑해서 성서를 믿지 못하고, 대신 자신의 무오함을 믿으며, 신탁을 내리듯이 말한다는 표현은 예언이 되었다. 대혁명을 일으킨 루소의 추종자들은 성경을 믿지 않았고 기독교를 부정했다. 혁명이 일어나던 1789년 십일조 수취를 금지했고 교회의 토지를 몰수했다. 1790년에는 혁명정부가 만든 반(反)기독교적 헌법에 대해 모든 성직자들이 충성 서약을 하도록 강요했다. 혁명이 끝날 때까지 수천 명의 성직자가 처형당했고 3만 여명이 프랑스를 떠나야 했다.

무오(無誤)를 확신했던 혁명은 독재와 공포를 낳았다. 혁명의 절정기에 집권한 로베스피에르(Robespierre)는 파리에 기요틴(단두대)을 세워서 수만 명을 처형하고, 지방에서 일어난 반란을 무자비하게 진압했다. 루소를 추종했던 그의 별명은 "루소의 피로 물든 손"이었다.

로베스피에르는 기독교가 프랑스를 타락시켰다고 믿었다. 어리석게도 신이 인격성과 형상(形像)을 가지고 있다고 믿게 함으로써, 대중의 의식이 저급해졌다고 보았다. 그는 기독교를 대체할 새로운 종교를 만들었다. 로베스피에르의 주도 하에 1794년 6월 8일 파리의 튈르리 궁전에서 "최고 존재의 제전"이 진행되었다. 이 제전에서 숭배하는 대상은 인격적인 하나님이 아니라 대우주(大宇宙) 혹은 이성신(理性神)이었다. 인간이 이성의 순수한 사유를 통해서 신이 될 수 있다고 로베스피에르는 주장했다. 이성신이라고 이름을 붙였지만, 인간과 이성과 신을 동일한 개념으로 취급한다는 점에서, 사실상 무신론에 가까운 입장이다.

최고 존재의 제전에는 로베스피에르도 직접 출연했다. 합창단이 성가대와 같은 분위기로 이성의 신을 찬양하는 가운데, 신성한 느낌을 주는 분위기를 연출하며, 로베스피에르가 이성의 화신(化身)으로 등장했다. 혁명은 사이비종교로 전락하고 혁명가는 교주가 되었다. 로베스피에르는 자신이 만들어낸 "최고 존재의 신앙"을 프랑스의 국교로 삼으려고 했다. 최고 존재의 제전에 관한 법령을 선언한 후, 혁명정부는 교회당을 국유 재산으로 몰수하여 "이성의 교당"으로 만들었다.

최고 존재의 화신으로 신격화되었던 로베스피에르는 허망하게 끝났다. 최고 존재의 제전을 벌이고 불과 50일이 지난 1794년 7월 28일, 로베스피에르와 그의 동생을 포함한 108명이 로베스피에르의 이념을 지지한 죄로 처형당했고, 수백 명이 투옥되었다. 순수한 사유로 신이 될 수 있다고 믿었던 이성의 화신은 불과 50일 후의 운명을 알지 못했다.

다시, "두 도시 이야기"이다. 프랑스에서 무신론(無神論) 혁명이 진행된 반면, 영국에서는 유신론(有神論) 혁명이 일어났다. 존 웨슬리는 1744년 첫 번째 메소디스트 설교자 총회에서 기념비적인 선언을 했다. "하나님께서 메소디스트들을 불러일으키신 목적은 새로운 교단을 이루고자 함이 아니요, 민족을 개혁하고, 특별히 교회를 개혁하여 성서적 성결을 온 땅에 전파하기 위함이다."

민족과 교회를 개혁하는 운동은 들불처럼 번져갔다. 존 웨슬리의 야외 설교로 메소디스트 신도회가 생겨나는 지역마다 영적인 각성과 삶의 변화가 일어났다. 교회사가 어거스틴 비넬(A. Binnell)은 웨슬리의 영향력에 대해서 말했다. "영국인의 삶에서 존 웨슬리를 말하지 않으면 안 된다. 역사상 아무도 존 웨슬리만큼 많은 사람들에게 위대한 영향을 끼칠 수 없었다. 아무도 영국인을 위해서 존 웨슬리 같은 삶을 살 수 없다."

웨슬리 브레디(J. Wesley Bready)는 아예 웨슬리를 기준으로 시대를 구분했다. 그의 책 제목은 『웨슬리 이전과 이후의 영국(England Before and After Wesley)』이다. 그는 "영어권 전역에 무료 시설들을 설립하고 유지시킨 정신과 가치관의 참 어머니"이며, 실로 "앵글로 색슨 사회의 도덕적 분기점"은 존 웨슬리가 주도한 복음주의 부흥이라고 역설했다. 존 웨슬리는 피의 혁명이 아닌, 복음과 사랑의 혁명으로 영국을 구원했다.

무신론적인 프랑스 대혁명과 유신론에 근거한 웨슬리 혁명은 혁명의 이분법을 구성한다. 김준곤 목사님의 기념비적인 설교 "민족의 예수 혁명론"에서도 혁명의 이분법을 발견한다. 둘 중에서 하나의 혁명은 무신론 계열이다.

"혁명이란 이름이 근대사에서 선전 포고처럼 터진 대표적인 사건은 프랑스혁명과 소련의 마르크스주의 혁명이라고 할 수 있습니다. 혁명이란 서서히 개혁되고 점진적으로 발전되는 것이 아니라 화산처럼 폭발하고 전염병처럼 번집니다. 그것은 광풍이요 방화요 홍수요 발광이고, 죽이거나 죽을 수밖에 없는 피와 생사의 필연성을 가진, 외인(外因)과 내인(內因)을 내포하고 있는 질적 변화 운동입니다.

현대를 휩쓴 심각한 사상적 혁명의 에토스(Ethos)와 파토스(Pathos), 그리고 그의 에너지는 무엇입니까? 마르크스 공산주의의 발광의 악령, 니체의 초인의 영, 프로이드의 섹스의 영과 그 정신 분석학적 공헌을 존경하나 그 결과로 생긴 영적 영향력, 그리고 근대 무신론적 실존주와자들의 허무의 망령, 더 나아가서 살신의 배교의 마령(馬鈴), 전령(傳令)은 모두 의식, 무의식적으로 그리스도의 영에 대한 반항과 부정에서 그 활력소를 구하는 기독교의 기생아이며, 본질에 있어서는 신학적인 것입니다."

또 하나의 혁명은 예수의 혁명이요 성령의 혁명이다. "혁명의 영은 성령님이시며 혁명은 소수에 의해 이루어집니다. 그의 영에 붙잡힌 사람들은 지상에 나타난 어떤 열정보다 열광적이고 결사적이고 불덩어리였습니다. 폭탄처럼 그 앞에서 깨지지 않는 것이 없었습니다. 사상 최악의 상황이었던 로마 제국 치하에서도 누룩처럼 번지고 들풀처럼 번식했습니다. 그들에게는 그리스도냐 죽음이냐 하는 양자택일이 있을 뿐이었습니다. 혁명은 궤도를 바꾸는 것입니다. 질을 변질시키는 것입니다."

그러면 예수 혁명은 어디에서, 누가 시작할 것인가? "민족의 예수 혁명론"이 대답한다. "혁명은 불과 같습니다. 불덩어리만 불을 붙일 수 있습니다. 댐의 물이 수원의 높이 이상 오르지 못함같이 혁명의 열도와 혁명의 순도와 혁명의 농도는 혁명하는 사람에 의해서 결정됩니다. 예수 혁명의 최초의 대상은 나 자신이고 그 다음은 내 곁에 있는 사람이며, 혁명의 가장 뜻깊은 시간은 현재 내가 처한 시간이며 상황인 것입니다. 그런 의미에서 예수 혁명의 최초 최고의 행동은 내가 예수화 되는 것이며 나의 예수화의 순도와 열도가 우리들의 예수 혁명의 열도와 농도를 결정지을 것입니다."

다시, 불이다. 민족의 가슴마다 피 묻은 그리스도의 십자가를 심어 이 땅에 푸르고 푸른 그리스도의 계절이 오기를 갈망하여 평생을 바쳤던 민족복음화의 기수가 예수 혁명을 부르짖으며 내린 결론은 혁명의 불덩어리이다. 불 속에서 건져낸 타다 남은 막대기에서 발화되어 세상의 찌꺼기를 불태웠던 성령의 불이다. 사람마다 마을마다 도시마다 타올라서 대영제국을 구출했던 부흥의 불이다. 나를 던지지 않고는 견딜 수 없고 나를 태우지 않고는 참을 수 없도록 이끌어 가시는 하나님의 불이다.

던져야 하고 태워야 하는 인생이라면, 후회 없이 던지고 남김없이 태워야 한다, 웨슬리와 웨슬리 혁명의 메소디스트들처럼. 우리의 민족시인 이은상 선생은 "사랑"에서 노래했다.

탈대로 다 타시오 타다 말진 부디마소
타고 다시 타서 재될법은 하거니와
타다가 남은 동강은 쓰을 곳이 없느니다

반타고 꺼질진대 애제 타지 말으시오
차라리 아니타고 생낙으로 있으시오
탈진댄 재 그것조차 마저 탐이 옳으니다

  하나님을 사랑하고 사람을 사랑하여 남김없이 태워진 제물과 같은 생애, 그것이 "나의 예수화"를 통해 계속되어야할 웨슬리 혁명이다.

1 찰스 디킨스 저, 김소영 역, 『두 도시 이야기』 (허밍버드, 2020), p. 13.

2 존 스토트 지음, 정옥배 옮김, 『현대 사회 문제와 그리스도인의 책임』 (서울: IVP, 2005), p. 22.

3 김진두, 『웨슬리 이야기1. 웨슬리의 뿌리』 (서울: 도서출판 kmc, 2011), pp. 19-21.

4 Ibid., p. 92.

5 Ibid., pp. 63-64.

6 1735.10.14.-1743.10.27의 <저널>은 존 웨슬리 지음, 웨슬리신학연구소 옮김, 『존 웨슬리 저널I』 (서울: 신앙과지성사, 2020)를 인용함.

7 조선석, 피기영, 『웨슬리 스토리』 (서울: 수 엔터테인먼트, 2005), p. 64.

8 리처드 포스터 지음, 박조앤 옮김, 『생수의 강』 (서울: 두란노서원, 2000), p. 332.

9 M. Douglas Meeks, 변선환 편역, 『감리교 신학의 미래』 (서울: 기독교대한감리회 교육국, 1987), p. 90.

10 존 웨슬리 지음, 강선규 옮김, 『시대를 바꾼 존 웨슬리의 기도』 (서울: 도서출판 NCD, 2010), p. 38.

11 노로 요시오 저, 김덕순 역, 『존 웨슬리의 생애와 사상』 (서울: 기독교대한감리회 홍보출 판국, 1998), p. 525-526, 530 참조.

12 1743.10.27-1754.10.28의 <저널>은 존 웨슬리 지음, 웨슬리신학연구소 옮김, 『존 웨슬리 저널 II』 (서울: 신앙과지성사, 2020)에서 인용함.

13 존 웨슬리, 『시대를 바꾼 존 웨슬리의 기도』 p. 113-114.

14 Ibid., p. 85.

15 김진두, 『웨슬리 이야기 2. 존 웨슬리의 생애』 (서울 : 도서출판 kmc, 2019), p.187-188.

16 김영선, 『사진으로 따라가는 존 웨슬리』 (서울: 도서출판 kmc, 2007), p. 164.

17 1755.2.16.-1765.5.26의 <저널>은 존 웨슬리 지음, 웨슬리신학연구소 옮김, 『존 웨슬리 저널III』 (서울: 신앙과지성사, 2020)를 인용함.

18 1765.5.27.-1779.8.8의 <저널>은 존 웨슬리 지음, 웨슬리신학연구소 옮김, 『존 웨슬리 저널 IV』 (서울: 신앙과지성사, 2020)를 인용함.

19 1779.8.9.-1790.10.24의 <저널>은 존 웨슬리 지음, 웨슬리신학연구소 옮김, 『존 웨슬리 저널V』 (서울: 신앙과지성사, 2020)를 인용함.

20 김진두, 『웨슬리의 행복론』 (서울: 도서출판 kmc, 2020), pp. 20-21.

21 Fredrick Dale Bruner, 김명룡 역, 『성령신학』 (서울: 나눔사, 1989), pp. 143-148.

22 김영선, 『존 웨슬리와 감리교 신학』 (서울: 대한기독교서회, 2002), p. 87.

23 김진두, 『웨슬리 이야기2. 존 웨슬리의 생애』, pp. 287-289.

24 김진두, 『웨슬리의 행복론』, p. 216.

25 김영선, 『존 웨슬리와 감리교 신학』, p. 198.

26 김진두, 『웨슬리와 우리의 교리』(서울: 도서출판 kmc, 2009), p. 328.

27 김진두, 『웨슬리의 행복론』, p. 237.

28 김영선, 『존 웨슬리와 감리교 신학』, p. 121.

29 김진두, 『웨슬리와 우리의 교리』, p. 248.

30 김영선, 『존 웨슬리와 감리교 신학』, pp. 360-361.

31 Ibid., p. 472.

32 김진두, 『웨슬리 이야기2. 존 웨슬리의 생애』, pp. 364-365.

33 김진두, 『웨슬리의 실천신학』(서울: 도서출판 kmc, 2004), pp. 106-108.

34 김진두, 『웨슬리 이야기2. 존 웨슬리의 생애』, pp. 270-271.

35 존 웨슬리, 『시대를 바꾼 존 웨슬리의 기도』, p. 185.

36 Ibid., p. 186.

37 M. Douglas Meeks, ed, The portion of the Poor(Nashville: Kingswood Books, 1994), 10.

38 이후정, 『성화의 길』(서울: 대한기독교서회, 2020), pp. 123-124.

39 김진두, 『웨슬리와 사랑의 혁명』 p. 69.

40 존 스토트, 『현대 사회 문제와 그리스도인의 책임』(서울: IVP, 2005), p. 309.

41 김진두, 『웨슬리 이야기2. 존 웨슬리의 생애』, p. 296.

42 제임스 케네디, 제리뉴컴 지음, 전에녹 엮음, 『예수가 만약 태어나지 않았다면』(서울: 도서출판 청우, 1999), pp. 104-105.

43 하웃즈바르트 지음, 김재영 옮김, 『현대, 우상, 이데올로기』(서울: IVP, 1990), pp. 43-44.

44 김진두, 『웨슬리 이야기2. 존 웨슬리의 생애』, p. 296.

45 케빈 벨몬트 지음, 오현미 옮김, 『윌리엄 윌버포스, 세상을 바꾼 그리스도인』(서울: 좋은씨앗, 2008), p. 32.

46 Ibid., p. 89.

47 장 자크 루소 지음, 김중현 옮김, 『사회계약론』(펭귄클래식코리아, 2015), p. 34.

존 웨슬리의 생애 주요 연표

1688년 11월 12일 존 웨슬리의 부모 사무엘 웨슬리와 수잔나 앤슬리의 결혼

1697년 사무엘 웨슬리, 잉글랜드 북부 링컨주의 엡워스 앤드류교회(St. Andrew's Church)의 담임

목회자로 취임

1703년 6월 17일 엡워스에서 존 웨슬리 출생

1707년 찰스 웨슬리 출생

1709년 2월 9일 엡워스의 목사관에서 화재 발생, 존 웨슬리가 극적으로 구출됨

1714년 1월 28일 차터하우스 입학

1720년 6월 24일 옥스퍼드 대학교 크라이스트 처치 칼리지(Christ Church College) 입학

1725년 9월 19일 영국 국교회에서 준회원 사제직 안수 받음

1726년 3월 17일 옥스퍼드 대학교 링컨 칼리지의 펠로우(연구교수)로 선발됨

1728년 9월 28일 영국 국교회에서 정회원 사제로 안수 받음

1729년 옥스퍼드에서 홀리클럽(Holy Club) 창설

1735년 아버지 사무엘 웨슬리 사망, 존 웨슬리가 아메리카 선교사로 파송됨

1736년 2월 아메리카 식민지의 조지아 주 사바나에 도착

1737년 12월 2일 조지아에서 소피 홉키와의 문제로 재판을 받던 중 도망치듯이 떠남

1738년 2월 1일 영국으로 돌아옴

1738년 5월 21일 찰스 웨슬리의 회심

1738년 5월 24일 올더스게이트, 존 웨슬리의 회심

1738년 9월 모라비안의 본산인 독일의 헤른후트 방문

1739년 4월 2일 브리스톨에서 야외설교 시작, 이후 52년간 계속함

1739년 5월 9일 최초의 메소디스트 교회당인 뉴룸(New Room)을 브리스톨에 설립. 11월 런던에

파운더리 채플을 설립

1740년 런던의 페터레인 신도회(Fatter Lane Society)와 결별, 최초의 메소디스트 신도회 창설

1742년 2월 브리스톨에서 속회 시작. 7월 23일 어머니 수잔나 사망

1745년 최초로 평신도 설교자 임명

1748년 광산촌인 킹스우드에 학교 설립

1749년 크리스천 문고(Christan Library) 출간

1751년 메리 바질(Mrs. Mary Vazeile)과 결혼, 6월에 옥스퍼드 대학의 펠로우 직을 사임함

1770년 홀리클럽의 멤버였고 웨슬리의 친구이자 제자였던 조지 횟필드 사망

1774년 "노예제도에 대한 반박문" 출판

1778년 런던의 시티 로드(City Rd.)에 웨슬리 채플(Wesley's Chapel)을 봉헌함

1784년 2월 28일 "행동강령" 발표와 100인 위원회 구성으로 메소디스트가 법적으로 독립함. 9월 1일 리처드 와트코트와 토마스 베이지를 성직자로 안수함으로써 메소디스트가 독자적으로 성직자를 임명함

1787년 맨체스터 연회에서 최초의 여성 설교자로 사라 말레트(Sarah Mallet)를 임명함

1788년 3월 29일 찰스 웨슬리 사망

1791년 3월 2일 존 웨슬리 사망

세상을 바꾼 기독교 혁명가, 존 웨슬리

초판 1쇄 발행   2022년 5월 24일

저자   이 호
발행인   이 호
디자인   강해진
교정   김창대
펴낸곳   자유인의 숲
주소   서울특별시 동작구 상도동 474-11 2층
도서문의   010-8901-2920

등록번호   제 2022 - 02 호
ISBN   979-11-90664-07-3